I0125501

Educar: aprender y compartir en museos

Memoria del CECA Argentina 2007-2010

María Cristina Holguin
María Jesús Baquero Martín
María Ángela Botero Saltarén
(Compiladoras)

Educar: aprender y compartir en museos

Memoria CECA Argentina 2007-2010

Holguin, María Cristina
Educar, aprender y compartir en museos : Memoria CECA Argentina 2007-2010 / María Cristina Holguin y María Jesús Baquero Martín ; compilado por María Cristina Holguin ; María Jesús Baquero Martín ; María Ángela Botero Saltarén. - 1a ed. - Buenos Aires : Teseo, 2010.
418 p. ; 20x13 cm.

ISBN 978-987-1354-69-6

1. Museología. I. Baquero Martín, María Jesús II. Holguin, María Cristina, comp. III. Baquero Martín, María Jesús, comp. IV. Botero Saltarén, María Ángela, comp. V. Título
CDD 069

Buenos Aires, Argentina

ISBN 978-987-1354-69-6
Editorial Teseo

Hecho el depósito que previene la ley 11.723

Para sugerencias o comentarios acerca del contenido de esta obra, escríbanos a: **info@editorialteseo.com**

www.editorialteseo.com

Dedicatoria

A la Dra. Colette Dufresne Tassé, que nos asesoró siempre.

A Sonia Guarita do Amaral, que nos dio vida y nos guió.

A todas las delegadas de Argentina que creyeron en este proyecto y dedicaron su tiempo y su trabajo con entusiasmo y desinterés.

A todas las cecas y cecos que hicieron posible que el CECA Argentina creciera.

ÍNDICE

Presentación

Este libro tiene por objeto compilar, justificar, explicar y registrar el trabajo y la organización llevados a cabo por el CECA Argentina, no sólo a la manera de memoria trienal, sino también como fuente de consulta, planteo de reflexiones y de opiniones de diversos puntos sobre la educación y acción cultural de los museos, especialmente de los argentinos.

A lo largo de estos años hemos construido mucho con pocos medios, sin más ayuda que el trabajo gratuito de muchos cecos y cecas de todos lados del país. De esta forma, también testimoniamos la gran inquietud que existe en la Argentina por el tema, pese a todo tipo de dificultades, demostrando que tenemos un gran capital humano.

Hemos procurado ser académicos sin ser formales, serios pero alegres, realistas a la vez que optimistas. Donde valga la risa y el humor, el compañerismo, el respeto al colega que disiente, a las grandes o pequeñas diferencias regionales. Entre nosotros hemos llegado a establecer reales lazos de camaradería y en muchos casos se han formado verdaderas amistades. A veces tardamos en conocernos personalmente, nos conocemos de nombre y por *e-mail*. Cuando suceden esos encuentros, suele haber una gran alegría.

Las cecas y los cecos argentinos, en su mayoría, no son miembros ICOM, por diferentes motivos, principalmente económicos. Pero elegimos estar abiertos a todos: grandes, medianos y chicos

Nuestro trabajo se ha apoyado siempre en una red, partiendo del contacto por *e-mails*, teléfonos y reuniones anuales o reuniones periódicas de las delegaciones, descartando muchas veces el formalismo para brindar calidez humana. Pero siempre buscando superarnos, informarnos, exigir el mejor nivel de calidad posible, ya que no hay igualdad de oportunidades en todo el territorio.

También procuramos ser humildes, ya que nadie es dueño ni de la *verdad* ni del *conocimiento*. Partimos de la base simple: para *enseñar*, somos nosotros los primeros que tenemos que *aprender*. Falta decir que procuramos no reiterar las formas de trabajo, puesto que pensamos que la rutina agota la creatividad y un educador de museos debe ser *creativo*.

Sin duda respondemos a una necesidad del país, de ahí la amplia repercusión que hemos tenido, haciendo que la *educación* y la *acción cultural* sean parte del sistema museal argentino.

Por último, queremos agradecer a toda la gente que ha contribuido a la compilación de este libro, y que por lo tanto está presente en él. Sus trabajos, proyectos, ponencias, investigaciones, conforman un valioso material educativo recogido por el CECA en las diferentes actividades realizadas, a la espera de que despierten el mismo grado de interés y utilidad con que fueron redactados.

María Cristina Holguin
Representante
CECA Argentina
2007-2010

Marco institucional

Consejo Internacional de Museos (ICOM)

Creado en 1946, el Consejo Internacional de Museos (ICOM) es una organización internacional dedicada a la promoción y al desarrollo de los museos y de la profesión museal. Constituye una red mundial de comunicación para los profesionales de museos de todas las disciplinas y especialidades.

Está asociado a la UNESCO como organización no gubernamental categoría A, y posee estatus consultivo ante el Consejo Económico y Social de las Naciones Unidas. Es una autoridad moral e intelectual muy reconocida y escuchada.

Actualmente cuenta con más de 10.000 miembros en 120 países, desarrollando una eficaz actividad en el seno de los comités nacionales e internacionales, y asimismo en las organizaciones afiliadas y regionales.

Son treinta los comités internacionales, cada uno dedicado al estudio de una tipología o disciplina específica de museos, compuestos exclusivamente por grupos profesionales miembros de ICOM. A través de estos comités internacionales, el ICOM consigue sus máximos objetivos: intercambio internacional de información científica, desarrollo de los estándares profesionales, adopción de recomendaciones y realización de proyectos de colaboración.

Comité argentino del ICOM

Los comités nacionales del ICOM son el principal instrumento de comunicación entre la secretaría del ICOM y sus miembros. En cada país, el Comité Nacional asegura y gestiona los intereses del ICOM, representando a todos los miembros ICOM y ayudando a implementar sus programas. La lista de comités nacionales se publica en la revista *ICOM News*. En la actualidad está conformada por 115 países.

Todas las personas o instituciones que deseen ser miembros de ICOM, deben dirigirse a su Comité Nacional, si éste existe en su país. En la Argentina se constituyó jurídicamente en 1981, y a la fecha tiene su sede en Perú 272, 1° piso, Ciudad de Buenos Aires, siendo su actual presidente la Lic. María del Carmen Maza.

Presidente de ICOM
Alissandra Cummins
www.icom.museum

Presidente de ICOM Argentina
María del Carmen Maza
www.icomargentina.org.ar

Comité de Educación y Acción Cultural (CECA)

El Comité de Educación y Acción Cultural (CECA) es uno de los más antiguos del Consejo Internacional de Museos. Cuenta con más de diez mil miembros a lo largo de setenta países organizados por regiones: Europa, África, Estados Unidos y Canadá, Latinoamérica y el Caribe (LAC), Asia y Oceanía.

Consta de un cuerpo ejecutivo compuesto por: un presidente, un tesorero, un secretario y los seis coordinadores regionales. Además, cada país cuenta con un corresponsal o representante. Todo cargo es honorario y tiene una duración de tres años, con opción a postularse para una reelección. Pasados esos seis años, debe retirarse.

CECA Internacional organiza reuniones anuales donde se da la oportunidad a investigadores y profesionales de museos para presentar sus trabajos, procurando la publicación de sus memorias. Hoy se cuenta con las memorias de las reuniones de Cuenca (1994), Stavanger (1995), Viena (1996) y Río de Janeiro (1996).

En su carácter de comité internacional, a través de las representaciones regionales, se intenta crear una red de comunicación que haga llegar esta información especializada a todos los interesados, en primera instancia a los miembros de CECA Internacional y a los profesionales de museos en general, sin necesidad de que asistan a las reuniones internacionales.

Objetivos

- Garantizar que la educación haga parte de la visión, misión, políticas, programas y proyectos de cada museo.
- Intercambiar información, reflexiones, ideas y experiencias sobre la educación en museos a nivel local, nacional e internacional.
- Defender y aplicar los propósitos educativos planteados en una propuesta pedagógica concertada local, regional e internacional.
- Promover altos estándares de profesionalización a nivel de la educación en los museos en las áreas de investigación, administración, interpretación, exhibición y evaluación.
- Realizar programas y proyectos conjuntos de carácter educativo y cultural.

Comité regional del CECA para América Latina y el Caribe

Este comité lleva siete encuentros regionales realizados; el último fue en la ciudad de Corrientes, Argentina, bajo el título "Museos, educación y virtualidad", en agosto de 2009. Se determinó el tema "Museos, educación y virtualidad" a fin de relacionar los intereses de la juventud con la virtualidad aplicada a la educación y acción cultural, ante los desafíos que presentan los museos de América Latina y el Caribe. Cuenta con representación en Brasil (la más antigua), Colombia, Chile, Ecuador, Uruguay, Perú y Argentina.

Presidente de CECA 2007-2010
Colette Dufresne-Tassé
http://ceca.icom.museum/

Coordinador Regional de Latinoamérica y el Caribe
Daniel Castro Benítez

CECA ARGENTINA

1. Formación del CECA Argentina

El CECA Argentina nació el 26 de junio del año 2007, con la visita a nuestro país de Sonia Guarita do Amaral, quien ejercía como coordinadora de CECA LAC. Así, por reiterados pedidos de Margarita Laraignée, Aurora Arbello, Patricia Raffellini y Cristina Holguin, el Comité Argentino del ICOM, bajo la presidencia de la Lic. Amelia Arnelli, organizó una reunión donde quedó fundado en Argentina el Comité para la Educación y Acción Cultural, para el cual Cristina Holguin fue elegida como Representante de la Argentina por tres años.

Desde sus comienzos, CECA surgió con el criterio de regionalizar, al ser un país muy extenso con grandes distancias y diferencias regionales. Al día de la fecha llevamos fundadas once sedes: Corrientes, Conurbano Bonaerense Norte, Rosario, La Plata, Ciudad de Buenos Aires, Córdoba, Jujuy, Salta, Tucumán y Santiago del Estero y Subregión Sudoeste de la Provincia de Buenos Aires: Bahía Blanca.

Utilizando la riqueza que aporta cada uno de estos equipos de trabajo regionales, partimos de intereses comunes para establecer los objetivos elaborados en red. Porque el concepto de *red* es el del trabajo horizontal, donde hay un intercambio sin jerarquías, pero organizado, en el cual cada nudo o nodo es una delegación o una persona que quiere aportar su saber, su información o abastecerse de conocimientos. Por lo tanto, los objetivos se fueron planteando a raíz de este entrecruzamiento de inquietudes.

Representante de CECA Argentina
María Cristina Holguin
www.icomargentina.com.ar

Representantes Regionales de CECA Argentina
Corrientes: Aurora Arbello da Mazzaro
Rosario: Mercedes Murúa
Conurbano Bonaerense Norte: Margarita Laraignée
La Plata (Provincia de Buenos Aires): Susana Bautista
Capital Federal: Graciela Limardo
Córdoba: Susana Assandri
Sudoeste de la Provincia de Buenos Aires (Bahía Blanca):
Liliana Mónica Dascanio
Jujuy: Natalia Solís
Salta: Liliana Madrid de Zito Fontán
Tucumán: Violeta García Ceridono y Daniela Ruiz
Santiago del Estero: Ana Cristina

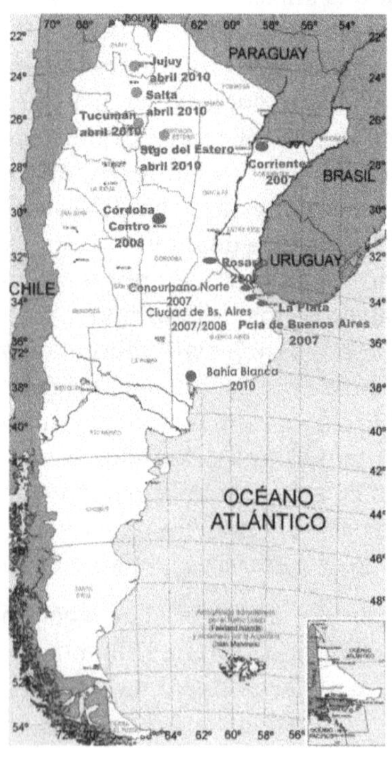

2. Misión, visión y objetivos del CECA Argentina

Misión

El CECA Argentina es una red de personas interesadas en la educación y la acción cultural de los museos, que se interrelacionan para escuchar, opinar, compartir, debatir, intercambiar información y capacitar sobre la temática enunciada. En esa red participan tanto educadores de museos como docentes de todos los niveles, y es coordinada por la o el representante.

Visión

La visión estratégica del CECA Argentina tiene que ver con consolidar esa red, por medio de comunicaciones virtuales o presenciales, para cimentar un futuro promisorio en las políticas educativas en relación con el patrimonio, sin ignorar las dificultades que ello implica.

Objetivos

El objetivo general es trabajar para lograr un mayor compromiso con la educación y los diversos públicos en los museos argentinos. Entre los objetivos específicos del CECA Argentina se cuentan:

- Crear subgrupos regionales para agilizar la acción. Subregionalizar para permitir a las poblaciones pequeñas y alejadas una mejor actualización y capacitación.
- Intercambiar experiencias e información entre los miembros CECA Argentina: hacer reuniones regionales

mensuales, procurando organizar un encuentro nacional anual con rotación de las sedes y participar en los congresos y encuentros de la región de América Latina y el Caribe, en la medida de lo posible.

- Generar trabajos de investigación metodológica. Capacitar en metodología de la investigación y favorecer su ejercitación.
- Implementar cursos de educación en museos con profesionales interdisciplinarios, estableciendo, para ello, vínculos con museos y/o universidades; a la vez, lograr que dichos cursos otorguen puntaje a los docentes de niveles primarios y secundarios. Para ello es necesario: generar recursos para poder llevar capacitación específica a todos los que la requieran; hacer conocer las posibilidades que brindan los museos a los estudiantes de los niveles terciarios y universitarios, en todas las carreras que tengan relación con nuestro quehacer (Arte, Biología, Historia, etc.); proporcionar a los docentes las herramientas cognitivas para educar en los valores del patrimonio, como lo establece la nueva Ley de Educación; y crear vínculos con los niveles educativos primarios, secundarios, terciarios y universitarios.
- Aumentar nuestra profesionalización e integrarnos con la comunidad internacional. Formar los/las guías de los museos, porque son los *comunicadores*, educadores por excelencia.
- Tener en cuenta los grupos marginales y minoritarios, con sus respectivas comunidades. "Uno de los problemas más graves es llegar a las comunidades rurales. La educación en el museo debe ser un vehículo de comunicación no sólo dentro del museo sino también con

el resto del mundo."[1] Capacitar para el trato con niños y adultos discapacitados y plantear la acción cultural como una forma de atracción para la educación, sobre todo para adultos, ancianos y adolescentes.

- Lograr la mayor cantidad de miembros o interesados (no importa por ahora que sean o no miembros de ICOM), para concientizar en la necesidad de que los museos tengan un rol educativo importante.

---

1 Alison M. Heath (Secretary ICOM-CECA), *Boletín núm. 33*, enero de 2003.

3. Planificación general: problemas, programas y proyectos

3.1. Objetivo específico del programa: crear subgrupos regionales para agilizar la acción

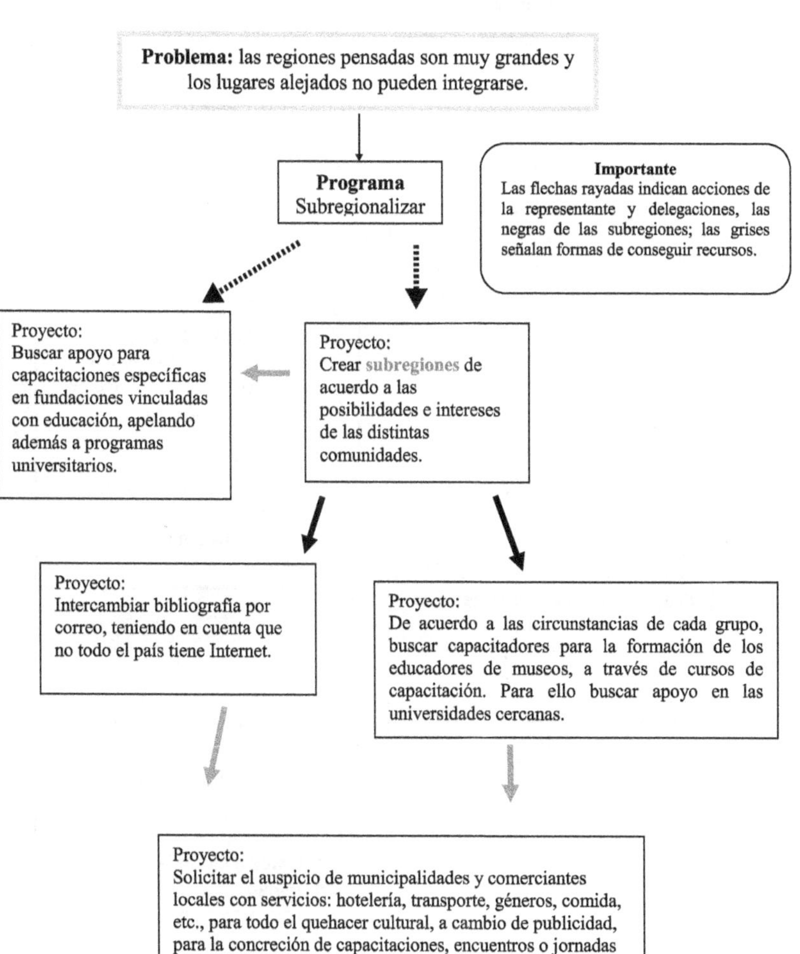

3.2. Objetivo específico del programa: generar recursos para poder llevar capacitación específica a todos los que la requieran.

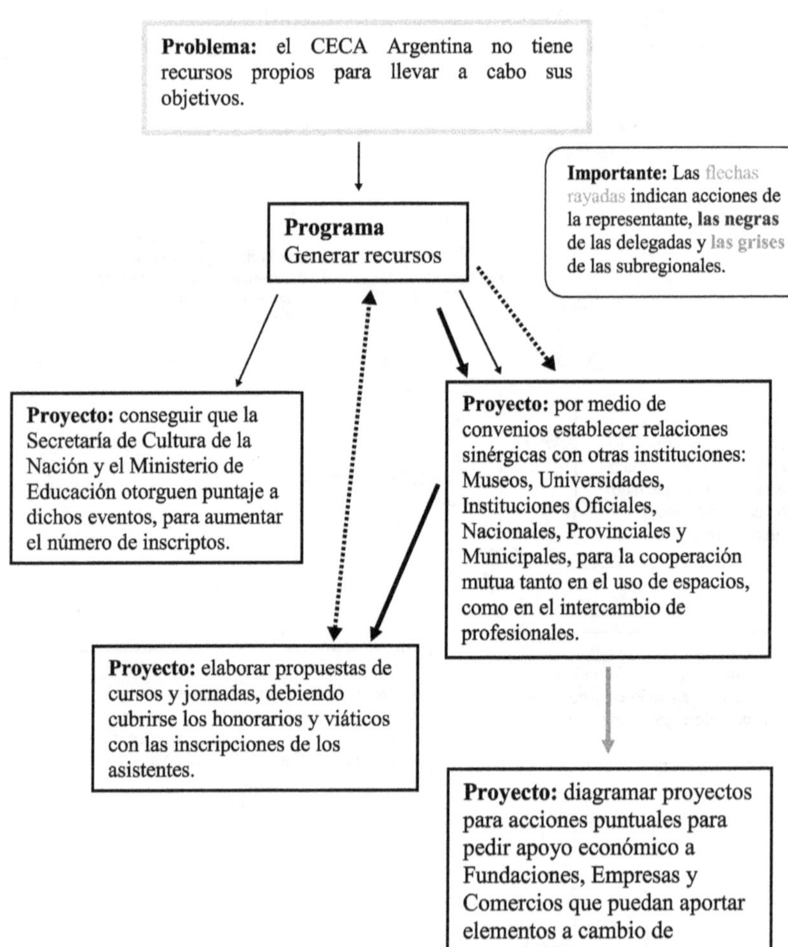

3.3. Objetivo específico del programa: plantear la acción cultural como una forma de atracción para la educación, sobre todo para adolescentes, adultos y ancianos.

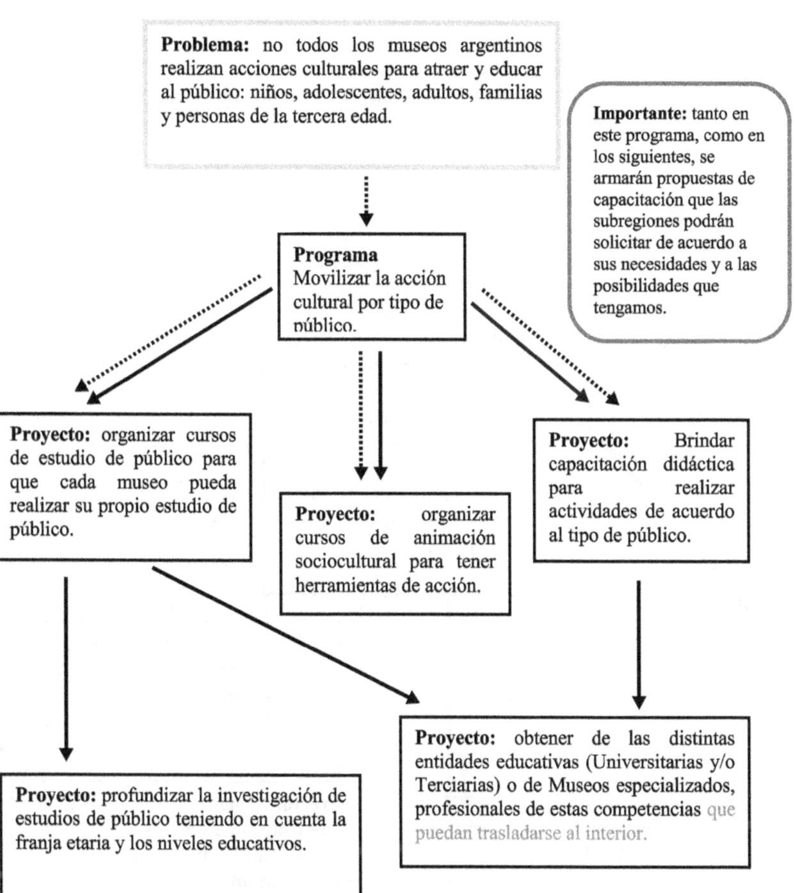

3.4. y 3.5. Objetivos específicos del programa: profundizar acciones con los adolescentes y la tercera edad, y capacitar para el trato con niños y adultos discapacitados.

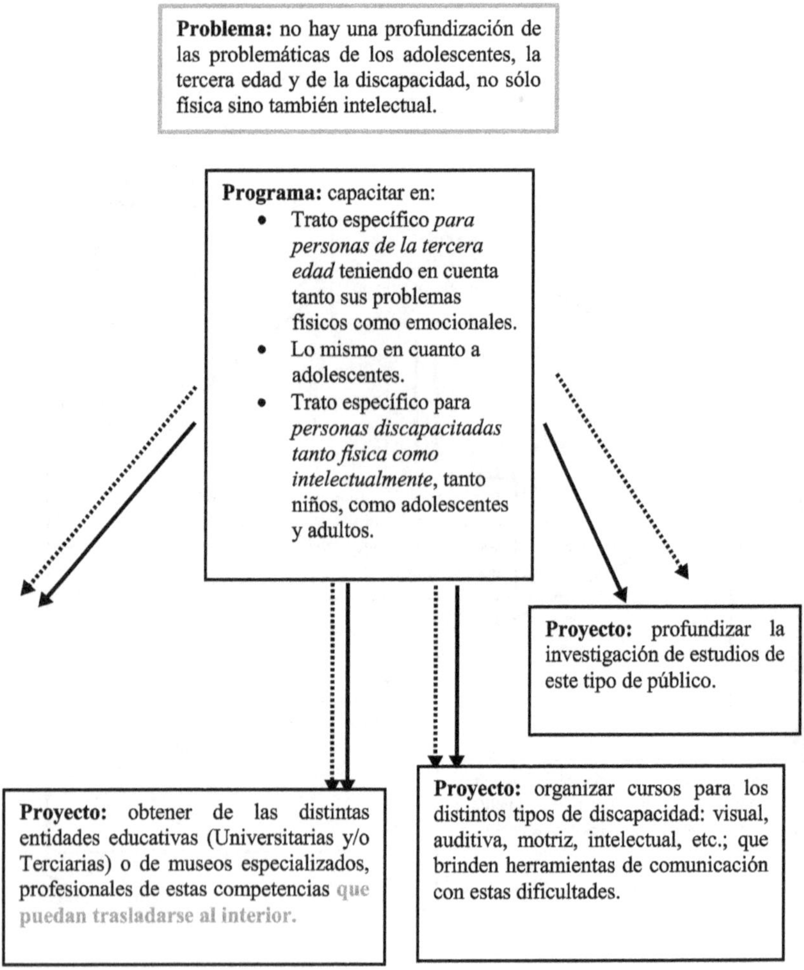

Problema: no hay una profundización de las problemáticas de los adolescentes, la tercera edad y de la discapacidad, no sólo física sino también intelectual.

Programa: capacitar en:

- Trato específico *para personas de la tercera edad* teniendo en cuenta tanto sus problemas físicos como emocionales.
- Lo mismo en cuanto a adolescentes.
- Trato específico para *personas discapacitadas tanto física como intelectualmente*, tanto niños, como adolescentes y adultos.

Proyecto: profundizar la investigación de estudios de este tipo de público.

Proyecto: obtener de las distintas entidades educativas (Universitarias y/o Terciarias) o de museos especializados, profesionales de estas competencias que puedan trasladarse al interior.

Proyecto: organizar cursos para los distintos tipos de discapacidad: visual, auditiva, motriz, intelectual, etc.; que brinden herramientas de comunicación con estas dificultades.

3.6. Objetivo específico del programa: hacer conocer las posibilidades que brindan los museos a los estudiantes de los niveles terciario y universitario, en todas las carreras que tengan relación con nuestro quehacer (Arte, Biología, Historia, etc.).

Problema. En todas las carreras que tienen relación con los museos –Arte, Historia, Biología, Ciencias Exactas, Mecánica, etc.– se desconoce el valor de los museos, tanto como lugar de investigación, como recurso didáctico.

Programa. Concientizar a los mandos académicos de universidades e institutos terciarios de la necesidad de dar a conocer a sus alumnos los beneficios intelectuales que aportan los museos. (Este programa será de muy lenta implementación, por las características del mismo).

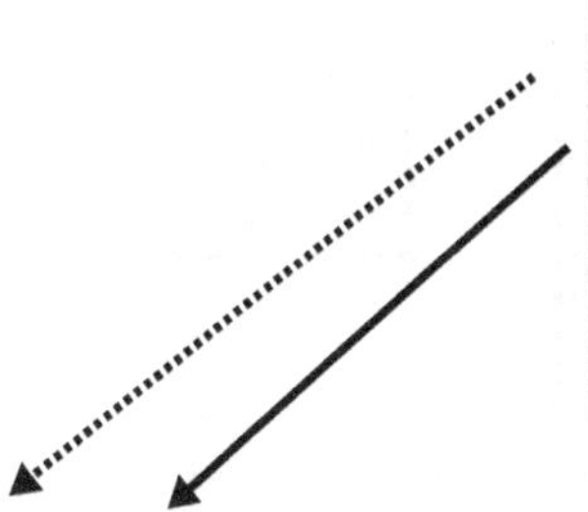

Proyecto. Lograr que los docentes que integran el CECA incorporen este aspecto en sus contenidos.

3.7. Objetivo específico del programa: proporcionar a los docentes las herramientas cognitivas para educar en los valores del patrimonio, como lo establece la nueva Ley de Educación.

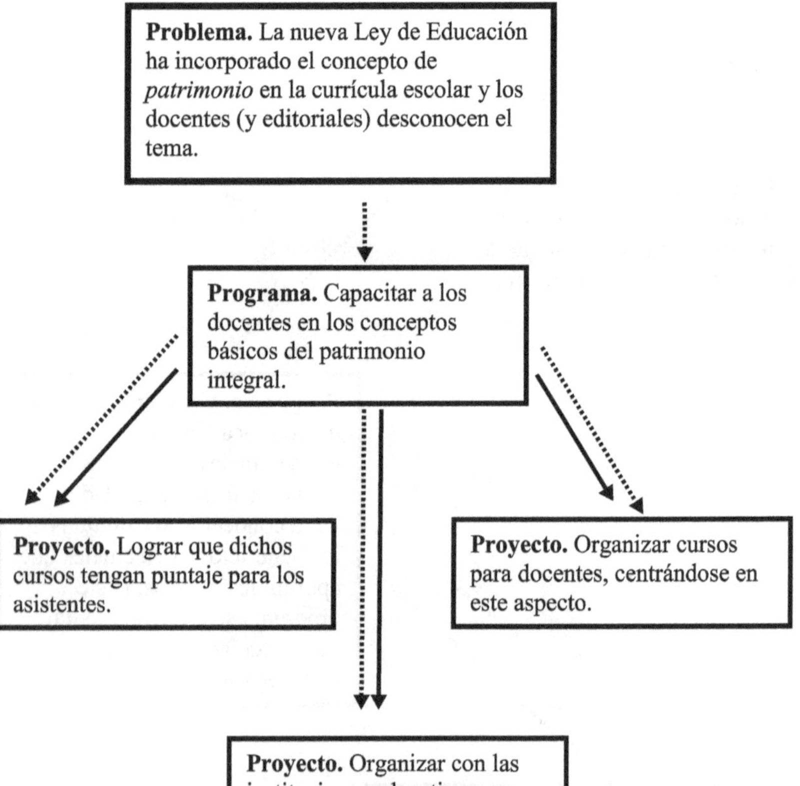

3.8. Objetivo específico del programa: formar los/las guías de los museos, porque son los *comunicadores*, educadores por excelencia.

Problema. Se coincide en que los guías de museos son *comunicadores* por excelencia, pero también se coincide en que no están convenientemente capacitados para serlo.

Programa. Por el momento está en elaboración porque son múltiples los aspectos a considerar y no se cuenta con un programa coherente.
Temas a tener en cuenta para esta capacitación:

- Los diferentes niveles de público y su adaptación a ellos.
- Herramientas didácticas para hacer la visita participativa.
- Temario específico de cada museo.
- Perfil del guía.

Esta problemática es incumbencia de la representante, pero también de todos los miembros CECA, sobre todo de las instituciones educativas.

4. Delegaciones

El CECA Argentina se creó con un criterio federal. Argentina es un país muy grande con profundas diferencias regionales. Cada provincia tiene no sólo problemas distintos, sino también soluciones potenciales que al unirse en una delegación pueden ir remediando sus carencias y motivarse para superarse.

Cada delegación es *autónoma*. La delegada debe informar una o dos veces al año sobre sus actividades, pero tiene total libertad de acción, siempre y cuando comprenda que somos una ONG internacional que debe tener el mejor nivel de calidad que le permitan sus medios y respete los estatutos del ICOM, sobre todo el Código de Deontología.

Al abrirse una delegación, la representante argentina (por ahora María Cristina Holguin) viaja a esa localidad para presentarse y presentar al ICOM y al CECA. Estas reuniones consisten en: la presentación del CECA Argentina por parte de la representante CECA, propuestas de acción de la delegada, y presentación de los asistentes planteando sus problemas o sus deseos. Así, se recoge material para fijar objetivos que respondan a necesidades reales.

Perfil del delegado o delegada

- Tener vocación de servicio.
- Compromiso con la educación y acción cultural de los museos y sitios patrimoniales (recordemos que los zoológicos y los jardines botánicos, las reservas naturales, etc., son *museos*).
- Tener en cuenta que el CECA Argentina pretende *incluir a todos aquellos que se sientan identificados* con

el proyecto, *sin discriminaciones políticas, religiosas, raciales o laborales.*

- Compromiso con todos los objetivos del CECA.

Responsabilidades

- Hacer un listado de las problemáticas encontradas en su región.
- Priorizarlas.
- Ejecutar propuestas de acción para resolverlas.
- Esencialmente, trabajar con el último objetivo del *cecálogo.*
- En lo posible formar un grupo de trabajo que se reúna periódicamente para programar y evaluar las acciones a realizar o realizadas.
- Informar a la representante por lo menos una vez al año de las actividades realizadas.

Muchas provincias tienen excelentes profesionales a los que recurrir para dar cursos, obviando así la obligación de viajar a Buenos Aires a capacitarse, que es un objetivo prioritario. No obstante, pueden solicitar un profesional a CECA Buenos Aires, que puede resultar más económico que viajar.

4.1. Delegación Corrientes. Museo Provincial de Ciencias Naturales "Dr. Amado Bonpland"

Dependiente de la Subsecretaría de Cultura
de la Provincia de Corrientes
Delegación CECA, Zona NEA, Corrientes, Argentina

El 30 de junio de 2007, recientemente conformado el CECA Argentina, surgió la Delegación Corrientes en una reunión en el Museo Provincial de Ciencias Naturales "Dr. Amado Bonpland". Fue designada delegada CECA de la Zona NEA la Lic. Arbello de Mazzaro, directora de este museo y motivadora de la existencia de este comité en Argentina. En esta reunión la Prof. Cristina Holguin presentó el CECA Argentina, transmitiendo y compartiendo acciones a su delegada y a los asistentes en ese momento, planteando problemas e inquietudes. Lo que llevó a fijar objetivos comunes a otras delegaciones para responder a necesidades reales, e intercambiar ideas y opiniones. Esta delegación tiene activas participantes además de su delegada, como Clara Arrieta, María de las Mercedes Vera, Sara Negro y Alejandra Vicentín (todas ellas museólogas).

Con una trayectoria de más de 150 años de existencia, el museo es reconocido a nivel local, nacional y también internacional. Tiene una fuerte acción educadora; con la misión de "educar sobre el medio ambiente y la biodiversidad, inspirando cambios de actitudes en los ciudadanos a través del estudio, conservación y exposición de muestras representativas de la diversidad biológica del NEA, con el fin de comprenderla y brindar ese conocimiento a la comunidad."

A través de diferentes actividades y en interacción con sus miembros, el museo expone ese conocimiento para la apreciación de la comunidad y de todo interesado en las Ciencias Naturales. Cuenta con un servicio educativo formado por profesionales docentes-museólogos y especialistas en Ciencias Naturales que proponen una nutrida agenda cultural y educativa (aprobado por Disposición nº 63/99, Proyecto de Concurso de Subsidios para Museos, Fundación Antorcha, 1995). Este servicio educativo implementa su accionar a través del proyecto "Un sitio para aprender: los museos" (Resolución Ministerial nº 1.760/02), que articula la enseñanza escolar con el aprendizaje en los museos de Ciencias, brindando propuestas pedagógicas para todos los niveles educativos, incluyendo escuelas de enseñanza especial.

Acciones del área educativa del Museo Bonpland durante el trienio CECA Argentina

Muy variada y extensa ha sido la acción del museo en este período, coincidente con el denominado "año bomplandiano", declarado de Interés Cultural por Disposición nº 0069 del 7 de marzo de 2008; y de Interés del Honorable Concejo Deliberante de la Municipalidad de la ciudad de Corrientes por Declaración nº 5 del 27 de marzo de 2008. La Resolución nº 214 del 14 de agosto de 2008 establece asignar un espacio para la inscripción del lema "2008 año bonplandiano". También fue caracterizado como de Interés de la Honorable Cámara de Diputados de la Provincia de Corrientes por Declaración nº 010/08 del 9 de de abril de 2008. Así, se han concretado las siguientes acciones:

- *Muestras itinerantes:* "Bonpland naturalista". "Pasado, presente y futuro de la yerba mate". "La Valija Salvadora".
- *Proyectos:* "Un sitio para aprender los museos". "Un viaje al pasado guaraní", de Mercedes Vera (Resolución n° 358/05 del Honorable Consejo General de Educación). Proyecto "Muse...andando" (Instituto Carmen Molina de Llano, Carrera de Museología). "El lenguaje de los árboles (de los jóvenes del Rotary Club, Corrientes). Proyecto "¿Qué sabe usted. de las serpientes? (UNNE-Herpetología). Proyecto "Las rocas que hablan" (UNNE-FACENA). Proyecto "Jardín Botánico". En gestión está el proyecto "Sala Iberá y publicación de manuscritos inéditos de Amado Bonpland".
- *Conferencias:* "Ciencias y viajes en la época del Iluminismo, a través de las figuras del Bonpland y Humboldt", con la Lic. Marie Noel Bourguet y la presencia del Consejero de Cooperación y Acción Cultural

de la Embajada de Francia en Buenos Aires. "Aymé Bonpland 1773-1858. Un naturalista en la Cuenca del Plata", con el Dr. Guillermo Ottone. Teleconferencia Buenos Aires-Corrientes con el objeto de difundir el Segundo Encuentro CECA Argentina y Séptimo Encuentro CECA LAC (Comité de Educación y Acción Cultural para Latinoamérica y el Caribe). Difusión del año Bonplandiano en la Biblioteca del Instituto Miguel Lillo de Tucumán, por Mercedes Vera

- *"Sesión pública extraordinaria de homenaje al Dr. Aime Bonpland"*: considerada de Interés por la Declaración nº 5/08 del Honorable Consejo Deliberante de la Municipalidad de la ciudad de Corrientes, con la Academia Nacional de Ciencias y la Facultad de Ciencias Agrarias de la UNNE, en la persona del Ing. Agr. Antonio Krapovickas.
- *"Foro franco-argentino"* con la presencia de Jean Pierre Heinz (Director de Asuntos Culturales de la Villa La Rochelle), Madame Sabrina Laconi (de la Dirección de Asuntos Culturales de la Villa La Rochelle), Monsieur Bernard, Maire de Saint-Vivien (Presidente de la Asociación de Directores de Asuntos Culturales de Grandes Villas y Comunidades de Aglomeración de Francia), Rebeca Orwelar y Nichele Dunard (Directora del Museo La Rochelle).
- *Lanzamiento del Segundo Congreso Argentino de Cultura* "Hacia políticas culturales de Estado. Cultura y desarrollo (Tucumán 2008).
- *Descubrimiento del Busto del Dr. Amado Bonpland*, en adhesión al festejo del mes aniversario de la fundación del museo. Este busto es donación de la escultora Helianne Alfonso Silveira.
- *Séptimo Encuentro Internacional CECA LAC en Corrientes* "Museos, educación y virtualidad" en el contexto de América Latina y el Caribe. Este encuentro

contó con el apoyo del Ministerio de Educación y Cultura de Corrientes mediante Resolución nº 605 del 29 de abril del presente año. Fue declarado de Interés por la Honorable Cámara de Diputados de la Provincia de Corrientes, Declaración nº 027 del 22 de abril de 2009. También declarado de Interés legislativo y provincial por la Honorable Cámara de Diputados de la Provincia de Chaco, Resolución nº 1.040 del 14 de mayo de 2009. Asimismo contó con la Declaración de Interés Cultural y con el auspicio de la Secretaría de Cultura de la Nación, Exp. 991/09 del 16 de julio de 2009. La sede del encuentro CECA fue el Gran Hotel de Turismo.

Entre las entidades organizadoras cabe mencionar al Comité para la Educación y la Acción Cultural (CECA) para las regiones de Latinoamérica y el Caribe (LAC) del Consejo Internacional de Museos (ICOM), el Comité para la Educación y Acción Cultural (CECA) de Argentina, el Ministerio de Educación y Cultura, y la Subsecretaría de Cultura. Además, por supuesto, del Museo de Ciencias Naturales "Dr. Amado Bonpland".

La Universidad Nacional de Tres de Febrero (Buenos Aires) actuó como colaborador académico. Los otros colaboradores destacados fueron la Dirección de Relaciones Internacionales, la Asociación de Amigos del Museo de Bellas Artes de Corrientes, y el Establecimiento Las Marías-Taragüí y Molinos Cañuelas. El encuentro contó con el auspicio del Comité Argentino de ICOM, UNNE y la Secretaría de Cultura de la Nación.

En el marco del año bonplandiano, la muestra "Bonpland Naturalista" ha recorrido distintos lugares de la ciudad. Entre ellos, la Plazoleta Bonpland y otras plazas; la Escuela Secundaria Arturo Frondizi, y la Escuela Regional "José Manuel Estrada". Además, varias localidades del Interior de nuestra provincia: pueblos jesuíticos de Corrientes, la Cruz, Yapeyú, San Carlos, Virasoro, Santo Tomé, Goya. En Curuzú Cuatiá se celebraron los 198 años de su fundación -camino al bicentenario-, festejo establecido como de Interés Cultural por Declaración nº 29/08 del Honorable Concejo Deliberante del Municipio de esa localidad. También la muestra visitó Paso de los Libres, Localidad de Bonpland, Ituzaingó, San Lorenzo.

En cuanto a otras provincias que recibieron la muestra cabe mencionar a Santa María de la Fe, Misiones y Chaco (en el Museo-Casa Giraldi, Resistencia, Chaco). En el plano internacional Paraguay lo hizo en coordinación con la Embajada de Francia en ese País y la Sociedad Científica en Asunción con representación oficial del Museo Bonpland.

Otras actividades relacionadas con el museo son:

- Difusión del año bonplandiano en la Biblioteca del Instituto Miguel Lillo de Tucumán por la Museóloga María Mercedes Vera, del Museo Amado Bonpland.
- Participación anual del *Día internacional de los museos* con actividad colectiva en plazas de la ciudad, junto

con la carrera de Museología del Instituto Superior "Carmen Molina de Llano" y museos de la ciudad, dependientes de la Subsecretaría de Cultura de Corrientes.

- Muestra Itinerante "La vajilla salvadora" en una jornada al aire libre junto a la Secretaría de Medio Ambiente Municipal, en adhesión al *Día mundial del medio ambiente* en Parque Cambá Cuá, bajo el lema *"Por un futuro mejor, entre todos cuidemos el ambiente".*
- Fiesta Nacional de la República Francesa, con difusión de la película documental *Los Franceses* de Guy Girard y charla sobre la identidad francesa abordada por los becarios Antoine Girard y Pinar Bingol.
- *Presentación de libros.* Tercera visita consecutiva del Dr. Eric Courthès para presentar su libro *Memorias de un muerto. El viaje sin retorno de Amado Bonpland.* Además, en el Salón Verde de la Casa de Gobierno de Corrientes se presentaron los libros *Ñandutí, encaje paraguayo* de la autora Annik Sanjurjo, y *Amado Bonpland* de la escritora Gladys Mango de Rubio.
- *Algunas muestras temporarias.* Inauguración de la muestra "Bonpland naturalista", con el esbozo de la obra científica de Amado Bonpland y la presentación del catálogo. Adhiriendo el año bonplandiano, el Museo de Ciencias Naturales "Bernardino Rivadavia" de Buenos Aires presenta en el Museo Bonpland la muestra "Alcide d´Orbigny. Vigencia de una mirada". Muestra "Correo postal... una historia vigente", con la colección privada del Sr. Sánchez Feraldo y la presencia del Correo Argentino local mediante el lanzamiento de la "Emisión de sello postal en homenaje al sesquicentenario del fallecimiento de Amado Bonpland", declarado de Interés por el Honorable Consejo Deliberante de la Municipalidad de la ciudad de Corrientes en Declaración nº 44 del 7 de agosto de 2008.

- Inauguración de la muestra temporaria e itinerante "La yerba mate, pasado, presente y futuro", durante noviembre del año 2009. Esta muestra de carácter itinerante tiene el objeto de transmitir tradiciones y costumbres de la yerba mate, tanto en distintos lugares de la ciudad como en localidades del Interior de la provincia. Ha sido presentada también, en mayo de 2010, en el Museo José Hernández, en Laguna de los Padres, Provincia de Buenos Aires (a 15 km de Mar del Plata).
- Circuito guiado y muestra "Árboles nativos de la Plaza la Cruz".
- Muestra "Corrientes, sangre y trabajo", en adhesión al día del trabajo, con la finalidad de revalorizar el trabajo del hombre rural. Se organizó en torno a la colección privada del Sr. Sánchez Feraldo.
- Muestra Temporaria "El pensamiento guaranítico y la naturaleza", en Sala de Arqueología.

- Muestra "Fauna en peligro", en adhesión a los festejos por el día del animal y en virtud de concientizar sobre especies de la región en peligro.
- Muestra temporaria "Un sabio en el paraíso", con bocetos de Tachín Gamarra que corresponden al vestuario de la Comparsa Sapucay (año 2008) y en conmemoración de un aniversario más del fallecimiento del ilustre Amado Bonpland.
- Primera muestra Proso-fotográfica del NEA "La caja de pandora". Sus autores son José Gabriel Mazzaro y Eugenio Led. Esta muestra encierra en cuatro paredes la esencia de dos seres separados por el tiempo, más unidos en la práctica del arte. Se trata de una mirada muy enigmática y combustible, como el espíritu mismo de los que se han dedicado a crear las presentes obras.
- Muestra anual "La verdad de la Caña con Ruda", con descripción biológica de los beneficios y costumbres en torno a esta planta medicinal en nuestra región.
- Muestra temporaria anual "Serpientes del NEA", organizada por el Centro Regional Productor de Suero Antiofídico (CEPSAN), con la dirección de la Lic. Laura Rey.
- *Museos y discapacidad.* Fueron presentados los trabajos de integración de jóvenes con discapacidad, becarios del COPRODIS en pasantía laboral en este museo. Estos trabajos consisten en hacer las trascripciones de la bibliografía de Amado Bonpland, y la reseña del museo y de las salas de exhibición en sistema Braile, para personas con discapacidad visual que requieran este tipo de información. En este marco también tuvo lugar la muestra temporaria "Ciencias sin barreras", que incluye bosquejos de ejemplares en exhibición realizados por el joven Nicolás Pastor (sordo), dibujante de la Fundación AVA.
- Muestra temporaria "Arte y naturaleza". Se trata de una exposición de especies arácnidas de nuestra región en combinación con trabajos en acuarela y pequeñas

escultura realizados por el joven Germán de los Reyes Vidal, que conjuga el arte joven con la naturaleza y con charlas educativas para escolares referidas al "Mundo de las arañas", resaltando especies de importancia sanitaria.

- Adhesión al Mes Nacional de las Aves, con muestra representativa, charlas educativas y proyección de video. Estas actividades se enmarcan en el eje general "Nuestras aves", su conservación y conocimiento científico. La muestra fue organizada en conjunto por el Club de Observadores de Aves (COA) de Corrientes y el Museo Bonpland.
- Participa por tercer año consecutivo de las *Semana de las ciencias* junto al IBONE y el Ministerio de Ciencia y Técnica a nivel nacional, con importante concurrencia escolar de Capital, del Interior y de otras provincias (Jujuy, Santa Fe, etc.). El programa pertenece a la Secretaría de Planeamiento y Políticas del ministerio, y apunta a *"la divulgación del conocimiento y las ciencias con la finalidad de que chicos y grandes perciban la ciencia en la vida cotidiana."*

La organización de *talleres* no escapa al cúmulo de actividades llevadas adelante por el museo. Así, cabe mencionar talleres de observación de aves, de huellas, de teatro; también formación de gestores culturales, talleres artesanales organizados por Ñandé Pó, taller de agentes de deterioro en colecciones de archivos, bibliotecas y museos, y charlas de concientización con proyección de video sobre biodiversidad.

En cuanto a las participaciones del museo este es el detalle:

- Primer Encuentro Nacional del CECA en el Museo Julio Marc, Rosario, Santa Fe.
- Ponencia "Servicio educativo en los museos del NEA". Proyecto educativo aprobado por el Ministerio de Educación y Cultura de la Provincia de Corrientes. Lic. Aurora Arbelo de Mazzaro.

- Ponencia "Nuestra identidad guaraní". Proyecto "Un viaje al pasado guaraní" para nivel inicial y su adaptación a público no videntes, por María de las Mercedes Vera.
- Ponencia "Estrategias educativas en la gestión del Museo Dr. Amado Bonpland", por la Lic. Aurora A. de Mazzaro. Un artículo basado en esta ponencia ha sido publicado en la revista *Admira*, año V, núm. 5, abril de 2008.
- En septiembre del año 2009, la museóloga María de las Mercedes Vera participó en las XIX Jornadas de Museos y Escuela del Banco Provincia "Dr. Jauretche". También, del 14 al 16 de septiembre, tuvo una notable actuación en el Primer Encuentro Latinoamericano de Bibliotecas, Archivos y Museos (EBAM) en la ciudad de La Paz, Bolivia, difundiendo el Proyecto "Un viaje al pasado guaraní y actividades para otros públicos". En este último fue invitada a comentar sobre los alcances del Séptimo Encuentro CECA Latinoamericano para conocimiento de todos los participantes del EBAM.

Igualmente en el mes de noviembre, en el Primer Encuentro Nacional de Accesibilidad a Espacios Patrimoniales (Horco Molle, Tucumán), presentó resultados del trabajo conjunto entre Museo Bonpland y COPRODIS sobre integración de capacidades a espacios culturales, siempre en representación del Museo Bonpland y de la Subsecretaría de Cultura y CECA Argentina, Zona NEA.

- Décimo Congreso de Historia. Ponencia "Presencia de Amado Bonpland en la ciudad que nació con la Patria", de la Lic. Aurora A. de Mazzaro (Curuzú Cuatiá 2010).
- Entre el 9 y el 11 de septiembre de 2010, la Prof. Museóloga María de las Mercedes Vera presenta la ponencia "Inclusión sin barreras. Discapacidad, museos y otros espacios de integración e inclusión" en el Segundo Encuentro Latinoamericano de Bibliotecas, Archivos y Museos, en Lima, Perú. El objetivo es transmitir los logros alcanzados en cuanto a integración de otros públicos en acción conjunta con el Consejo de Discapacidad de Corrientes.
- En septiembre de 2010 tiene lugar el Foro Franco-Argentino en el Museo Bonpland, en el marco del programa del convenio de cooperación entre la Universidad de La Rochelle y el Museo Bonpland.

En cuanto al reconocimiento nacional obtenido, cabe mencionar la plaqueta de honor de ADIMRA otorgada a la Lic. Aurora Arbelo de Mazzaro, por su contribución y trayectoria en la cultura. Esta entrega fue concretada en el XXXIII Encuentro Nacional de Directores de Museos realizado en el Centro Cultural del Nordeste, UNNE, Resistencia, Chaco.

Prof. Museóloga María de las Mercedes Vera
Lic. Aurora Arbelo de Mazzaro
Servicio Educativo
Directora Museo Bonpland

Museo Bonpland
Delegada CECA-Zona NEA

No queremos cerrar este espacio sin agradecer a la directora de Artes Visuales y Patrimonio Cultural de la Provincia de Corrientes, la Prof. Elizabeth Andreu, de quien podemos decir que es una "CECA" más.

Por último, queremos resaltar que con el CECA Corrientes, mientras organizábamos el encuentro, se manifestó lo expresado en la presentación de este libro: un gran compañerismo del que nacieron amistades que sin duda permanecerán en el tiempo, a pesar de los más de 1.000 km que nos separan.

4.2. Delegación Conurbano Norte

Delegada: Museóloga Margarita Laraignée,
Directora del Museo "La Forrajería"

La delegación de CECA en la Zona Norte de la Provincia de Buenos Aires tiene su sede en el Museo de La Forrajería, el cual asume como objetivo proteger el patrimonio de la comunidad de Florida, barrio en donde se encuentra emplazado. Este viejo negocio de venta de forrajes data de comienzos del siglo XX y hoy, transformado en museo, cuenta con balanzas, herramientas, documentos y fotos pertenecientes a este comercio; también con todo lo aportado por los vecinos y antiguos cliente del negocio. Alberga lo propio y todo el material tangible e intangible (como el olor a la alfalfa, a las semillas, al carbón, a la leña, etc.).

El Museo de La Forrajería forma parte del Centro Cultural Alfonsina Storni, el cual está dedicado a la enseñanza no sistemática; cuenta con docentes de idiomas e instructores encargados de las actividades físicas.

El museo y el centro cultural tienen sus puertas abiertas a las escuelas de la zona, tanto para las visitas guiadas en distintos idiomas como para cualquier otra actividad de servicio a la comunidad. El museo ha participado en carácter de miembro de CECA en distintas actividades realizadas por el Municipio de Vicente López y por otros municipios de la zona, siempre con la intención de crear lazos entre *la sociedad, la educación y la cultura.*

Resumen de las actividades realizadas desde su creación

En el año 2007 se invitó a la comunidad de la zona a una reunión de presentación de la delegación y también a la Jornada de Museos e Identidad Cultural, que se llevó a cabo el 27 de octubre de 2007 en la sede del Centro Cultural Alfonsina Storni. En la jornada estuvieron presentes la Sra. Cristina Holguin, representante en Argentina de CECA; la delegada de la zona, Sra. Margarita Laraignée, y también se contó con la presencia de Marcela Nathé de Durand, especialista en Ciencias de la Educación, que fue la encargada de la disertación sobre "Museos e Identidad Cultural: autoestima, enfoque pedagógico, proyecto para las escuelas destinado al desarrollo de la identidad". Participaron docentes, museólogos, vecinos interesados en el desarrollo de la educación y la cultura. De este intercambio surgió la necesidad de convocar y formar a los estudiantes de carreras afines (Historia, Arte Diseño Gráfico, Biología, etc.) para completar su formación en la relación entre los museos y la educación. Este tipo de jornadas tiene como propósito enriquecer la labor que realizan los museos con el aporte de conocimientos y estrategias provenientes de distintas especialidades.

En el año 2008, la delegación de la Zona Norte, a cargo de la museóloga Margarita Laraignée, participó en un proyecto para presentar en el Primer Congreso Metropolitano de Formación Docente, que tuvo lugar en la Facultad de Filosofía y Letras, en el departamento de Ciencias de la Educación de la Universidad de Buenos Aires, los días 26, 27 y 28 de noviembre de 2008. El proyecto presentado constaba de los siguientes títulos: "Escuelas y museos socios en la aventura de educar"; "Escuelas y museos: ¿trabajo posible?"; "Relación Escuela-Museo. Pilar del patrimonio cultural". La fundamentación de los mismos era la necesidad imperiosa de trabajar mancomunadamente entre las instituciones, con el fin de lograr un compromiso y una inserción concreta en y con la comunidad, a través de una construcción colectiva, apuntando a una visión integral de la gestión educativa y a la democratización de la educación y la cultura. La meta era que el Instituto Superior de Formación Docente nº 39 trabajara en forma conjunta con la subcomisión pedagógica de CECA.

En 2008 y 2009 la delegación de CECA en Zona Norte continuó creando puentes entres las instituciones escolares y los museos de la zona. Se buscó participar en encuentros barriales, sobre todo con el fin de acercar a los docentes al museo, para darles herramientas necesarias para hacer de la visita a los museos un complemento de la tarea áulica. Además, conjuntamente entre el Gobierno de la Ciudad de Buenos Aires y la Municipalidad de Vicente López, el museo participó en noviembre de 2009 de "La noche de los museos".

En el año 2010, con motivo del Bicentenario 1810-2010, se realizaron conferencias evocativas durante todo el mes de mayo; el temario de la mismas fue: la Batalla de La Florida que le diera nombre al barrio; los próceres del Ejército del Norte que dieron nombre a las arterias; las mujeres en la guerra por la independencia y en especial Juana Azurduy. Todas las conferencias estuvieron a cargo de los historiadores Prof. Cristina Mirabelli y Prof. Marcelo Pacheco. El 22 de mayo, por invitación de los gobiernos provincial y municipal, el museo participó del evento "Una noche en los museos". También se continuó con la visita de contingentes escolares de escuelas públicas y privadas.

4.3. Delegación Rosario, Provincia de Santa Fe

Delegada Lic. Mercedes Murúa

Rosario, Noviembre de 2007
Documento fundacional de la delegación Rosario del CECA Argentina

A partir de los objetivos y propósitos de acción del CECA en lo que refiere a *intercambiar información e ideas acerca de la educación en los museos a nivel internacional, para asegurarse que la educación sea parte de las decisiones políticas y los programas del ICOM, logrando, en todo el mundo, la alta profesionalización de los programas de educación de museos,* los interesados en Argentina expresan, en general, su deseo de intercambiar experiencias con América Latina y el Caribe. En primer lugar, por similitud de culturas y problemáticas. A su vez, desde el CECA Argentina se fomenta la creación de diferentes delegaciones dentro del país, trabajando en el intercambio de ideas y conocimiento. Por esta razón, se elige a Rosario como sede de la delegación que representa a la región de Santa Fe y Entre Ríos ante el Comité Nacional e Internacional.

Desde la delegación Rosario del CECA Argentina, los miembros participantes proponen la formación de un grupo de trabajo, cuya finalidad sea compartir experiencias, información, llevar a cabo investigaciones en el campo educativo de los museos y centros culturales como así también en todo el accionar cultural de la región. Además, se busca organizar y planificar eventos, cursos, seminarios, etc.

La sede de delegación Rosario del CECA es la Escuela Superior de Museología, donde se llevarán a cabo las reuniones de trabajo del grupo y actividades a desarrollar.

Diagnóstico

La educación es una labor clave en el museo y en los centros culturales, que obliga a estas instituciones a plantearse su redefinición y a examinar su calidad de servicios, ejerciendo siempre su misión pedagógica y cultural, y teniendo en cuenta fundamentalmente al público que acude a sus prestaciones.

En las últimas tres décadas, los museos han vivido un período de análisis, reflexión, revisión y transformación de sus funciones educativas y culturales. Esto ha originado cambios en las formas de trabajo museal, especialmente en lo referente a lo educativo, en consonancia con el surgimiento de nuevos paradigmas de interacción entre el público y el museo. La problemática es muy basta, ya que no siempre los museos dan a la educación no formal e informal la prioridad que debe tener en las políticas museológicas. A su vez, sabemos que los países menos desarrollados presentan dificultades en profesionalización y capacitación del personal, por lo que el intercambio de información entre los profesionales de la educación y de la museología se hace prioritario. Es necesaria la colaboración con estas instituciones generando espacios de discusión interna y ayudando a un trabajo interdisciplinario entre personal del propio museo y demás instituciones educativas y sociales.

Por lo dicho anteriormente se rescata la importancia de que Argentina tenga su Comité Internacional de Educación y Acción Cultural, para tratar todos estos temas tan relevantes y necesarios que hacen a la formación de las personas, proponiendo a los interesados en formar parte del grupo de trabajo CECA de Rosario el asumir una actitud de compromiso, responsabilidad y respeto.

Objetivos

Entre los objetivos generales de la delegación cabe mencionar:

- Responder con idoneidad, ética, compromiso y responsabilidad a los objetivos del Comité Internacional de Educación y Acción Cultural de la Argentina.
- Lograr un grupo de trabajo basado en el respeto al otro, ya sea en el disenso o en la confrontación de ideas.
- Compartir aprendizajes, experiencias, teorías en educación de museos, logrando conocimientos nuevos, permitiendo al grupo de trabajo llevar a cabo investigaciones.

Entre los objetivos específicos se cuentan:

- Colaborar en la formación de educación museística con las instituciones que así lo requieran.
- Desarrollar actividades para la profesionalización del trabajador de museos encargados de la acción cultural

Ejecución del proyecto

Entre las actividades previstas, se están llevando a cabo reuniones mensuales con el fin de formalizar el grupo de trabajo; además se analiza toda la información recibida del CECA Argentina. En próximas reuniones se organizará la programación y difusión de la presentación del CECA Argentina y la de delegación regional. Esta proyectado a corto plazo trabajar sobre el concepto de *educación* desde la mirada del museo, como así también sobre el de *acción cultural* pensado desde la gestión.

En cuanto a la modalidad de trabajo, se pretende organizar una red con un equipo interdisciplinario, comisiones temáticas, trabajo en grupo / talleres, y organizar cursos, seminarios, charlas, debates, etc. El equipo de trabajo está conformado por: la coordinadora de la delegación regional Lic. Mercedes Murúa, Cons. de Museos Laura Giménez, Cons. de Museos Angélica Muñoz, Cons. de Museos Alicia Romagnoli, Lic. María Paola Rosso Ponce, Lic. en Museología Sandra Trigo, Cons. de Museos Clara

Merlo, Cons. de Museos Mirta Carrera, Cons. de Museos Gabriela Tradotti, Lic. Estela Colomar, Arq. Ana M. Sánchez, Ana Garaghan y Vilma Oriti Tizio.

MES/ 2008	ACTIVIDAD	LUGAR	PÚBLICO DESTINATARIO
Marzo (1ª semana) Marzo (2ª semana)	• Reuniones con el grupo de trabajo para programar y planificar actividades. • Planteo de posibles proyectos de capacitación a llevarse a cabo durante el período 2008. • Trabajar en teoría e investigación sobre un tema a designar que identifique los objetivos del CECA. • Activar contactos con autoridades de cultura y museos de la Provincia de Entre Ríos.	Escuela Superior de Museología.	Miembros y adherentes al CECA.
Abril	Preparación del curso sobre actividades educativas en los museos (guía de museos) a realizarse en el Museo y Archivo Histórico Municipal de Casilda. Dictado por el área educativa del Museo de Bellas Artes "Juan B Castagnino" y participación del CECA delegación Rosario.	Museo y Archivo Histórico Municipal de Casilda.	Personal de museos de la Regional Sur de Santa Fe.
Mayo, día 18	Participación en actos por el "Día internacional de museos".	Museo Histórico Provincial "Dr. Julio Marc".	Docentes, alumnos, personal de museos y público en general.

Junio	Realización de las jornadas sobre discapacidad.		Miembros adherentes al CECA, personal de museos, docentes, alumnos de Museología y de otras disciplinas.
Julio / agosto	Preparación de la difusión y adhesión al Congreso "Museo, escuela y patrimonio cultural", organizado por el Museo de Arte Decorativo "Firma y Odilo Estévez y el Instituto Olga Cosettini en sus cuarenta años. Dicho congreso tendrá Resolución Ministerial. Se realizará los días 21, 22 y 23 de agosto.	Auditorio del Banco Municipal de Rosario	Docentes de escuelas de todos los niveles. Alumnos en la formación docentes. Alumnos de Museología.
Septiembre / octubre	Organización del Primer Encuentro CECA Argentina.	Museo Histórico Provincial "Dr. Julio Marc".	
Noviembre 6 y 7	Primer Encuentro del CECA Argentina.	Museo Histórico Provincial "Dr. Julio Marc".	Docentes, alumnos, público en general.
Marzo / agosto de 2009	Reuniones mensuales de la delegación.	Escuela Superior de Museología.	Miembros y adherentes al CECA.

Noviembre 7	El Museo y su proyección social. Museos y públicos con necesidades especiales. Jornada de accesibilización.	Museo Histórico Municipal "Enrico Orsetti" de la ciudad de Armstrong.	Profesionales y estudiantes de Museología. Personal trabajadores de museos. Docentes de escuelas especiales. Docentes de nivel primario, secundario y terciario. Personal trabajadores de bibliotecas y archivos.
Marzo / Mayo de 2010	Reuniones mensuales de la delegación.	Escuela Superior de Museología.	Miembros y adherentes al CECA.
Junio 11,12 y 13	Participación de la delegación en el Tercer Encuentro del CECA Argentina "Museos y Educación. Estrategias integradoras para las generaciones del Bicentenarios".	Bahía Blanca.	

4.4. Delegación de la Provincia de Buenos Aires (La Plata)

Delegada Prof. Susana Bautista

Actividades del CECA de la Provincia de Buenos Aires

La delegación del CECA de la Provincia de Buenos Aires se ha propuesto desde el año 2007, entre otras actividades, llevar a cabo proyectos a fin de estimular la relación entre el museo, la escuela y la comunidad.

Puesto que la escuela, como institución, está formada desde la sociedad, se expresa también para esa sociedad que la contiene. Por lo tanto, no es ajena a la profunda crisis por la que está pasando en diferentes estamentos de la estructura social, más allá de los problemas conocidos (ausencia de límites, de valores ético y/o morales hoy un tanto alejados de las aulas, con escasos recursos económicos) que impiden llevar a cabo planes de sanidad, alimentación, educación, entre otros.

El museo como generador de nuevos lenguajes y percepciones tanto individuales como colectivas debe expresarse más allá de sus muros, y dar respuesta como vehículo de conocimiento y registro de la historia, de la ciencia, de los hechos culturales, como testimonio y memoria del pasado constituyentes de la identidad de los pueblos.

CECA Argentina promueve nuevas estrategias, nuevos proyectos para acercar a los alumnos -niños y adolescentes- de escuelas rurales o de la periferia, dentro o fuera del circuito escolar, a los museos, para que a través de su acción pedagógica puedan acceder a nuevos saberes.

¿Cómo llevar a cabo estos objetivos? ¿Cómo estimular la relación entre el museo y la escuela? Con dos proyectos: "El museo va a la escuela y "El museo en la valija viajera va a la escuela". En el primer caso, el museo se hace presente en las escuelas con objetos trasladables, se organizan talleres de acuerdo a las edades y luego los conocimientos adquiridos se continuarán en tareas áulicas. En el caso de la valija viajera, una maleta común a simple vista, con el material didáctico en su interior, podrá recorrer distancias y llegar a las escuelas más alejada -en este caso en la Provincia de Buenos Aires-, y ofrecer diferentes temáticas de aprendizaje tanto para la educación formal como para la no formal. A partir del efecto multiplicador de saberes posibilitará que la familia y la comunidad puedan realizar actividades más allá del aula, tomando como temática el lugar que habitan, reconocer su historia, sus fundadores, valorizar el trabajo y al trabajador rural. El objetivo, en definitiva, es reconocer, preservar y divulgar el patrimonio cultural y natural como parte de la identidad y la memoria de su pueblo.

Actividades realizadas desde 2008 a la fecha

- En la Escuela nº 12 Victorino Montes de City Bell, en el Partido de La Plata, Provincia de Buenos Aires, se llevó a cabo una jornada en dos turnos donde se reunió a 800 alumnos de las zonas periféricas y rurales, oportunidad en la cual el Museo de Instrumentos Musicales Dr. Emilio Azzarini, dependiente de la Universidad Nacional de La Plata, llevó parte de la colección de fonógrafos del siglo XIX. Interesadas las autoridades educativas por estas actividades fui citada por la Jefatura de Inspección del Ministerio de Educación provincial para implementar este proyecto en todas las escuelas de la zona.
- Donación de una PC a la Escuela nº 67 Dr. Enrique Galli del barrio las Banderitas, City Bell, mediante la cual se pudo trabajar con material del Museo de Ciencias Naturales de La Plata sobre el Parque Costero del Sur y la Reserva de Biósfera, situada en el Partido de Punta de Indio, Provincia de Buenos Aires.
- Jornada "Las huellas del hombre" en Escuela nº 93 John F. Kennedy de Villa Elisa, Provincia de Buenos Aires, con la colaboración del Museo Dr. Constantino Vesiroglos, con material de la sala Juan Vucetich sobre el sistema dactiloscópico argentino, creado por este investigador en 1898. Se realizaron talleres sobre antropometría, clasificación e identificación de personas y la importancia del DNI. Este taller fue recibido con mucho interés por docentes y alumnos, y por efecto multiplicador llegó a muchas familias que no poseían documento de identidad.

- Idéntica jornada se llevó a cabo en la Escuela nº 67 Las Banderitas, en la Escuela nº 12 Victorino Montes de City Bell y en la Escuela nº 39 de Melchor Romero, Partido de La Plata, Provincia de Buenos Aires.
- Visita de alumnos que finalizan el ciclo primario realizada durante un día al Parque Costero del Sur, en Punta de Indio, que se lleva a cabo con la colaboración de la Municipalidad de Punta de Indio, Provincia de Buenos Aires.
- En el mes de julio del presente año 2010, este proyecto ha sido incluido en la Red Innovemos de la UNESCO como práctica innovadora educativa en el área temática de desarrollo curricular.

Otras actividades

- 24-27 de marzo de 2009. Asistencia al Sexto Campus Euroamericano de Cooperación Cultural sobre "Gestión Cultural y Ciencia: una relación imprescindible", con realización de talleres donde tuve la oportunidad de dar a conocer las actividades desarrolladas por CECA Argentina (UCA. Buenos Aires).
- 8-9 de mayo de 2009. XXXV Encuentro Adimra donde se presenta el Proyecto "El museo va a la escuela", en el Teatro Argentino de La Plata, Provincia de Buenos Aires.
- 29 de mayo de 2009. Mesa redonda sobre experiencias educativas organizada por Musas (Asociaciones de Museos La Plata, Berisso y Ensenada), con la presentación del proyecto "El museo va a la escuela: estrategias para motivar".
- 23 y 24 de noviembre de 2009. "Jornadas sobre patrimonio como recurso turístico para el desarrollo local", marco propicio para exponer sobre "Escuela, museo y patrimonio".

- Primeras jornadas sobre "Educación e investigación en museos", en el Museo Juan de Garay, Provincia de Santa Fe. Ponencia: "El museo como centro educativo: caso del Museo y Archivo Histórico Fuerte Barragán".
- Primer Congreso Internacional de Punta del Este. Quinto Encuentro BTM. La Educación en la Sociedad de la Información. Ponencia: "El Museo en la valija viajera va a la escuela", Punta del Este, Uruguay, 2010.
- Primer Congreso Museos Universitarios del MERCOSUR. Ponencia: "El museo universitario y su interacción con escuelas de nivel primario". Caso: Museo de Instrumentos Musicales Dr. Emilio Azzarini de la Universidad Nacional de La Plata" (UNL, Provincia de Santa Fe, 2010).

4.5. Delegación Ciudad de Buenos Aires

Delegada: Lic. Graciela Limardo. Museo Sívori

Esta delegación funciona de manera diferente a las demás. Si bien inicialmente comenzó a trabajar el 26 de junio de 2007, se constituyó formalmente el 17 de marzo de 2008, en las Primeras Jornadas de Reflexión llevadas a cabo en el Museo Eduardo Sívori.

Dentro del equipo que comparte tareas con la representante están elegidos algunos cargos. La encargada ante la Secretaría de Cultura de la Nación es la Mgter. Patricia Raffellini (Sec. de Cultura, UADE). La encargada ante el Ministerio de Educación de la Ciudad de Buenos Aires es la Lic. Mirta Cobreros (Museo Benito Quinquela Martín). El equipo de trabajo está conformado por Ana María Monte (Centro Cultural Recoleta), Raquel Najman de Sibileau (Museo de la Schoá), María Jesús Baquero Martín, María Cristina Holguin, Margarita Laraignée (que si bien es delegada del Conurbano Norte, también colabora en la toma de decisiones) y María Ángela Botero Saltarén.

Este equipo se reúne periódicamente para consensuar programas de acción, encuentros y otras actividades. Funcionan más como equipo organizador del CECA Argentina que como delegación propiamente dicha.

4.6. Región Centro-Córdoba (2008-2010)

Delegada: Susana Assandri
Integrantes: Yoli Martini, Mariela Zabala, Pilar García Conde y Elmer Leal
Contacto: regioncentroceca@gmail.com

La Región Centro CECA fue creada en agosto de 2008. La actividad de la región se enmarca en el programa "Patrimonio local y sociedad", con sede en el Museo de Antropología de la Facultad de Filosofía y Humanidades de la Universidad Nacional de Córdoba. Dicho programa fue creado desde la Secretaría de Extensión de la Facultad de Filosofía y Humanidades de la Universidad Nacional de Córdoba y desde la Facultad de Ciencias Humanas de la Universidad Nacional de Río Cuarto, siendo éste el marco dentro del cual se desarrolla la acción de la Región Centro CECA

Sus objetivos son:

- Generar experiencias de formación en torno al patrimonio, basadas en la cooperación interinstitucional, el aprendizaje colaborativo y la interdisciplina.
- Trazar estrategias comunes sobre educación en instituciones relacionadas con el patrimonio a partir de la comprensión de la problemática regional y local que atraviesan los museos de la región.

- Dirigir la educación y la acción cultural a la mayor cantidad de público posible (niños, personas con capacidades especiales, minorías lingüísticas, étnicas y de género y tercera edad).
- Brindar asesoramiento a las instituciones que así lo soliciten.

La Región Centro CECA desarrolla sus acciones, principalmente sobre dos ejes temáticos: la formación de formadores y trabajadores de museos, y los estudios de público. En cuanto a la formación, se desarrolla el programa "Patrimonio local y sociedad", que consta de dos aspectos. Uno de formación a través de una serie de cursos presenciales, y otro de asesoramiento para aquellas instituciones patrimoniales que así lo soliciten.

En relación con los estudios de público, se realizó el taller "¿Cómo mejorar nuestros museos? ¡Conozcamos a nuestro público!", el 4 de septiembre de 2009. El objetivo de dicho taller fue realizar un primer diagnóstico de situación sobre el conocimiento de los públicos visitantes en los centros patrimoniales de la Región Centro. Durante el transcurso del taller se observó la necesidad de analizar las estrategias de registro de público utilizadas, para lograr el desarrollo de herramientas apropiadas atendiendo a las particularidades de cada institución y su historia. A la vez, se observó que la mayoría de las instituciones recaudan información sobre su público, pero es baja la proporción de las que realizan un trabajo posterior sobre los datos. Los participantes del taller manifestaron su interés en continuar en esta línea de formación y en conformar equipos y redes de trabajo conjunto.

También se concretó, a través de un Convenio realizado entre la Universidad Nacional de Córdoba y la Universidad de Murcia (España), el proyecto "Los museos y centros culturales como agentes de cambio social y desarrollo. Creación de un laboratorio de investigación museística-cultural". Su objetivo es desarrollar un laboratorio de investigación para realizar estudios de público, a través de instrumentos diseñados específicamente a tal efecto. Dicho proyecto tiene el respaldo de AECID (Agencia Española de Cooperación Internacional para el Desarrollo). El laboratorio se estableció en el Museo de Antropología de la Universidad Nacional de Córdoba y cuenta también con otros centros de investigación en la Universidad Nacional de Río Cuarto y en la Administración de Parques Nacionales. La importancia de este proyecto radica en la posibilidad de trasladar esta experiencia a otros museos o centros culturales, para optimizar las posibilidades de los centros de gestión y difusión de nuestro patrimonio.

En el laboratorio de investigación museística se ha conformado una Biblioteca sobre Museología, Museografía, Patrimonio y Educación en museos que está abierta a la consulta pública. A partir de este proyecto se logró concretar el curso sobre "Metodología de la investigación del público en museos y otros centros de educación no formal", dictado por la Dra. Eloísa Pérez Santos, asesora del Ministerio de Cultura de España y Directora Científica del Laboratorio Permanente de Público de Museos, durante los días 22, 23 y 25 de marzo de 2010, en la ciudad de Córdoba.

La Región Centro CECA participó del Primer Encuentro Nacional del CECA en la ciudad de Rosario, en octubre de 2008, presentando dos ponencias. Yoli Martini y Pilar García Conde presentaron "La investigación-reflexión-acción aplicada a la visita en Centros Patrimoniales"; y Susana Assandri y Mariela Zabala se encargaron de "Aproximación a las visitas familiares en el contexto del Museo de Antropología".

En el Tercer Encuentro CECA Argentina, en el mes de junio de 2010 en la ciudad de Bahía Blanca, se expuso un trabajo realizado por Susana Assandri, Pilar García Conde y Mariela Zabala titulado "Según pasan los años... los museos y áreas protegidas cien años después".

4.7. Subdelegación Sudoeste de la Provincia de Buenos Aires

(Ex Subdelegación Tornquist, Sudoeste de la Provincia de Buenos Aires)

Esta subregión se organizó el 22 de febrero de 2008, antes que el CECA Centro (Córdoba). Desgraciadamente, problemas familiares hicieron que la delegada Nora Cinquini, valuarte del patrimonio de la región, debiera dimitir. Por su parte, Mariano Spialtini fue ascendido a Secretario Privado del Intendente, razón por la que no pudo seguir a cargo de la delegación. Este fue el detonante por el que no pudo continuar su funcionamiento.

Así, fue reemplazada por la Subdelegación Bahía Blanca, cuya delegada es la Lic. Liliana Mónica Dascanio, directora del Museo de Ciencias Naturales. La constitución de esta subregión como Sudoeste de la Provincia de Buenos Aires se hizo el 25 de febrero de 2010.

Bahía Blanca tiene dos ventajas sobre la ciudad de Tornquist: en ella confluyen todos los medios de transporte de la región y posee la Universidad Nacional del Sud, que puede proporcionar formación académica. No por ello olvidamos la cálida jornada vivida en Tornquist, las inquietudes recogidas y la importancia de esta región que, gracias a su patrimonio integral, es un lugar turístico. Y agradecemos a las autoridades de la Municipalidad de Torquinst la generosidad brindada, que le permitió al CECA Argentina tener mayores contactos con zonas rurales. Debemos también resaltar que en dicha reunión del 25 de febrero contamos con la presencia de Susana De Bary, presidente de FADAM (Federación Argentina de Amigos de Museos), que sumó su aporte y apoyo institucional.

SubDelegación de Bahía Blanca. Sudoeste de la Provincia Buenos Aires

Subdelegada: Liliana Mónica Dascanio

El proyecto institucional de educación ambiental en el Museo de Ciencias está a cargo de la Lic. Liliana Mónica Dascanio, del Museo de Ciencias de Bahía Blanca, Subdelegación CECA Argentina, en el Sudoeste de la Provincia de Buenos Aires.

En cuanto a la ubicación, se encuentra emplazado en un predio de dieciséis hectáreas de extensión, denominado "Parque de la ciudad", distante a cinco kilómetros del centro urbano. La disposición de las diferentes muestras surge del aprovechamiento de edificaciones preexistentes reestructuradas para ese fin, y conectadas entre sí por extensos jardines. Esto le permite proyectarse y crecer, utilizando el medio circundante como un área más de exposición.

Como base conceptual, el enfoque hacia los parques está comprometido con un fin didáctico. Esto significa que la conservación y el mejoramiento del ambiente están en relación directa con el grado de educación ambiental del hombre.

El Museo de Ciencias pretende como misión implementar formas nuevas y efectivas para popularizar las ciencias y los temas relacionados con la protección y el uso sustentable del medio ambiente.

El Museo de Ciencias ha sido concebido como un espacio abierto a su entorno desde lo expositivo y abierto a la comunidad desde lo conceptual. El objetivo es el de concebir un lugar donde la vivencia museística sea participativa, dinámica, que pueda convertirse en una experiencia vital, donde las ideas *educación* y *diversión* no se contrapongan.

En cada exposición, los objetos son tomados como una excusa, un medio para interpretar una historia o entender un fenómeno, despertando un interés inteligente que se comprometa con el medio, o simplemente, para generar el fomento de la contemplación y el deleite de sentirse parte de la naturaleza.

Proyecto de educación ambiental

Se pretende despertar el interés del público escolar y del público en general, en temas de *protección y cuidado del medio ambiente.* Para tal fin se toma como punto de partida el *Calendario Ambiental.* En base al mismo se realizan celebraciones mensuales en el "Parque de la ciudad" con diversas actividades como juegos, concursos de arte plástica y literaria, espectáculos infantiles, charlas con profesionales, talleres de educación ambiental y exposiciones temporarias, integrando diversas instituciones educativas, eco-clubes, ONG, reservas de la Provincia de Buenos Aires, etc.

Proyecto de reestructuración de la muestra "Desde el origen"

La reestructuración de la muestra existente apunta a generar una exposición renovada, que invite nuevamente a que sea vista, que logre un intercambio mayor con el público, despertando emociones. Donde se pierda para siempre el "prohibido tocar", y sea reemplazado por un "Prohibido no tocar".

Una muestra abierta a todo público (incluso aquellos con capacidades diferentes), donde nadie se prive de las variadas sensaciones. En aquellos sectores donde estén expuestas piezas arqueológicas originales se inducirá al visitante a involucrarse de una manera diferente: allí la experiencia se sustenta en la contemplación, en el deleite que se deriva de tocar con la mente y viajar a través de la historia.

La distribución de los elementos existentes en el espacio varió. Con la idea de generar un recorrido donde el público "sienta" que transita verdaderamente por la línea del tiempo, se sectorizó el salón en las diferentes eras geológicas y se recrearon ambientaciones tridimensionales sobre las que se ubicaron las piezas a exponer.

- Se realizaron algunas imágenes gráficas nuevas recreando ambientes y se utilizaron también las ya existentes.
- Se incorporaron "ventanas a la actualidad" que relacionan la temática abordada en esa sala con el tiempo presente, a fin de concientizar sobre la acción del hombre en el curso de la historia natural y ambiental.
- Se implementó un sistema de audio, en lo que se refiere a sonido ambiental como del relato en *off*, de modo de poder realizar el recorrido de manera autoguiada.
- Se anexará un nuevo sector dentro de la exposición, a continuación de lo hasta ahora final (aparición del hombre), referido a la arqueología y a los primitivos habitantes.

Otras actividades

Periódicamente se realizan exposiciones temporarias sobre diferentes temáticas de interés social, referidas al medio ambiente, con la participación activa de la comunidad.

Durante el receso invernal se ofrecen a la comunidad infantil diversas actividades con el objeto de acercar las ciencias a la vida cotidiana del niño y de sus familias y colaborar al mismo tiempo con una institución u obra de beneficencia. Es decir, se trata de un proyecto de vacaciones de invierno solidarias.

En el marco del proyecto denominado "Jardín de nativas", en un sector de tres hectáreas del "Parque de la ciudad" se encuentran especies vegetales autóctonas de la región de Bahía Blanca. Entre ellas el caldén (*prosopis caldenia*), de la familia de las leguminosas, que es la especie dominante, razón por la cual recibe el nombre de *caldenal*. Este sector ha sido declarado Patrimonio Urbano del Partido de Bahía Blanca (decreto 898/2006).

El Museo de Ciencias esta trabajando en un proyecto para armar allí un jardín de nativas con el objetivo de generar un lugar de reflexión y aprendizaje, en el cual estén implícitos conocimientos en las áreas de Ciencias Naturales y Sociales, para promover y fortalecer una visión de los bienes patrimoniales como una forma de disfrute y al tiempo de conocimiento. La idea es que su uso sirva para conformar una visión de la realidad presente y pasada de la ciudad y de la cultura en la que se enmarca.

Actividades 2010 en el museo

Enero

Día 29. Charla informativa "No son tan bichos los 'bichos': ¡aprendé a convivir con ellos!" a cargo de la Dra. Gabriela Rozas Dennis, del Departamento de Saneamiento Ambiental de la Municipalidad de Bahía Blanca.

Febrero

Día 2. Día mundial de los humedales: "Cuidar los humedales, una respuesta al cambio climático". Información al público visitante.

Día 26. Presentación de la Subdelegación CECA Sudoeste de la Provincia de Buenos Aires, a cargo de la Lic. Liliana Dascanio

Marzo

Día 20. La noche de los museos: "Los dios vienen pisando fuerte". Se propusieron las siguientes actividades: exposición de obras de artistas plásticos, observación con telescopios, talleres para niños ("Todos somos paleontólogos" y "La noche de un murciélago"), espectáculos musicales.

Día 22. Día mundial del agua: "Agua limpia para un mundo sano".

Día 31. Día nacional del agua: Trabajo en conjunto con las escuelas.

Abril

Día 22. Día mundial de la Tierra: "Cultura por la Tierra". Proyección de videos relacionados con la temática medioambiental, intervenciones artísticas, ferias y espectáculos.

Mayo

Día 18. Día de los museos: La noche de los museos. "Bicentenario y las ciencias", con la exhibición *Naturalistas y museos* y adhesión al Día internacional de la diversidad biológica.

Día 22. Año 2010: Año Internacional de la Diversidad Biológica. La diversidad biológica es vida. La diversidad biológica es nuestra vida".

Junio

Día 5. Día mundial del medioambiente: "Muchas especies, un planeta, un futuro". Exhibición de la Fundación Biodiversidad de España.

Días 11, 12 y 13. Tercer Encuentro CECA Argentina-Bahía Blanca: "Museos y educación", "Estrategias integradoras para las generaciones del Bicentenario".

Julio

Día 5. Jornadas internacionales de arte solidario: taller "Con las manos en la Tierra: recogiendo sentimientos" e instalación luminaria en cerámica "Redes".

Día 7. Día nacional de la conservación del suelo. Video y muestrario de rocas ígneas, metamórficas y sedimentarias.

Día 18. Año Nuevo indígena: *Wiñoy Tripantu*. Nos visitaron integrantes de la Ruka Kimun mapuche y la organización Kumelen Nehuen Mapu. Se realizó el taller "Los cuatro elementos" y se reseñó la leyenda de Ten-Ten Vilú y Cai-cai Vilú, sobre el origen del pueblo mapuche.

En el marco de las vacaciones de invierno solidarias se realizaron los talleres: "Divertite con la ciencia",

"Detectives del pasado", "Todos somos paleontólogos", "Con las manos en la Tierra: recogiendo sentimientos".

Agosto

Día 29. Día del árbol: actividad lúdica con las escuelas.

4.8. Delegación Jujuy

Delegada: Natalia Solís
Contacto: natsolis@gmail.com

El día 15 de abril se abrió la delegación CECA Jujuy, en el Museo de Geología y Minería de la Universidad Nacional de Tucumán. Su delegada es la directora del museo Natalia Solís. Tuvo lugar una reunión que se constituyó como el comienzo de nuestra actividad en la Provincia de Jujuy. Si bien fueron pocos los participantes, no nos cabe duda de que irán creciendo con el tiempo.

Al ser un museo perteneciente a la universidad, quienes se concentran en él tienen grandes posibilidades de dictar cursos de capacitación y agrupar otros distintos museos. Sin embargo, el problema mayor que hemos encontrado es que, al no tener resueltas sus necesidades de mayores espacios edilicios, preservación y restauración de sus colecciones, poco pueden hacer en materia de educación.

Nuevamente insistimos en la necesidad de que los directores de museos tomen conciencia de que un museo *comunica y está al servicio de la comunidad y su desarrollo.* Pero más allá de este objetivo, que es también el del CECA ICOM internacional, es indispensable contar con una Ley Nacional de Museos que defina:

- Qué es un museo.
- Que ese museo tenga un lugar adecuado.
- Que tenga personal idóneo y no administrativo de otras reparticiones.

- Que para todo ello se *cuenten con partidas de dinero* que cubran estas necesidades para que ser trabajador respetable de museo no sólo sea una vocación, sino también una valoración.

4.9. Delegación Salta

Delegada: Liliana Madrid de Zito Fontán

Decir América. Viejas memorias, nuevos relatos: un caso, un modelo[2]

Uno de los objetivos específicos de Pajcha-Museo de Arte Étnico Americano de Salta, en concordancia con los del CECA Argentina, es su tarea pedagógica, proyectada desde varias aristas hacia la comunidad escolar: la realización de foros, cursos, concursos, talleres, ediciones de sus resultados, presentaciones, donaciones de libros a los establecimientos escolares de la provincia, a sus bibliotecas y bibliotecas de consulta pública.

El Concurso "Cuentos cortos sobre las Américas" ha sido una iniciativa que *movilizó* a los colegios, a los tutores y al estudiantado (investigación, trabajo en grupo, trabajo individual, expectativas). *Despertó* memorias, *alentó* vocaciones (escritores, historiadores, artistas, guionistas, docencia). El proyecto que nació de un concurso a nivel provincial *acercó y movilizó* a otras instituciones como Capacitar del NOA, el Centro el Color de la Esperanza, el Ministerio de Educación, la Secretaría de Cultura de la Provincia y a la comunidad. Para la ilustración del libro se convocó a la Fundación el Color de la Esperanza, que a su vez lo hizo a madres que

2 Lic. Liliana Madrid de Zito Fontán. Directora Pajcha, Museo de Arte Étnico Americano de Salta (Argentina), Delegada CECA Salta, Docente Gale Edith Mimessi, Responsable del Área Pedagógica Museo Pajcha.

leyeron los primeros premios a los niños y jóvenes del Barrio Boulogne Sur Mer, resultando una tarea de *contención*. En este caso, niños y jóvenes provenientes de hogares conflictivos y carecientes dejaron *fluir* la imaginación y la creación que se sintetizó y se vio plasmada en expresiones pictóricas.

Surge así la *edición* del libro *Decir América. Viejas memorias, nuevos relatos* con el apoyo de Capacitar del NOA, Secretaría de Cultura de la Provincia, Fundación Pajcha y benefactores. Durante su *presentación* en la Casa de la Cultura de la Provincia, que fue un acto emotivo, con la concurrencia de casi mil estudiantes, docentes y directivos, padres y hermanos (familia), se *donaron* los ejemplares del libro y se *exhibieron* en la Sala Principal de la Casa de la Cultura de la Provincia de Salta los trabajos plásticos de los niños y jóvenes.

En el año 2009, la Fundación Pajcha-Museo de Arte Étnico Americano de Salta firmó un convenio de cooperación mutua con Capacitar del NOA y con el apoyo de la Secretaría de Cultura de la Provincia de Salta para gestar otra iniciativa: *Decir América. Nuevos Relatos* hacia los municipios de la provincia. La valija pedagógica integrada por los trabajos pictóricos de los niños y jóvenes orientados por talleristas viaja a los lugares preestablecidos, para que en otro contexto actúe *despertando memorias* propias y colectivas que redundarán en la *reconstrucción* del patrimonio simbólico inmaterial del Noroeste argentino.

En síntesis: *Decir América. Viejas memorias, nuevos relatos: un caso, un modelo,* es un ejemplo de acciones que se pueden realizar en conjunto estableciendo lazos y generando redes que involucren no sólo a la comunidad educativa sino también a la familia en esta tarea de recuperar la memoria cultural. Articuló acciones con el Ministerio de Educación de la Provincia de Salta, promocionó el trabajo conjunto entre el museo y las escuelas, difundió a través de los medios de comunicación el evento, vitalizó la lectura y la investigación; se instó a la comprensión, a la dignidad, a la tolerancia y al respeto por las potencialidades y valores de otras identidades afianzando nuestro lema: "Si no conozco, no quiero ni cuido".

4.10. Delegación Tucumán

Nora Daniela Ruiz y Violeta García Ceridono
(Universidad Nacional de Tucumán)

Desde los lineamientos dictados por el CECA internacional, y a su vez por el ICOM-UNESCO, entendemos que los museos son instituciones cuya misión específica es la educación, que tienen impacto directo en aquellas personas para las cuales están dirigidas.

Esta misión se encuentra profundamente ligada al proceso de construcción de identidad de un pueblo. Por lo que se constituye en una gran responsabilidad, para la que es necesario fomentar la capacitación constante de las personas que dentro de cada institución están abocadas a tan importante tarea.

En este sentido, desde la delegación CECA Tucumán proponemos como premisa fundamental el crear y consolidar este nuevo espacio de trabajo pluralista y participativo, en el cual se trabaje de manera conjunta con las instituciones ya existentes, incorporando a redes interdisciplinarias a los trabajadores de museos educadores y a los diversos actores que tengan la inquietud de aportar desde su trabajo, actuando como nexo.

Al mismo tiempo proponemos fomentar la cooperación en lo relacionado con la labor educativa de los museos por medio de vínculos interinstitucionales, tanto a nivel local como nacional, propiciando el intercambio y la cooperación en sus actividades, con ponderación y difusión, conectando la labor de nuestros museos con profesionales afines que puedan realizar aportes constructivos.

Desde CECA Tucumán estamos convencidas de que este espacio se abre hacia la búsqueda de caminos que nos permitan aportar, a cada uno desde su espacio de acción, a la democratización de la cultura desde los museos y espacios culturales entendiéndolos como herramientas de cambio social.

Los objetivos específicos de CECA Tucumán son:

- Realizar reuniones periódicas en las cuales desde cada espacio se plantean las necesidades consideradas como más urgentes y acordes a la misión del CECA, de modo tal que exista un espacio donde compartir estas problemáticas.
- Propiciar y fortalecer los vínculos entre espacios e instituciones diversas que encuentran su punto de unión en relación con su compromiso con la misión educativa.
- Fomentar el intercambio activo científico, de formación y de experiencias entre aquellos miembros de delegaciones.
- Generar, a través del intercambio interinstitucional, espacios de capacitación que respondan a las demandas planteadas por los miembros participantes.
- Planificar los objetivos específicos en base a las propuestas y necesidades planteadas en las reuniones.

4.11. Delegación Santiago del Estero (SDE)

Delegada: Mlga. Ana Cristina

Informe de actividades de la Delegación Santiago del Estero de CECA Argentina

La Delegación Santiago del Estero de CECA Argentina se organizó con la grata y esperada visita de la representante de CECA Argentina María Cristina Holguin, el 28 de abril de 2010. A la reunión estuvieron invitados los referentes más importantes del quehacer museológico de toda la provincia, así como también todas las personas que trabajan en los museos santiagueños, incluidos los adherentes a la Asociación de Amigos de Museos, docentes de diferentes niveles, investigadores e interesados en la actividad propia de CECA Argentina.

A pesar de que no todos los invitados estuvieron presentes, la delegada designada, Mlga. Ana Cecilia Cristina, junto con sus colegas, la Lic. Graciela Geromini y la Lic. Antonia Pérez, continuaron difundiendo la presencia de CECA Argentina en nuestro medio a través de acciones propias a su quehacer cotidiano y con la organización de las Segundas Jornadas Nacionales de Bibliotecas y Archivos de Museos. Según lo decidido, estas jornadas se realizarán este año en Santiago del Estero, los días 2 y 3 de septiembre. Representan para nosotros un espacio propicio para generar divulgación y extensión de acciones programadas e ideadas para comenzar un camino de cambio en las actividades de educación y extensión cultural de los museos.

La Delegación Santiago del Estero de CECA, como ente organizador, abrirá las Segundas JOBAM 2010 con una ponencia con *PowerPoint* a cargo de su Delegada, sobre el tema "La importancia de las bibliotecas y archivos de museos en las actividades de extensión y acción cultural en la institución museo".

Entendemos que en Santiago del Estero, al igual que en muchas de las provincias argentinas, las instituciones museológicas se encuentran en un proceso de transformación donde se busca desmitificar el cartel de Museo / Cosas viejas / Basura histórica y comenzar a concientizar a las nuevas generaciones sobre el cuidado y protección de un patrimonio cultural heredado, junto a transmisiones orales intangibles legadas por anteriores generaciones, y de esta forma marcar la identidad de la comunidad en la que se está inserto.

Es por ello que creemos que las funciones de *extensión y educación* son vitales a la hora del cambio, y deberán ser planificadas y generadas hacia un público diverso para lograr el objetivo de atesorar, conservar y disfrutar un

Museo / Refugio / Patrimonio cultural / Nuestra esencia / Aprendizaje / Formación.

En este arduo proceso de transformación defendemos y sostenemos un objetivo específico: "Integrar la actividad museal en los sistemas educativos y recreativos del medio en el que están insertas estas instituciones museológicas, e incluir en nuestros museos acciones de extensión de su patrimonio y generar educación a través de ello."

En ese sentido, en el mes de junio de este año, se presentó a las autoridades del Centro Cultural del Bicentenario el nuevo ente que reúne en un área acondicionada para estas instancias, los espacios expositivos de los tres Museos Provinciales de Santiago del Estero. Se trata de un proyecto estudiado y planificado previamente sobre la inclusión de un Departamento pedagógico para dar cumplimiento a las funciones museológicas específicas de *educación y extensión cultural,* y como un aporte o marco de contención de la presencia de CECA Argentina en Santiago del Estero.

Además, debemos consignar que el mencionado proyecto será puesto a disposición de las instituciones del país que lo requieran, a fin de constituirse como una *herramienta de gestión* para la mejora de los propósitos de CECA Argentina. El mismo será modificado en un formato adaptable y compatible con cualquier museo que decidiera aplicarlo, una vez que podamos hacerlo realidad y evaluar su puesta en práctica.

Nuestra Delegación SDE se encuentra en esta instancia, como ya lo comentamos, a partir de sus jóvenes cuatro meses de vida, en un proceso de gestación en nuestra provincia. Son muchos los proyectos y las ideas innovadoras, tenemos un gran camino por delante. Nos impulsa mucha fuerza y algo muy importante: la asistencia continua y el seguimiento de nuestra representante María Cristina Holguin. La Delegación SDE tiene un gran futuro en el cambio e innovación de las instituciones museológicas provinciales.

5. Acciones realizadas

5.1. Cursos

Año 2007. La Regional Rosario se adhirió a las jornadas de capacitación "Patrimonio, escuela y museos", realizadas entre el 14 y el 17 de noviembre de 2007, con una duración de quince horas cátedras. El comité organizador fue el Museo Municipal de Arte Decorativo Firma y Odilio Estévez. También se adhirió al taller "Rosario, ciudad, arte y arquitectura", dedicado a capacitar a guías de museos y de turismo.

Año 2008. El curso de Epistemología Pedagógica a cargo de la Dra. Dodorico, que se realizaría los días 25 y 26 de abril en Buenos Aires, se reprogramó para ser dictado en junio en la Escuela de Museología de Rosario. Los cursos previstos en Rosario y Casilda debieron ser suspendidos por razones de fuerza mayor (cortes de ruta por paro agropecuario).

En cambio, los días 15 y 16 de mayo de 2008 se dictó el Curso "El museo, nueva herramienta pedagógica", a cargo de la Lic. Mirta Cobreros en el Museo Benito Quinquela Martín. Contamos con asistentes de varias provincias: Catamarca, Corrientes, La Pampa, Santa Fe, del Gran Buenos Aires y de esta ciudad. Fue una experiencia muy positiva para todos, donde se logró una integración cordial y enriquecedora. Agradecemos a la directora del museo, Lic. María Sábato por su hospitalidad.

Año 2009. El mismo curso fue pedido y dictado en 2009 en la ciudad de Comodoro Rivadavia.

En la Delegación Centro (Córdoba) se dictó el programa "Patrimonio local y sociedad", que incluye siete cursos de capacitación, en la localidad de Unquillo, auspiciado por su Secretaría de Cultura y Turismo, en los meses de mayo y junio

Se realizaron las Jornadas de Sensibilización, Patrimonio, Museos e Identidad, con motivo de la creación del Museo Universitario de la Universidad de Río Cuarto. Los docentes del programa, arriba mencionado, fueron los disertantes en dichas jornadas.

El taller "¿Cómo mejorar nuestros museos? ¡Conozcamos a nuestro público!" tuvo lugar en la ciudad de Córdoba, el 4 de septiembre, a través de un convenio realizado entre la Universidad Nacional de Córdoba y la Universidad de Murcia, España. También cabe mencionar el proyecto "Los museos y centros culturales como agentes de cambio social y desarrollo. Creación de un laboratorio de investigación museística-cultural", cuyo objetivo es desarrollar un laboratorio de investigación para realizar estudios de público, a través de instrumentos diseñados específicamente a tal efecto.

En el resto de las delegaciones, las tres postergaciones que sufrió el Segundo Encuentro del CECA Argentina y el Séptimo del CECA LAC, sumadas a más de un mes de suspensión de actividades en plena época de trabajo por emergencia sanitaria (Gripe A), más las dificultades económicas, obstaculizaron la realización de cursos.

Año 2010. Este ha sido un año muy difícil, las dificultades económicas no alentaron a realizar mayores actividades en ningún sitio del país. El 28 y el 29 de mayo se dictó el curso taller sobre "Estudios de Público", a cargo de la Dra. Mirta Bialogorski y la Lic. Paola Fritz, en el Museo de Arte Popular José Hernández (Av. del Libertador 2373, Ciudad de Buenos Aires). No podemos dejar de agradecer a este museo y a su directora Lic. Ana María Cousillas el apoyo que siempre nos brindó. Debemos destacar que este equipo es el pionero en la Argentina de estudios de público y que el curso tuvo gran aceptación entre las asistentes. Está previsto volver a darlo con modalidad *on line.*

5.2. Jornadas

El 17 de marzo de 2008 se realizó en el Museo Sívori de la ciudad de Buenos Aires la Primera Jornada de Experiencias y Reflexiones sobre Educación, a partir de las 11 hs. Fue una actividad no arancelada, y hubo quince exposiciones tanto de Buenos Aires, como de Torquinst, Chasicó, Chascomús, Paraná, Rosario y Salta. Los temas fueron variados e interesantes. Esta jornada fue una experiencia "piloto" a través de la cual aprendimos cómo organizar actividades de este tipo. Las ponencias pueden pedirse a cecaargentina2@gmail.com. Agradecemos al Museo de Artes "Eduardo Sívori" su constante apoyo a nuestro trabajo.

El 7 de noviembre 2009 se llevó a cabo la Jornada de Accesibilización en la Delegación Rosario, Regional Santa Fe y Entre Ríos, Armstrong. Las temáticas rondaron en torno a "El museo y su proyección social" y "Museos y públicos con necesidades especiales".

Entre las entidades organizadoras hay que mencionar al Museo Histórico Municipal "Enrico Orsetti" de la ciudad de Armstrong, al Comité de Educación y Acción Cultural (CECA) de Argentina Delegación Rosario, y a la Secretaría de Cultura de la Municipalidad de Armstrong.

En el marco de la fundamentación debemos expresar que el comité de educación y acción cultural de Argentina, entre sus objetivos, propone "promover el desarrollo de acciones educativas y culturales en los museos", teniendo en cuenta la diversidad de sus visitantes. Por consiguiente, los museos son instituciones al servicio de la sociedad, encargadas de la protección de la memoria histórica de una comunidad, con el principal objetivo de educar, comunicarla a las generaciones actuales y transmitirlas a las futuras. La concreción de tales objetivos es llevada a cabo por los museos a través de la función *comunicativa*, esto incluye una amplia gama de actividades, siendo las exhibiciones su principal exponente.

Exhibir el patrimonio es una recreación de una realidad específica dada, por un sistema de información / comunicación / educación. Dicho proceso de comunicación es la puesta en valor del patrimonio a través de la significación de los objetos; es decir, los objetos son utilizados para enviar un mensaje determinado, mediante la utilización de diferentes estrategias. ¿Para quién? Para los visitantes, el público o los destinatarios del museo. Ellos son los que le dan sentido a los objetos, aplicándolos a su situación cultural específica y sus capacidades físicas e intelectuales.

Es necesario que los servicios que ofrecen los museos, específicamente en lo referido a sus exhibiciones, su circulación, sus características edilicias y accesos, sean pensados para facilitar materiales e instalaciones adecuadas a los diferentes públicos que los visitan.

Esta problemática motivó a CECA Argentina y al Museo "Enrique Orsetti" para llevar a cabo esta jornada destinada a informar sobre las necesidades especiales de algunos públicos. Es un medio para poder implementar formas básicas de acceso en el ámbito que nos toque desempeñarnos.

Entre los objetivos generales se cuentan identificar a los museos como instituciones sociales de comunicación, y aportar información de personas con capacidades especiales: disminuidos visuales y auditivos (sordos, hipoacúsicos, ciegos); discapacidad en el habla (mudos); dificultad en el aprendizaje; problemas de salud mental; usuarios en sillas de ruedas (permanentes y temporarios).

Como obtetivos específicos: concientizar a los destinatarios de la jornada acerca de públicos con necesidades especiales y los derechos a acceder a la oferta de los museos; analizar los servicios de los museos en términos de accesibilidad a los públicos mencionados anteriormente, instrumentar formas de accesibilizar los museos a las citadas necesidades especiales, contribuir a la aplicación de las medidas básicas resultantes de la jornada de accesibilización, en el ámbito en que cada uno se desempeñe.

Esta fue una magnífica jornada de trabajo con exposiciones de personas con capacidades diferentes, digna de mención por tratarse de un gran esfuerzo de una localidad relativamente chica.

Las Jornadas Interdisciplinarias de Arte Infantil, Supervisiones de Coordinadoras de Educación Plástica y de Educación Musical, se realizaron los días 13, 14 y 15 de noviembre de 2009, conjuntamente con el Museo Sívori en el marco de las visitas a las muestras del patrimonio y a las muestras temporarias. Con el auspicio del CECA Argentina, estas jornadas no sólo consistieron en un gran esfuerzo de coordinación, sino también en una acción gratificante y educativa para niños, docentes y público.

5.3. Encuentros

Primer Encuentro de CECA Argentina

Los días 6 y 7 de noviembre de 2008 se celebró el Primer Encuentro del CECA Argentina en el Museo Histórico Provincial "Dr. Julio Marc" de Rosario, bajo el título "Cuando la familia va al museo. Un público a considerar".

Los objetivos planteados fueron reflexionar sobre las estrategias didácticas específicas para las distintas tipologías de museos y generar aportes sobre los diferentes aspectos que hacen del museo un centro de educación no formal.

Como modalidad se utilizaron ponencias en exposiciones de no más de quince minutos, agrupadas por temas comunes. Por cada hora de exposiciones hubo treinta minutos para preguntas o debate entre los asistentes. Además, se dispuso de un final de hora y media para puesta en común de las regionales.

A continuación, se detallan las conclusiones a cargo de la Lic. Graciela Limardo, del Museo Eduardo Sívori de Buenos Aires.

La familia es el núcleo de los microrrelatos. "Patrimonio", señala Macu Baquero, es lo que proviene de los padres, se hereda la memoria y la cultura a través de un vínculo de afecto. Memoria e historia no significan lo mismo; la memoria es un collage *que edita y recorta episodios significativos. En el* museo / memoria, *reflexionar sobre la historia o sobre la tradición no significa conservar lo antiguo intacto, sino aprender a concebirlo y decirlo de nuevo en una interacción constante entre nuestro presente -con sus metas- y el pasado que también somos.*

Las estrategias referidas por Melina Vulknic (UNR) habilitan a los historiadores barriales y proponen diversos modos de contar la historia o varias historias. Expone un trabajo compartido que surge de la sociedad entre instituciones formadoras de docentes y museo, donde este último se abre a nuevas propuestas.

Es posible diseñar una exposición *que por su temática facilite o dispare el diálogo o encuentro entre visitantes, entre miembros de una familia, o incluso entre miembros de una comunidad; o diseñar una* actividad *mediadora, eligiendo en libertad un recorrido acotado de lo que exhibe el museo.*

No hay duda de que más allá de las poco frecuentes o inexistentes "evaluaciones científicas", como educadores tenemos una escucha atenta y cierta sensibilidad que nos permite hacer análisis, pronósticos y reflexiones sobre la práctica educativa. Los museos marcados por sus colecciones y contextos se dirigen a ciertos públicos definidos por sus intereses y niveles socioculturales. ¿Qué hacer entonces para convocar a aquellos que no nos visitan? Si bien los chicos nos visitan cautivos de la escuela, los maestros sí *nos eligen. Convendría entonces pensar estrategias para ellos y generar lazos de fidelidad que enriquezcan las prácticas de ambos (maestros y educadores de museos). Advertimos la inutilidad de competir entre museos. Resulta más enriquecedor crear redes, producir intercambios, sociedades, foros, etc.*

El caso expuesto por el Museo de Geología, Mineralogía y Paleontología de la Universidad de Jujuy muestra claramente cómo se generan los proyectos educativos dentro en nuestros museos: como iniciativas personales o compartidas con un colega. Al ponerse en práctica se empiezan a advertir los efectos en los otros, se descubren destinatarios quizá no esperados y sucede más de lo que es posible evaluar. Propuestas que van en búsqueda de su público y no esperan que sea el otro el que se acerque. Generan compromisos en autoridades, se asocian con maestros, tienen en cuenta sus opiniones y necesidades, se les ofrecen herramientas para incluirlos dentro del proyecto y para que no se sientan incompetentes. Provocan una suma de iniciativas que congrega, como cierre, a gran parte de la comunidad, asumiendo roles protagónicos. En este caso, también advertimos el trabajo interdisciplinario y un proyecto que se va ampliando y enriqueciendo sobre la marcha.

Es destacable la importancia que la comunidad le da a la "exposición de trabajos", por lo que es deseable que el museo habilite un espacio, no sólo para los espectadores activos, sino también como autores-creadores (también propuestas del Museo Castagnino y del Jardín Zoológico, entre otros, dan cuenta de ello). La exhibición de lo trabajado tiene un fuerte poder convocante hacia la familia.

El Museo Castagnino tiene una oferta muy diversificada que se comunica y gestiona de una manera estructurada. Estructura que organiza la acción, facilita la comunicación hacia afuera y permite la reflexión y evaluación:

- *Herramientas hacia el interior del museo: material didáctico, recorridos y la "sala de educación" entendida como un área transparente, accesible y facilitadora.*
- *Los vínculos interinstitucionales, en los que obviamente se advierten perfiles, necesidades y demandas diferenciadas según la institución de la que se trate.*
- *Los eventos especiales que resultan una suerte de fiesta convocante, creativa, desestructurada.*

En la propuesta "Memoria y arte" se rescata la información y el conocimiento que traen otros, en este caso, los mayores (Rufino Ferreras del Museo Thyssen Bornemisza se pregunta dónde reside el conocimiento, qué hace el museo para incorporar democráticamente los conocimientos, las experiencias o los significados que los visitantes aportan).

El Museo Castagnino asume su rol activo en la creación de ciudadanía, en la formación de valores y en la contención de chicos con familias ausentes. El caso de las actividades realizadas con los "chicos de la rotonda" es un claro ejemplo de lo que significa "integrar". "Los adultos se pegan a los grupos de chicos porque les resulta fácil y accesible la explicación dirigida a los chicos". *Pensemos entonces con qué preconceptos o prejuicios nos dirigimos a los adultos, ya que utilizamos un lenguaje que los incomoda.*

El Museo de Antropología de la UNC señaló la necesidad de crear observatorios culturales para hacer evaluación, investigación y teoría en nuestro propio contexto. "Los cuadros nos hablan", experiencia del Museo de Bellas Artes René Bruseau, introduce el concepto de "museo vivo", con objetos que se animan, provocan diálogos y situaciones inesperadas.

Silvia Pescetto invita a otros educadores a organizar, entre chicos de distintas regiones del país, un intercambio de información, detalles, anécdotas y opiniones referidas a artistas visuales de cada lugar. Este intercambio ayudaría a descubrir rasgos en común y diferencias que construyen un concepto de identidad. *Identidad que se advierte en relación con un "otro" diferente.*

Observamos -como en la caso de Santa Fe la Vieja en relación con la Cripta arqueológica de la Fundación de Montreal- que Argentina tiene intensas, interesantes, atractivas y maduras propuestas educativas en relación con su patrimonio que permanecen ignoradas o insuficientemente valoradas.

Los foros, encuentros y jornadas de intercambio son útiles para presentar, informar, actualizar y contagiar. Son imprescindibles, además, como aval para tantas iniciativas de educadores y museólogos, que trabajan en soledad y que necesitan gestionar apoyos institucionales, reconocimientos y estímulos.

Yoli Martini (UNRC), sugiere el método de investigación-reflexión-acción como apto, por interdisciplinario, crítico, holístico, participativo y activo, para construir la visita (conjunto de actividades educativas y culturales) de los Museos (centros de recuperación del patrimonio integral y la memoria).

En el Museo de Antropología (UNC) consultan y analizan los cuadernos de opinión, piensan en públicos potenciales, entienden que el aprendizaje implica aplicar ideas aprendidas, cambio de actitudes, interacciones e información compartida dentro de la familia. En un museo que exhibe formas de vida y de convivencia se preguntan cuál es el imaginario de familia. Proponen para los períodos de vacaciones visitas no formales, y las actividades se organizan más allá del megarrelato que propone la exposición, un recorrido acotado que dispara el microrrelato.

Al buscar nuevos guiones se establece una relación con el área de investigación reconociendo que no hay conocimientos, saberes o conceptos cerrados e inmóviles. El conocimiento y la investigación abren nuevos horizontes.

Cuando la familia visita el museo se encuentra con actividades ocasionales, *¿qué hacer entonces para que la familia adquiera el hábito de visitar los museo? "Museos y familias no convencionales", o mejor dicho, "Museos y familias que no cumplen el ideal de normalidad", acerca la idea de que la "accesibilidad" se construye al considerar al otro en sus características. Los preconceptos, los prejuicios, los miedos y cierta soberbia que nos induce a pensar* por *los otros y no* con *los otros, alejan la posibilidad de una integración real. Debemos tener en cuenta las perspectivas de quien deseamos integrar para no entorpecer su plena participación.*

Justamente Rosario, ciudad educadora, adhiere a las ideas de Francesco Tonucci, quien propone una ciudad a la medida de los más débiles, los más vulnerables. Así como Tonucci convoca la opinión de un consejo asesor integrado por chicos, ¿por qué no sumar las decisiones de un consejo de personas con discapacidad? Democratizar es integrar las voces de todos.

La exposición de juguetes del Museo de Pigué tiene como sustrato una idea democrática de museo, ya que es una experiencia en la que la comunidad, sus historias, vivencias, recuerdos y conocimientos están representados. Además, todo "se juega" alrededor del "juego". A propósito de esto introduzco una reflexión de Gadamer, quien vincula la experiencia estética con los conceptos de símbolo, juego y fiesta. *Es juego porque establece una racionalidad libre de fines. Porque exige un "jugar con", una participación del espectador (el co-jugador forma parte del juego).*

Tanto en las formas tradicionales de creación artística como en las modernas se exige un trabajo constructivo, de reflexión y de participación del espectador. Nuestros esfuerzos creativos, formando o coparticipando del juego de las formas, son modos de retener lo fugitivo.

Símbolo es aquello en lo que se reconoce algo, como un anfitrión reconoce al huésped en la tablilla de recuerdo, en la tessera-hospitalis *griega que el anfitrión le regalaba a su huésped: rompía la tablilla en dos, conservando una mitad para sí. "Algo con lo cual se reconoce a un antiguo conocido": en el símbolo se reconoce algo como lo que ya se conoce. Capta la permanencia en lo fugitivo; requiere una tarea de construcción y de intercambio.*

El tercer elemento es la fiesta: ya que el arte rechaza el aislamiento, nos une a todos, es celebración para el que participa de la experiencia estética y está asociado a un tiempo "festivo". Gadamer relata dos experiencias fundamentales del tiempo: el "tiempo para algo", que es un tiempo vacío, que hay que llenarlo. Los casos extremos del aburrimiento y el trajín enfocan el tiempo del mismo modo, empleado en nada o en muchas cosas. El tiempo festivo, en cambio, se experimenta como tiempo propio: como la infancia, la juventud, la vejez. Un tiempo que no se calcula con el reloj.

El museo sería, entonces, como el caso de Pigué, el lugar para el disfrute, el ámbito que nos libera de la presión de la vida cotidiana, que nos demora en el tiempo de la infancia. Son numerosas las propuestas educativas, incluso en museos de Historia y de Antropología, que trabajan como los de arte: con la imagen.

Arte, patrimonio y cultura *son nociones en permanente construcción, sus definiciones nunca cristalizan ni se aquietan. El museo es sin dudas un lugar de imágenes. Didi Huberman señala que ante una imagen -tan antigua como sea- el presente no cesa de reconfigurarse, y ante una imagen contemporánea tampoco el pasado deja de reconfigurarse. El arte como imagen tiene más memoria y más porvenir que quien la mira. Y el museo que conserva, reflexiona y educa pone a disposición del público la "posibilidad" de un encuentro con el arte. Digo "posibilidad" porque la visita al museo puede también convertirse en un hecho banal, sin riesgos ni imprevistos.*

El Centro Cultural Recoleta ofrece una gran variedad de propuestas que se diseñan adaptadas a cada exposición (ya que no hay muestra permanente). El artista, la exposición, el arte, rompen definiciones, límites y moldes, y proponen acciones a seguir. El CCR se convierte en un espacio abierto que invita, suma e integra muchas voluntades externas.

Vilma Oriti Tizio, con "Troncoso", nos presenta la posibilidad de dialogar a través del títere de un modo desprejuiciado. A menudo, chicos y padres suponen que hay algo correcto que decir o contestar al guía, y prefieren no arriesgar una opinión por temor a decir algo equivocado. El títere abre la posibilidad de dialogar sin supuestos ni preconceptos.

Tratando de fotografiar a Vilma y su títere en continuo movimiento, advertí la dificultad de retener y centrar la imagen, de detener el tiempo, de inmovilizar la historia. Pensar en "Museo vivo / memoria viva" es animarnos a encontrar nuevos sentidos en los intersticios. "La historia oral es la que mejor refleja los silencios de la historia escrita", *señaló Yoli Martini, y el "Fuego" en el Parque de los niños, con voz profunda, dijo:* "Cuando las palabras se queman susurran las voces que guardaban".

No dudamos en calificar a este encuentro de exitoso, a pesar de que se organizó en poco tiempo y sin dudas no fue "impecable". Pero fue cálido, cordial, con trabajos de calidad. Al tener espacios amplios para el diálogo, todos pudieron participar y, en general, todos salimos muy satisfechos.

*

Las recomendaciones finales fueron: enfatizar el estudio de públicos en cada museo; solicitar a las autoridades que elaboraran políticas de educación teniendo en cuenta a los museos como indispensables educadores no formales; concientizar a los directores de museos que es necesario que cada museo tenga una política educativa. Se estableció que el próximo encuentro se realizaría en el mes de junio, en la ciudad de Corrientes, bajo el tema "Adolescencia y juventud".

Finalmente, queremos agradecer al Museo Histórico Provincial "Dr. Julio Marc", a su director Rolando Maggi, y a todo su personal.

Segundo Encuentro de CECA Argentina – Séptimo Encuentro Regional de CECA / ICOM LAC

Los días 14, 15 y 16 de agosto de 2009, en el Museo de Ciencias Naturales "Amado Bonpland" de la ciudad de Corrientes (Argentina), tuvo lugar el Séptimo Encuentro Regional del CECA / ICOM LAC. El tema elegido fue "Museos, educación y virtualidad. El contexto de América Latina y el Caribe".[3] El encuentro contó con el apoyo del Ministerio de Educación y Cultura, a través de la Subsecretaría de Cultura y la Dirección de Bellas Artes y Patrimonio Cultural.

Entre las actividades desarrolladas se impulsó la elección del tema del próximo encuentro del CECA Argentina. Los temas para votar fueron:

- Museos, educación y el turismo sustentable. ICOM 2009.
- Museos en la educación del patrimonio.
- Museos: educación no formal y educación formal. Estrategias para acción integradora.
- Museos y educación para la armonía social. ICOM 2010.

3 Si bien el tema elegido en Rosario había sido "Adolescencia y juventud", tuvimos que modificarlo porque el mismo ya había sido tocado en el CECA LAC de Bogotá, por lo que se eligió éste, que se acerca a los intereses del tipo de público.

Fue elegido el tema "Museos: educación no formal y educación formal. Estrategias para acción integradora".

Como conclusión hay que señalar que la correcta organización de la ciudad sede, a través de las instituciones locales, permitió que este encuentro de característica internacional, tras dos postergaciones por circunstancias de índole nacional -y ajenas a los organizadores-, se llevara a cabo en las formas y tiempos previstos.

El nivel académico de los conferencistas y de los ponentes permitió intercambiar información, compartir experiencias y reflexionar acerca de las actividades que los museos pueden y deben desarrollar respecto de la virtualidad y las nuevas tecnologías de la comunicación desde el área de acción cultural y la extensión educativa, tanto en el mundo real como en el virtual.

Y si bien se puede decir que las expectativas de los asistentes estuvieron satisfechas, cabe destacar que entre otros objetivos, el Comité Regional del CECA, en su política de realizar los encuentros en ciudades que no sean capitales nacionales, desea involucrar a las autoridades de las distintas jurisdicciones administrativas con el fin de que acompañen a las instituciones culturales mediante el establecimiento de políticas acordes a los tiempos actuales.

En el espacio dedicado al debate, quedó de manifiesto la necesidad de dotar a los museos de los recursos humanos y materiales que posibiliten esta acción de acercamiento con el público joven. Como bien se ha dicho, las formas de comunicarnos, de enseñar y aprender han cambiado, y los museos no están ajenos a los nuevos requerimientos en esta materia, más allá del espacio geográfico en el que estén insertos.

El tema "Museos, educación y virtualidad", sin duda, despertó inquietudes en muchos de nosotros, pero también puso en evidencia, una vez más, el rol fundamental de los museos como transmisores de conocimientos y valores sociales.

Finalmente, y como sucede en estos ámbitos, si bien el tiempo no fue suficiente, consideramos que el objetivo se cumplió plenamente cerrando las actividades con las visitas a los museos y compartiendo la música y la comida local.

Agradecemos profundamente a la Subsecretaría de Cultura, a la Directora de Artes Visuales y Patrimonio Cultural, Elizabeth Andreu, a la Directora de Asuntos Internacionales, Gabriela Basualdo, y muy especialmente a la Directora del Museo Amado Bonpland y todo su equipo, como así también al Museo de Bellas Artes, a través de su Asociación de Amigos, y al Museo de Artesanías, que colaboraron con tanto entusiasmo, calidad y calidez.

A continuación, transcribimos el informe del Coordinador del CECA LAC, Lic. Daniel Castro Benítez, que fue presentado en el Encuentro Cumbre de Helsinki en noviembre de 2009:

DECLARACIÓN DEL SÉPTIMO ENCUENTRO REGIONAL DEL COMITÉ REGIONAL DE EDUCACIÓN Y ACCIÓN EDUCATIVA DEL ICOM PARA LATINOAMÉRICA Y EL CARIBE (Consejo Internacional de Museos, por su sigla en inglés).

NOSOTROS:

Ciudadanos de Iberoamérica, de los países de América Latina y el Caribe, profesionales de museos, de la cultura, de la administración local, municipal, regional, nacional, nos sentimos orgullosos de haber participado en el Séptimo Encuentro Regional Latinoamericano de nuestro Comité que se reunió en la ciudad de Corrientes, Argentina, entre el 14 y el 16 de agosto de 2009.

ORGULLOSOS DE:

Hacer parte de una región rica en identidades, diferencias que más que distanciarnos nos unen, retos que nos inspiran, de cualificar, compartir y activar las experiencias de nuestros museos desde el ámbito educativo y de esta forma intercambiar con nuestros colegas nuestros intereses comunes y nuestras dificultades.

VISLUMBRAMOS:

Al mundo, a la región y los países de los cuales hacemos parte así como a sus museos, como espacios de intercambio de experiencias y saberes, en los que sus características culturales y su diversidad nos hagan sensibles y conscientes de que hay mucho por alcanzar, pero que así mismo hay otro tanto por compartir y desarrollar; y donde igualmente sentimos la urgencia y responsabilidad de un trabajo conjunto más intenso y provechoso en beneficio de la valorización y difusión del patrimonio de Latinoamérica y Caribe.

RECONOCEMOS:

Que con relación al tema de "Museos, educación y virtualidad" en el contexto de América Latina y el Caribe, nuestras instituciones tienen un enorme reto con las nuevas tecnologías, no sólo al reconocerlas como una herramienta de divulgación y educación, sino asimismo como un canal de comunicación efectivo entre la mayoría de públicos y el museo, pero antes de ello, a trabajar por la exigencia y el desafío para que exista una verdadera y efectiva accesibilidad a esos medios por parte de las entidades museales en todas y cada una de las regiones de nuestros países, paralelamente a la cualificación de las otras tareas que le competen a la entidad museal.

Que los profesionales de los museos tenemos el deber de realizar propuestas educativas a favor de las necesidades y expectativas de los públicos que utilizan los museos, en particular de jóvenes, y a exigir de nuestras instituciones una mayor atención en las tareas pedagógicas que llevamos a cabo cotidianamente.

POR LO TANTO NOS COMPROMETEMOS A:

Seguir compartiendo conocimientos, profundizar la autocrítica de nuestro quehacer, integrar a las respectivas comunidades en nuestros museos y hacer alianzas que potencien las actividades que favorezcan los encuentros del CECA en nuestros países y región.

Exigir a nuestros gobernantes locales y directivos institucionales la democratización de las nuevas tecnologías de la comunicación en nuestros museos, en aras de un intercambio más fluido y efectivo de conocimientos, experiencias y saberes desde una perspectiva Latinoamericana y Caribeña,

Reflexionar sobre la realidad actual de América Latina y el Caribe con respecto a nuestros museos como agentes de cambio social y desarrollo pero desde una posición autocrítica propositiva, proactiva y renovada en su labor como espacios de investigación, comunicación y conservación de nuestros patrimonios.

Queremos proponer en futuros encuentros temas:

- Que despierten deseos de cualificación de la labor pedagógica museal.
- Que proporcionen condiciones para acciones factibles y fructíferas.
- Que estén de acuerdo con las realidades museológicas locales.

Con ello pretendemos que se construyan conjuntamente retos de superación por parte de las personas e instituciones involucradas en dichos desarrollos.

Tercer Encuentro de CECA Argentina

En el marco del Año del Bicentenario, los días 11, 12 y 13 de junio de 2010 en la ciudad de Bahía Blanca, se realizó el Tercer Encuentro de CECA Argentina bajo el lema "Museos y Educación. Pensando estrategias de educación integradora para el siglo XXI".

El tema elegido en el Segundo Encuentro del CECA Argentina y Séptimo Encuentro del CECA LAC, en la ciudad de Corrientes los días 14, 15 y 16 de agosto, fue "Museos: educación no formal y educación formal. Estrategias para acción integradora". Como la división entre formal y no formal fue discutida a nivel académico, sacamos este aspecto, porque vimos la posibilidad de vivenciar experiencias enriquecedoras con vista a las futuras generaciones.

A continuación exponemos un programa de las actividades del encuentro:

Viernes 11

a) Conferencia magistral del Lic. Sergio Raimondi.
b) Conferencia Magistral de la Lic. Mercedes Murúa.
c) Finalizaron este panel Susana Assandri, delegada de la Regional Centro (Córdoba) y Mariela Eleonora Zabala. Mostraron la elaboración de un trabajo sobre el tema "El Centenario y el Bicentenario en museos y áreas protegidas de la Argentina", sobre el que hicieron un *PowerPoint* y acompañaron con música. Esto redondeó el tema inicial; sin duda este trabajo mostró la evolución que (sin ponerse de acuerdo) mostraron los disertantes anteriores.

Luego se hizo una breve reseña de las regionales; muchas ausentes, por diversos motivos. Entre ellos, se cuentan especialmente el económico y el exceso de actividades que los trabajadores de museos realizan en un Comité como éste, en el que todo se solventa con el esfuerzo de cada uno.

Se cerró la tarde con un sencillo brindis de camaradería, festejando el Tercer Encuentro del CECA Argentina.

Sábado 12

Se realizaron las siguientes visitas a museos como público:

a) Primero fuimos al Museo de Ciencias, donde nos recibieron no sólo muy cordial y profesionalmente, sino también con una pregunta clave : ¿cómo se originó el

Universo? Siguiendo la exposición podíamos entender la Teoría del Big-Bang y la evolucionista. Podemos decir que el logotipo de esta visita fue el par de signos: ¿? Terminamos la actividad con paneles relativos al Año de la Biodiversidad.[4]

b) Viajamos unos treinta minutos al Museo del Puerto, un museo comunitario que desde el aquí y el ahora rescata la memoria de lo que fue un puerto de pescadores que desapareció por el "progreso". El tema era "Doscientos años, cuatro objetos". Nos dividimos en dos grupos, y cada uno realizó "la lectura del objeto" a partir de más de cien años de ese objeto. Uno era una botella de aceite, el otro una cajita de té inglés. Estos objetos se pasaban de mano en mano, cada uno expresaba qué "descubría" en dicho objeto.[5] Allí almorzamos las empanadas historiográficas, donde cada empanada, con servilletas de fragmentos de discursos de diez presidentes argentinos, nos ubicaban en los distintos modelos de país, desde 1870 a la fecha. En tanto que en una pizarra nos desafiaban: "¿Qué modelo de país queremos: el agro- exportador o el industrial?" Cabe acotar que las señoras que se ocuparon de las empanadas, el café y las masitas griegas, son "amigas del museo" y provienen de familias que vivieron el puerto cuando era realmente un puerto.

c) Llegamos a Ferrowhite. Nos recibieron mostrándonos un edificio majestuoso que parece un castillo, pero era una usina de los años 30 que fue abandonada por una usina mucho más moderna. Dentro del museo, manejado por profesionales, ex ferroviarios revivían

4 Esta preocupación ambientalista me hizo acordar al lema de Liliana Madrid de Salta: "Cuidemos la Tierra, salvemos el Planeta".

5 Otra vez volví a recordar a Liliana de Salta: "Los objetos hablan, los objetos dicen". Sólo que hay que aprender a verlos.

su vida explicando el uso de las maquinarias, entregándonos un boleto como se hacía cuando los trenes eran transporte frecuente. Un museo limpio, con figuras atractivas y textos movilizadores como "¿Quién escribe la historia?"

d) Terminamos la recorrida tomando café y masitas en la "Casa del Espía". Pueden ver imágenes en www.cecaargentina.com.ar

Volvimos llenos de inquietudes y una discusión que flotaba en el aire: "No hubo actividad de cierre". No pudimos menos que recordar que siempre decimos que si entramos en un museo y no nos llevamos algo, la visita no sirvió. Creemos que nos llevamos muchas preguntas para pensar, ya que toda investigación empieza con una pregunta.

Asimismo, este encuentro fue diseñado con un objetivo metacognitivo, que apuntaba a invitarnos a pensar un accionar futuro en nuestras prácticas educativas en los museos y en la acción cultural...*para las generaciones del bicentenario.*

Por lo cual, bienvenida esa inquietud. Indicaba que el modelo diseñado respondía a nuestra hipótesis. Fuimos protagonistas en el viaje, fuimos interpelados en el accionar y modificados. La experiencia se hizo vivencia.

Domingo 13

En primer lugar expuso la Hna. Olga, que está a cargo del Hogar de Día Laura Vicuña. Sus ex alumnas, junto con el profesor de macramé, habían preparado unos recuerdos del encuentro con forma de bandera argentina. La alegría de la Hna. Olga, de las niñas presentes, del profesor, nos hizo felices. Nos mostró que somos coherentes con nuestro objetivo de incorporar a los sectores marginados por medio de la capacitación y el trabajo.

Luego el grupo se dividió en dos talleres de reflexión con el siguiente cuestionario para contestar:

Teniendo en cuenta los tres museos recorridos proponemos reflexionar:

1) *Sobre una actividad que les resulte "buena experiencia" y explicar:*

a) A qué tipo de conocimiento apuntaba.

b) Para qué creen que la incorporaron.

c) Por qué la eligieron.

d) Cómo la modificarían.

2) *Sobre todo, cómo "vivieron" la integración educadora de los museos con:*

a) La comunidad educativa.

b) La comunidad barrial.

Frase o "lema" que sintetiza la experiencia expositiva vivenciada

Las respuestas de los dos equipos fueron:

Equipo A.

1) Actividad elegida: "Doscientos años, cuatro objetos". Museo del Puerto.

a) Ejercitó el bagaje cultural y la experiencia de vida.

b) Porque la política educativa de ese museo (del puerto) tiene como objetivo abordar el pasado desde el presente y/o desde la microhistoria a la macrohistoria.

c) Porque fuimos partícipes y constructores de la historia. Porque la podemos replicar en nuestras instituciones. Porque es muy creativa y se puede realizar con diferentes edades.

d) No.

3) Acerca de cómo la vivieron:

a) No la vivieron / no la podemos evaluar / consideramos que es positiva / en el marco de un encuentro de capacitación nos parece muy positiva. (Distintas opiniones).

b) Muy positiva, fuerte, de gran impacto.

La experiencia se relaciona con el lema de este año del ICOM sobre la armonía social que hace que la inclusión, la participación y la diversidad, contribuyan a la *armonía social.*

Equipo B.

1) Actividad elegida: "Doscientos años, cuatro objetos". Museo del Puerto.

No contestaron sistemáticamente. Éstas son sus expresiones:

a) La actividad con los objetos resultó muy efectiva e interesante para poder trabajar conceptos macro y poder revisitar la historia a partir de un objeto.
b) Es un museo conceptual.
c) Faltó un cierre, no hay una conclusión explícita. Quedaron preguntas en los visitantes.
d) Es un museo en *tensión* permanente. Un museo *comunitario* (construido entre todos). A partir de microhistorias se fueron construyendo una historia común.
e) Es un museo contemporáneo porque es fragmentario, permite múltiples lecturas. Puede resultar elitista porque hay que tener un bagaje cultural para poder decodificar y llegar al núcleo. Es un museo conceptual. La puesta en escena y la mirada son contemporáneas. Promueve a *la reflexión* al no tener una conclusión cerrada sino que quedan abiertas y lleva a hacernos participar. La visita por los tres museos, se vivió como una sola gran visita que mostró desde distintos puntos de vista una realidad particular. Sin embargo podían encontrarse puntos en común con la historia de nuestro país y nos llevó a reflexionar, a debatir, la realidad del presente. Pudiendo revisitar nuestro pasado para poder comprender nuestro presente y poder pensar un futuro, teniendo en cuenta problemáticas concretas de hoy y pensar.

Como final, los integrantes de OPDS (Organización Provincial para el Desarrollo Sustentable), que tuvo un *stand* permanente, habló de las Áreas Naturales Protegidas, y su compromiso con la Biodiversidad. Podemos consultar su página www.opds.gba.gov.ar, y allí ver la cantidad de lugares que podemos visitar dentro de la Provincia de Buenos Aires para conocer nuestro patrimonio natural (y aprender a cuidarlo).

Si hicieron presentes miembros de la "Asociación civil guías y amigos de la reserva natural Puehuen co-Monte Hermoso", y nos informaron de sus actividades en pos de la preservación y conocimiento para evitar la expoliación y destrucción de los sitios. Recorrimos brevemente su página, www.refugiodelsudoeste.acacerquita.com.ar, descubriendo todo lo que hicieron en tan poco tiempo de vida.

Nos sentimos en la obligación de agradecer el *stand* que puso la editorial bahiense La Vaca Sagrada, que con sus libros reafirma la acción de preservación del patrimonio arqueológico y natural, con el respaldo científico de la UNS.

Finalmente se procedió a la votación del próximo tema; fue elegido "Museos y Adolescentes, un desafío por emprender".

Patricia Raffellini, Miembro de CECA Buenos Aires, Organizadora Responsable.

María Cristina Holguin, Representante de CECA Argentina, Organizadora Responsable.

5.4. Conferencias

El 29 septiembre de 2008, gracias a las gestiones de la Lic. Silvia Alderoqui, tuvimos el placer de mantener una charla informal con Mrs. Elaine Heumann Gurian, en el Museo Sívori. Como no hubo mucho tiempo para la organización, no fueron muchos los presentes, por eso se envió a todos el *mailing* "Notas sobre la charla", porque fue sumamente enriquecedora. Pueden pedirse a cecaargentina2@gmail.com.

5.5. Participaciones

Año 2007

- Se asistió a la Conferencia General de ICOM en agosto de 2007, en la ciudad de Viena, participando exclusivamente de la Conferencia General del CECA / ICOM.
- Se difundió nuestro accionar en el Encuentro de la Asociación de Directores de Museos (ADIMRA), en su reunión en Catamarca, a cargo de la Lic. Aurora Arbello de Mazzaro y la Lic. Margarita Laraigné.
- También, en septiembre, en el Encuentro "Museos y escuelas" en el Archivo y Museo Históricos de la Provincia de Buenos Aires Dr. Arturo Jauretche, a cargo de María Cristina Holguin, no sólo se presentó al CECA Argentina, sino que además se hizo un resumen de lo aprendido en la Conferencia Anual del CECA, en Viena.
- Días 1 y 2 de octubre. Cristina Holguin asistió junto con Margo Larraburu (de Venado Turto, Provincia de Santa Fe) al Segundo Congreso de Educación, Museos y Patrimonio, en Santiago de Chile.
- Los días 8, 9 y 10 de noviembre se hizo la presentación del CECA en las "Quintas Jornadas Técnicas sobre Conservación, Exhibición y Extensión Educativa de los Museos". Red Jaguar. Río Cuarto.

Año 2008

- María Cristina Holguin presentó "La excelencia del rol educativo, ¿cómo lograrla?" en ADMIRA, en el XXXII

Encuentro de Directores de Museos, Ushuaia, Tierra del Fuego, Argentina, los días 10, 11 y 12 de abril de 2008. El tema fue "El rol educativo de los museos. Diferentes públicos ante una misma colección".

- Los días 21, 22 y 23 de agosto se llevó a cabo un Congreso sobre "Museos, escuelas y patrimonio cultural". Lo organizaron el Museo de Arte Decorativo "Firma y Odilio Estévez" con el Instituto n° 28, Olga Cosettini, en la ciudad de Rosario. Contó con el auspicio del CECA Argentina, delegación Rosario. Allí, María Cristina Holguin, Representante del CECA Argentina, disertó como invitada sobre "La inclusión de la comunidad a través del patrimonio".
- El 12 de septiembre participamos del XVIII Encuentro de Museos y Escuelas en el Museo y Archivo Históricos del Banco Provincia de Córdoba, pionero en el tema que nos une. Como el CECA / ICOM Argentina nació en su auditorio gracias a una actividad del Comité Argentino del ICOM, siendo presidente la Lic. Amelia Arnelli, el 26 de junio de 2007, y a la vez en el encuentro de ese año, expusimos nuestros proyectos; nos pareció justo hacer un resumen de lo hecho hasta la fecha de acuerdo a los objetivos. Resultó algo así como "a la manera de memoria anual", mostrando que si bien nos falta mucho por hacer, hemos ido cumpliendo objetivos.
- El 12, el 13 y el 14 de septiembre, Mercedes Murúa, delegada de la Regional Rosario, presentó a su región y al CECA Argentina en la Primera Jornada de Educación e Investigación en los Museos en el Museo Juan de Garay, ciudad de Santa Fe, organizado por el Departamento de Estudios Etnográficos y Coloniales dependiente del Ministerio de Innovación y Cultura de la Provincia de Santa. Fe. Asimismo, Susana Bautista,

delegada Provincia de Buenos Aires, presentó el caso del Fuerte Barragán.

- Del 29 de septiembre al 3 de octubre se realizó la Conferencia Anual CECA sobre Turismo Cultural: últimas tendencias y estrategias. En la ciudad de Montreal, Canadá, Mónica Freyre presentó un trabajo que fue admitido para el *Marketing of Ideas*; es un buen comienzo para el primer año del CECA Argentina. La experiencia se expuso en el Primer Encuentro CECA Argentina.
- El 9 y el 10 de octubre se realizó en el Cine Teatro York, en Vicente López, un Encuentro Binacional Argentina-Uruguay, organizado por ADIMRA. La delegada del Conurbano Norte, Lic. Margarita Laraignée, presentó al CECA Argentina invitando a todos a nuestro próximo encuentro.
- Cristina Holguin participó del 28 al 30 de noviembre del Sexto Encuentro Regional CECA LAC (Latinoamérica y Caribe), en Santiago de los Caballeros, República Dominicana, presentando el trabajo realizado por nuestro grupo de trabajo. Allí nos ofrecieron ser sede del Séptimo Encuentro Regional CECA LAC.

Año 2009

- El 11 de septiembre, María Jesús Baquero Martín presentó en el XIX Encuentro de Museos y Escuelas en el Museo y Archivo Históricos del Banco Provincia de Córdoba, la ponencia "¿Sabemos qué quieren los adolescentes?", en su carácter de miembro del Grupo Organizativo del CECA Argentina.
- Para la Semana del Patrimonio, del 14 al 18 de septiembre, que se llevó a cabo en la ciudad de Rosario con el auspicio del CECA Argentina, Delegación Rosario, María Cristina Holguin fue invitada a disertar el día 16 sobre "El proceso de honrar nuestro patrimonio".

- Por razones de salud, no se pudo cumplir con el Sexto Encuentro Nacional de Estudiantes y Graduados en Museología en La Matanza, Provincia de Buenos Aires, los días 8, 9 y 10 de octubre de 2009. Estaba previsto hacerlo con el título: "CECA Argentina como propulsor de la educación en los museos".
- Lo mismo sucedió con el Primer Encuentro de Accesibilidad a los Espacios Patrimoniales "Museos, Parques y Reservas Naturales y Culturales", realizado en Tucumán los días 19 y 20 de noviembre de 2009, organizado por el Programa de Discapacidad e Inclusión Social (ProDIS) de la Secretaría de Bienestar Universitario y la Universidad Nacional de Tucumán, en el que se pensaba presentar "El CECA Argentina como propulsor de la educación en los museos". Aunque allí participó activamente la Lic. Graciela Limardo, delegada de la Ciudad de Buenos Aires.

Año 2010

- En el Tercer Encuentro CECA Argentina, en el mes de junio del presente año en la ciudad de Bahía Blanca, se expuso un trabajo realizado por Susana Assandri, Pilar García Conde y Mariela Zabala, de la Delegación CECA CENTRO: "Según pasan los años... los museos y áreas protegidas cien años después".
- Entre el 2 y el 3 de septiembre tuvieron lugar las Segundas Jornadas Nacionales de Bibliotecas y Archivos de Museos, en la Provincia de Santiago del Estero. Se presentó la ponencia de la Mlga. Ana Cecilia Cristina, como delegada del CECA Argentina, sobre el tema "La importancia de las Bibliotecas y Archivos de Museos en las actividades de Extensión y Acción cultural en la Institución Museo".

6. Investigaciones

6.1. Cómo enseñar patrimonio en EGB 1 y EGB 2. Una reflexión a partir de los libros de textos escolares[6]

Lic. Mariela Zabala y Arq. María Isabel Roura Galtés

Introducción

Desde la reapertura del Museo de Antropología de la Facultad de Filosofía y Humanidades de la Universidad Nacional de Córdoba, y la creación del Área de Educación y Difusión en el año 2002, se comenzó a generar un programa de trabajo basado en la relación entre el museo y la escuela, buscando posicionar al museo como un espacio de formación continua de los ciudadanos y de difusión de las producciones de conocimientos científicos. En otras palabras, un espacio de democratización de la cultura, en donde no se espera que el visitante "venga una vez y vea todo",[7] sino que encuentre en la visita nuevos interrogantes a los que busque respuesta en visitas posteriores.

Dentro de esa relación entre el museo y la escuela, se buscó en primer lugar estrechar lazos con los docentes, ya que como afirma García Blanco (1994) "el escolar ve el Museo con los ojos del profesor". Los esfuerzos se orientan especialmente hacia los docentes de Educación General Básica (EGB) de nivel 1 y 2, porque son quienes más visitan el museo durante todo el año, en busca de información

---

6 Esta investigación fue presentada en las Jornadas de la Red de Jagur en noviembre de 2007, en Río Cuarto, Córdoba, Argentina.

7 Esta frase es frecuentemente escuchada en el momento en que los docentes planifican su visita al museo argumentando que "tal vez estos niños no vengan nunca más".

principalmente sobre los aborígenes de Córdoba y de algunas comunidades de Argentina (contenidos obligatorios de sus currículas), pero también sobre otros contenidos que tienen que ver con la temática patrimonial.

Cabe aclarar que la exhibición del museo cuenta con una sala llamada "Patrimonio cultural",[8] en la cual se conceptualiza sobre qué es el patrimonio y generalmente surgen pedidos de bibliografía a los guías, por parte de los docentes, para poder tratar el tema en el aula.

Cómo enseñar patrimonio en el aula es una pregunta frecuente que los docentes de EGB 1 y EGB 2 realizan en nuestros talleres de formación[9] y cuando visitan[10] el Museo de Antropología de la Facultad de Filosofía y Humanidades. Si bien no desconocen que el tema *patrimonio* es un contenido que puede abordarse transversalmente en la currícula, en general manifiestan no saber cómo plantear el tema en el aula porque reconocen no tener formación ni bibliografía. La consecuencia de esta situación deviene en una fuerte demanda de formación, bibliografía y todo el material didáctico relacionado con el tema que desde el museo se pueda ofrecer.

---

8 En esta sala se cuenta el modo de vida de la clase alta cordobesa y los cambios producidos por el crecimiento urbano a fines del siglo XIX y comienzos del siglo XX en la ciudad de Córdoba.

9 Los cursos presenciales destinados a docentes de todos los niveles se llevan a cabo desde el año 2003 en el Museo de Antropología. Los cursos semipresenciales y virtuales se llevan a cabo desde el año 2005 en el marco de los programas "Educación y Museo. Patrimonio para todos" y "Patrimonio y sociedad" de la Secretaría de Extensión Universitaria de la Facultad de Filosofía y Humanidades de la Universidad Nacional de Córdoba.

10 El porcentaje de visitantes del museo que cursan el EGB 1 y EGB 2 fue: en el año 2004 el 37,75%; en el 2005 el 42,40% y en el 2006 37,60%. Según los informes de gestión anuales realizados por Mirta Bonnin. Desde el presente año se programó una visita para docentes que desean visitar el museo con su grupo clase los días sábados.

En este trabajo queremos relatar la experiencia que nos condujo a reflexionar sobre nuestras prácticas y analizar los libros escolares del EGB 1 y EGB 2, para comenzar a generar material donde se aborde la conceptualización y problemática patrimonial con el fin de responder inquietudes de los docentes: "¿cómo enseñamos los estudios patrimoniales a los alumnos?"; "¿sólo lo arquitectónico, monumental y los parques o reservas son patrimonio?"; "patrimonio son los bienes que declara UNESCO".[11]

Hemos organizado esta investigación del siguiente modo: en primer lugar, se presenta el marco teórico que sustenta la incorporación de la educación patrimonial en la educación formal como contenido transversal. En función de ese marco teórico se recoge la experiencia del Museo de Antropología en relación con la demanda de información de los docentes sobre la temática patrimonial. A partir de entonces se realiza un análisis de los libros escolares con los que trabajan en el aula los alumnos del EGB 1 y EGB 2.

En Argentina existen cinco compañías principales que generan textos escolares: Kapelusz, Estrada, A-Z, Aique y Santillana. Para esta investigación se han analizado libros de distintos niveles y áreas, correspondientes a estas editoriales, editados en los últimos años. Esta delimitación se fundamenta en que los Núcleos de Aprendizajes Prioritarios (NAP) para el nivel inicial y el primer ciclo fueron aprobados en el año 2004 en la sesión del Consejo Federal de Cultura y Educación. La búsqueda en los textos se centra en el concepto de *patrimonio* y en relación con los museos, centros patrimoniales y espacios patrimoniales, con la intención de conocer cómo se puede abordar el tema *patrimonio* en la escuela.

---

[11] Estas dudas son las más comunes entre los planteos que realizan los docentes.

Como etapa final, se presenta el material bibliográfico, acorde con las necesidades de los docentes, elaborado desde este museo universitario.

El concepto de *patrimonio* en los NAP

Si bien el concepto no está incluido explícitamente en la Ley Federal de Educación nº 24.195 -sancionada y promulgada en 1993- el artículo 56º, inciso f) plantea: "Considerar y proponer orientaciones que tiendan a la preservación y desarrollo de la cultura nacional en sus diversas manifestaciones, mediante la articulación de las políticas culturales con el sistema educativo en todos sus niveles y regímenes Especiales."

En el año 2005 el Consejo Federal de Cultura y Educación del Ministerio Nacional, las provincias y la Ciudad de Buenos Aires acuerdan Núcleos de Aprendizaje Prioritarios (NAP) para los distintos ciclos de la Educación General Básica (EGB). Su formulación incluye los saberes que se propone promover para cada ciclo desde la enseñanza, brindando orientaciones generales para la labor docente.

Dentro de los NAP, el concepto de *patrimonio* aparece como contenido para ser estudiado en el segundo ciclo de EGB, dentro del área de Ciencias Sociales, señalando "el desarrollo de una actitud responsable en la conservación del ambiente y del patrimonio cultural." Así planteado, el tema puede abordarse directamente como contenido actitudinal, a partir de la necesidad de conservación del patrimonio, aunque sería importante poder profundizar en "por qué se debe conservar" o "para quiénes se debe conservar" el patrimonio. Los estudios que hacen énfasis en la conservación del patrimonio suelen dejar a un lado los aspectos conflictivos del mismo para una comunidad, que surgen cuando el patrimonio está relacionado con la historia, las memorias e identidades.

Si bien el patrimonio sólo aparece mencionado, como se dijo, en los NAP correspondientes al área de Ciencias Sociales para el EGB 2, otros aprendizajes que allí se proponen podrían ser analizados desde la óptica patrimonial: el respeto por la diversidad cultural; la identificación de algunos problemas ambientales y territoriales a escala local o regional, promoviendo una conciencia ambiental; la experiencia de participar y relacionar el sentido de diferentes celebraciones que evocan acontecimientos relevantes para la escuela, la comunidad o la nación; la construcción de una identidad nacional respetuosa de la diversidad cultural.

Patrimonio como contenido transversal

Más allá del lugar que ocupa el patrimonio en los NAP, la educación patrimonial no pertenece a un campo disciplinar definido ni tiene contenidos definidos en la currícula escolar. Su finalidad general no es la construcción de un conjunto de conocimientos, sino abordar elementos curriculares de la educación en valores, contenidos curriculares que promuevan estructuras cognitivas, emocionales y éticas en la educación. Es decir, contribuir a lo que históricamente se ha llamado "educación integral". En este sentido, es importante poder brindar claves para la didáctica e interpretación del patrimonio en las distintas áreas de conocimiento, promoviendo una aproximación transversal a la currícula.

Los temas o ejes transversales han aparecido en los últimos años, y en muchas reformas educativas de distintos países, como "elementos curriculares que se introducen a lo largo del proceso de educación de la infancia para desarrollar tanto nuevos contenidos como determinados valores." (Imbernon 2002: 9).

La educación en valores contribuye a religar aquellos contenidos que se presentan aisladamente dentro de cada área de conocimiento en la búsqueda de una educación que contemple al sujeto de aprendizaje como una persona íntegra, para la cual cada aprendizaje se transforme en una experiencia significativa anclada en sus saberes previos. Como afirma Edgar Morin:

> El conocimiento especializado es una forma particular de abstracción. La especialización *"abs-trae"*, en otras palabras, extrae un objeto de su contexto y de su conjunto, rechaza los lazos y las intercomunicaciones con su medio, lo inserta en un sector conceptual abstracto, que es el de la disciplina compartimentada cuyas fronteras resquebrajan arbitrariamente la sistemicidad (relación de una parte con el todo) y la multidimensionalidad de los fenómenos; conduce a una abstracción matemática que opera en sí misma una escisión con lo concreto, privilegiando todo cuanto es calculable y formalizable. (Morín 2002: 41).

La educación patrimonial no se basa en una mera transferencia de información ni en la explicación de datos acerca de determinados referentes patrimoniales. Es una estrategia didáctica que pretende promover una visión a largo plazo de lo que significa el patrimonio, de modo que se conserve para hacer memorias y sea testimonio de hechos pasados para las generaciones futuras. La finalidad de la Educación Patrimonial no es formar especialistas en un tema, sino despertar la curiosidad en las personas y la sensación de pertenencia a su lugar, a partir del conocimiento de sus referentes mnemotécnicos, para poder hacer uso de ellos de forma sustentable.[12]

---

[12] Sobre este tema se puede consultar: Zabala, M.; Roura Galtés, I. (2006), "Reflexiones Teóricas sobre Patrimonio, Educación y Museos", *Revista de Teoría y Didáctica de Las Ciencias Sociales*, núm. 11, enero-diciembre de 2006, Venezuela, Universidad de los Andes, Facultad de Humanidades y Educación, pp. 233-261.

El patrimonio es algo dinámico (cambia en el tiempo y el espacio), conflictivo y genera una multiplicidad de miradas, discursos, contradiscursos y memorias. Es una construcción situada en el espacio y en el tiempo por un grupo social a partir de sus percepciones e intereses. Es un espacio de disputa, de conflicto y de relaciones de poder. Por lo tanto, la conservación y el respeto por el patrimonio no se pueden inculcar como mandatos. Es a partir de una mediación educativa que se pueden introducir en los sujetos que aprenden las claves de comprensión, valoración y respeto; claves que desencadenen valoraciones integradas dentro de un proceso de aprendizaje significativo.

Es fundamental enseñar al sujeto que aprende a construir su propio camino, iniciando un proceso de sensibilización que desencadene en actitudes y comportamientos adaptados a los intereses y necesidades de cada sujeto. En este sentido, creemos importante que la educación patrimonial en ámbitos formales (como es la escuela) sea abordada de manera sistémica, permitiendo que sus contenidos se construyan como una totalidad, se integren transversalmente a la currícula, y desde allí sea posible profundizar en el análisis de algunos referentes patrimoniales que puedan ser abordados desde cada disciplina específica. Construir este concepto en el aula implica emprender un camino de investigación sistemática, de evocación de memorias, de diálogos participativos y plurales. Para lograrlo, el docente debe poder relacionar los hechos y sus causas, debe ser capaz de integrar los conocimientos parciales en otros más amplios y, especialmente, debe poder realizar un trabajo previo de debate e integración de contenidos con sus pares.

El patrimonio y los textos escolares

A partir de la reflexión sobre nuestras prácticas docentes desde el Museo de Antropología, nos propusimos analizar los libros de textos a los cuales tienen acceso los docentes del nivel primario para trabajar en el aula, ya que los textos y manuales escolares son un recurso que utilizan los docentes para el trabajo en clase. Para la selección de libros a analizar se tuvo en cuenta que el año de edición fuera posterior a la sanción y promulgación de la Ley Federal de Educación. Se acordó que dicha selección de libros estuviera conformada por un ejemplar por grado, recurriendo al uso de material editado por las editoriales que mayoritariamente señalan los docentes cordobeses como más "actualizadas y con muchas actividades". El total de la muestra analizada hasta el momento de la redacción del presente artículo es de once ejemplares de las editoriales Santillana, Kapelusz, A-Z editora, Aique y Estrada. A partir de esta primera etapa de investigación,[13] se han podido extraer algunas conclusiones para continuar trabajando en Educación Patrimonial.

Las preguntas iniciales para analizar los libros escolares fueron: ¿se utiliza la palabra *patrimonio*? ¿Los contenidos que se enseñan están regionalizados? ¿Hay actividades relacionadas con el patrimonio? Aquellos que no abordan esta temática explícitamente, ¿abordan temas compatibles con la educación patrimonial?

En principio se recurrió a la lectura de los índices de los libros, en donde el concepto de *patrimonio* está absolutamente ausente. Una vez comenzada la lectura del contenido de cada ejemplar, al comprobar que el tema *patrimonio* está ausente en la mayoría de los textos o, cuando es abordado, se trabaja de modo superficial, se profundizó en el análisis buscando temas que se pudieran relacionar con espacios patrimoniales, como es el caso de los museos, archivos y parques.

13 Cabe aclarar que esta investigación continúa en curso.

Avanzando en la lectura de los contenidos, entre los libros analizados correspondientes a primero, segundo y tercer grado de EGB 1, encontramos que no utilizan contenidos regionalizados,[14] y sólo en uno de ellos se habla explícitamente de patrimonio: *Piso mi suelo,* para tercer grado de EGB 1 de Editorial Santillana.[15] En él se muestran algunos sitios argentinos declarados Patrimonio de la Humanidad por UNESCO, como el Parque Nacional Talampaya, el Parque Nacional los Glaciares y la Cueva de las Manos. Este libro corresponde al área de Lengua, por lo tanto la información que se brinda tiene como objetivo su utilización como recurso para la realización de actividades gramaticales. En el mismo libro se trabaja con la leyenda "La flor del irupé", haciendo referencia explícita a su valor como flora autóctona de los ríos y esteros correntinos, y a su valor para la cultura guaraní, aunque no se relacionan explícitamente estos temas con la temática patrimonial.

Lo que surge a primera vista es que el concepto de *patrimonio* queda asociado directamente a las declaraciones de UNESCO, y no se conceptualiza ni se problematiza sobre el tema.

En otros libros de textos correspondientes a EGB 1, no hay referencias explícitas al concepto de *patrimonio,* aunque algunos contenidos permitirían introducir la noción de *patrimonio* en el aula y la construcción de este conocimiento. En un libro de la editorial Aique[16] para tercer grado se dedica un capítulo a responder "¿para qué sirven los museos?". El tema está relacionado con la vida cotidiana

---

14 Los textos escolares que generan las editoriales mencionadas son elaborados en Buenos Aires para todo el país. Sólo dos de ellas -AZ y Santillana- tienen delegaciones en el Interior del país, pero únicamente con fines de comercialización.

15 *Piso mi suelo. Lenguaje con integración de áreas,* Buenos Aires, Editorial Santillana, 2003.

16 *Los Preguntones 3,* Buenos Aires, Editorial Aique, 2004.

del estudiante y su ambiente, sus tradiciones, la diversidad cultural y los monumentos. En el área de Ciencias Sociales se trabajan los siguientes temas que también se pueden relacionar con el patrimonio:

- Ayer y hoy: comparar la época de la colonia con la actual a través de la vestimenta, la vivienda, los negocios, los transportes, los juguetes.[17]
- ¿Cómo cambian los paisajes?
- ¿Tiene historia el lugar donde vivo? Investigando el pasado.
- ¿Cuáles son nuestras tradiciones? El respeto a la diversidad cultural.
- ¿Los países también cumplen años?
- ¿Qué es un monumento?

Otra situación encontramos en los libros correspondientes a EGB 2, en ellos sí se deben trabajar contenidos regionalizados. Lamentablemente, para la elaboración de estos contenidos no se consulta a autores, profesores o investigadores, de universidades del interior del país.

En uno de los libros, correspondiente a 5º grado y editado por Kapelusz[18], se plantea para el área de lengua el análisis de un texto basado en un proyecto de conservación de bosques y se lo asocia directamente con la conservación del patrimonio, explicando, incluso, el significado de este término. En el mismo libro se plantea el tema "Turismo en acción", donde se propone una excursión y visita al parque Nacional Iguazú, declarado Patrimonio natural de la Humanidad por UNESCO. También se trabaja con leyendas, como modo de transmisión identitaria y comunicación intergeneracional.

17 Ana María Kaufman (1998), *El nuevo multicuaderno 1*, Buenos Aires, Editorial Santillana.

18 *Lengua 5*, Programa Kapelusz Buena Base, Buenos Aires, Editorial Kapelusz, 2006.

Como vimos para el primer ciclo, también en el segundo ciclo, dentro del área de Ciencias Sociales se trabajan los siguientes contenidos que podrían vincularse con el patrimonio natural, la identidad, la memoria, los modos de vida, el patrimonio intangible, el patrimonio material:

- Sociedad, naturaleza y recursos naturales.
- Paisajes y sus cambios en el tiempo.
- Problemas ambientales generados por la acción humana.
- Regiones argentinas, sus habitantes y sus actividades, modos de vida. Como ejemplo de trabajo en este tema, en un libro de Editorial Santillana[19] se presentan las regiones geográficas y algunas provincias, entre ellas La Rioja. A modo ilustrativo se muestra una casa histórica como la del Dr. Joaquín V. González. Acerca de ella se señala que es sede del Archivo Histórico Provincial con un estilo arquitectónico similar a un castillo medieval. Nada dice sobre las funciones y valores que tienen los archivos.
- Arqueología como ciencia que permite conocer el pasado. En el libro mencionado en el ítem anterior,[20] que tiene como destinatarios a alumnos de quinto grado, se explica el trabajo del arqueólogo en su relación con los restos materiales con el objetivo de conocer modos de vida y costumbres del pasado. Con respecto a los sitios arqueológicos (espacios patrimoniales) los conceptualiza como espacios reservados y protegidos para la investigación. Es decir, que los excluye o da por sobreentendido que estos espacios son educativos para sus visitantes.

19 *Ciencias Sociales*, 5º Grado, Buenos Aires, Editorial Santillana, 2004.

20 Ídem.

- Efemérides, significado del día de la memoria.[21]

De esta primera etapa de la investigación podemos interpretar que, tanto para EGB 1 como para EGB 2, es en el área de Lengua donde se pone mayor énfasis en la incorporación del tema. En los textos analizados del área de Ciencias Sociales no encontramos el término *patrimonio* asociado a ningún tema.

El museo como lugar de producción de conocimientos

Los resultados de las experiencias llevadas a cabo en educación patrimonial desde 2002, sumados a la investigación realizada sobre la bibliografía escolar proporcionada por los docentes participantes de esas experiencias, fueron el punto de partida para la edición de material específico para el trabajo sobre patrimonio.

Así surgió el primer cuaderno de actividades destinado a niños, *Hablando de lo nuestro,*[22] que conjuga la teoría con actividades lúdicas y tiene como objetivo que los estudiantes lo utilicen previamente a la visita al museo. Los conceptos desarrollados son *patrimonio, ambiente* y *paisaje.* Este material significó una primera aproximación a conceptos que serían trabajados en la visita al museo, y el comienzo de un trabajo arduo de adecuación del lenguaje científico para poder comunicar distintos mensajes a niños en edad escolar.

La utilización de este material didáctico, y la amplia aceptación por parte de los docentes interesados en incorporar la temática patrimonial a sus contenidos áulicos, orientó la tarea de profundización y diseño de nuevas actividades para niños en edad escolar basadas en contenidos

---

21 *Ciencias Sociales 5,* Programa Kapelusz Buena Base, Buenos Aires, Editorial Kapelusz, 2006.

22 Véase en la bibliografía final del capítulo Mariela Zabala e Isabel Roura Galtés (2004).

regionalizados que concluyeron en un cuaderno titulado *Educar en patrimonio: educar en valores.*[23] El mismo fue elaborado con la finalidad de brindar un soporte para que los educadores puedan incorporar a sus prácticas escolares conceptos relacionados con la Educación Patrimonial. En el primer capítulo se plantean, a modo de glosario, distintos conceptos en torno a la temática patrimonial. En el segundo capítulo se proponen actividades para la formación docente antes de abordar la temática en el aula con el fin de brindar herramientas metodológicas para planificar las clases. En el tercer capítulo se proponen actividades para alumnos de nivel primario. Estas se han organizado en torno a los distintos conceptos de acuerdo con los NAP anteriormente mencionados, proponiendo la incorporación de la temática en distintas áreas curriculares. A su vez, se proponen actividades diferenciadas para EGB 1 y EGB 2. El objetivo es facilitar actividades de trabajo en torno al patrimonio que puedan ser utilizadas por los docentes y adaptadas a sus necesidades curriculares en cualquier momento del año y según su región geográfica.

En síntesis

Una educación que pretenda promover experiencias significativas de aprendizaje debe contemplar, necesariamente, contenidos que los alumnos puedan relacionar con su realidad inmediata. En este sentido, la Educación Patrimonial es una estrategia útil para los docentes, ya que posibilita vincular los conocimientos disciplinares con la realidad inmediata de los educandos.

Luego de este recorrido por los contenidos propuestos dentro de los NAP para EGB 1 y EGB 2, y del análisis de los libros escolares, descubrimos que es casi invisible la

[23] Véase en la bibliografía final Mariela Zabala, Isabel Roura Galtés y Mariana Fabra (2006).

presencia del concepto de *patrimonio* en los textos escolares. El recorte que hacen las editoriales de los contenidos básicos no contempla la problemática patrimonial. Motivo por el cual los docentes no cuentan con material suficiente para abordar el tema patrimonial en el aula. Asimismo, el trato que brindan los textos sobre el patrimonio refuerzan el preconcepto de los docentes acerca de que patrimonio es sólo aquello que ha sido reconocido e incluido en la lista de UNESCO. Los textos no vinculan ambiente, paisaje, sitios históricos y parques naturales con la problemática patrimonial, sino que presentan recortes aislados de estos temas. Cuando se refieren a las disciplinas que estudian el pasado, explican a la Arqueología como ciencia pero omiten que los bienes materiales objeto de estudio de los arqueólogos son patrimonio.

En este contexto, y sobre todo en las comunidades del Interior del país, los museos deben asumir hoy con mayor fuerza que nunca su función social y didáctica, como espacios fundamentales para la construcción de un conocimiento relacionado con la memoria colectiva de la comunidad en la que los alumnos habitan y aprenden.

Bibliografía

AA.VV. (2002), *Vení conmigo,* 1º grado EGB 1, Buenos Aires, Ed. Estrada.

AA.VV. (2003), *Piso mi suelo,* Lenguaje con integración de áreas, Buenos Aires, Ed. Santillana.

AA.VV. (2004), *Ciencias sociales,* 5º Grado, Buenos Aires, Ed. Santillana.

AA.VV. (2004), *Los Preguntones 3,* Buenos Aires, Ed. Aique.

AA.VV. (2006), *Ciencias Sociales 5,* Programa Kapelusz Buena Base, Buenos Aires, Ed. Kapelusz.

AA.VV. (2006), *Lengua 5,* Programa Kapelusz Buena Base, Buenos Aires, Ed. Kapelusz.

AA.VV. (s/f), *AZ en acción 4 Lengua,* Buenos Aires, A-Z Eds.

Azulado, Z. (2001), *Libro de lectura de 2º grado. EGB1,* Buenos Aires, Ed. Santillana.

Bonnin, M. (2004 / 2005 / 2006), *Informes de gestión del Museo de Antropología,* Córdoba, FFyH, UNC.

Fontal Merillas, O. (2004), *La Educación Patrimonial. Teoría en el aula, el museo e Internet,* Barcelona, Ed. Trea.

García Blanco, A. (1994), *Didáctica del museo. El descubrimiento de los objetos,* Madrid, Ed. de la Torre.

Imberon *et al.* (2002), *Cinco ciudadanías para una nueva educación,* Barcelona, Ed. Grao.

Kaufman, A. (1998), *El nuevo multicuaderno,* 1º grado EGB1, Buenos Aires, Ed. Santillana.

Kaufman, A. (1999), *El nuevo multicuaderno,* 2º grado EGB1, Buenos Aires, Ed. Santillana.

Morin, E. (2002), *Los siete saberes necesarios para la educación del futuro,* Buenos Aires, Ed. Nueva Visión.

Zabala, M. y Roura Galtés, I. (2004), *Hablando de lo nuestro,* Cuadernos del Museo de Antropología, Córdoba, Facultad de Filosofía y Humanidades, Universidad Nacional de Córdoba.

Zabala, M.; Roura Galtés, I.; Fabra, M. (2006), *Educar en patrimonio: educar en Valores,* Cuadernos del Museo de Antropología, Córdoba, Facultad de Filosofía y Humanidades, Universidad Nacional de Córdoba.

6.2. Encuesta sobre el personal rentado que trabaja en los museos argentinos y la existencia de departamentos educativos[24]

María Cristina Holguin y María Jesús Baquero Martín

Nuestro especial agradecimiento a ADIMRA,
que desde un comienzo creyó en nosotros.
Y a todos los que colaboraron reenviando por mail el cuestionario,
a todos los que lo contestaron,
sin ellos nada hubiese sido posible

Este breve trabajo partió de la necesidad de cuantificar la realidad del personal rentado y el destinado a educación en los museos argentinos, para poder planificar mejor la labor que está realizando el Comité para la Educación y Acción Cultural (CECA), dependiente del Consejo Internacional de Museos (ICOM) en la Argentina.

Si bien lo iniciamos como una investigación para uso del CECA Argentina, al terminarlo decidimos imprimirlo para divulgar una realidad no siempre grata, y de esta manera poder informar mejor tanto a las autoridades nacionales, provinciales y municipales, como al público en general que desconoce las carencias que sufren nuestros museos. Sin duda no es una encuesta de todos los museos, ya que a muchos no llegamos y muchos no respondieron. Pero contamos con 145 respuestas, que como muestreo es válido.

La cantidad de museos pequeños, casi sin personal, supera la mitad de los museos encuestados. Junto con los medianos llegan al 88,3% y no tienen departamentos de educación. Ante esta realidad debemos adecuar programas, jornadas y cursos acordes a las problemáticas planteadas

---

24 La siguiente investigación ya fue publicada en un folleto que se repartió gratuitamente, y el resumen que fue publicado en la *Revista de ADIMRA*, año VI, núm. 6, 2009. He aquí el trabajo completo.

Por otro lado, deseamos sinceramente que esta muestra sirva, además, como herramienta para que las autoridades legislativas y ejecutivas tomen conciencia de que deben dictar normativas que unifiquen criterios sobre el concepto de *museo* y todas sus necesidades funcionales. Teniendo en cuenta que el 53% de los museos es de dependencia municipal y exceptuando las grandes ciudades, las localidades pequeñas no poseen directivas sobre el tema. Creemos que hay que darle publicidad para instalarlo en la sociedad, que desconoce nuestras realidades. Esencialmente, este estudio está estructurado de la siguiente manera.

Fundamentación

Carencia absoluta de datos fidedignos. Falta de legislación y de fondos destinados a museos. Nuestro convencimiento de que la educación en los museos es indispensable como parte del estar *"al servicio de la comunidad y su desarrollo".* A la vez, ser coherentes con un objetivo prioritario del CECA Internacional: garantizar que la educación en los museos sea tomada en cuenta en la política, en las decisiones y en los programas del ICOM y abogar por el papel educativo de los museos en todo el mundo.

Objetivo general

Conocer la realidad nacional de los de departamentos de Educación y del personal educativo dentro los museos argentinos.

Objetivos específicos

- Clasificar museos por su dependencia y por la cantidad de personal rentado que posee.
- Cuantificar los museos que tienen departamento educativo.

- Cuantificar los museos que aun no teniendo departamentos educativos destinan personal a educación.

Plan de muestreo

Aquí detallamos la metodología seguida. Donde esencialmente dividimos tres grandes grupos:

- Museos de 0 a 4 personas rentadas.
- Museos de 5 a 15 personas rentadas.
- Museos de más de 15 personas rentadas.

Resultados

Elaboramos un informe general comparativo y luego informes parciales, según los tres grupos mencionados. Damos aquí los gráficos más relevantes:

CANTIDAD DE MUSEOS PARTICIPANTES

Tipo de Encuesta	Número de Museos	Porcentaje
- De 0 a 4	77	53,1%
- De 5 a 15	51	35,2%
- Más de 15	17	11,7%
Total:	**145**	**100%**

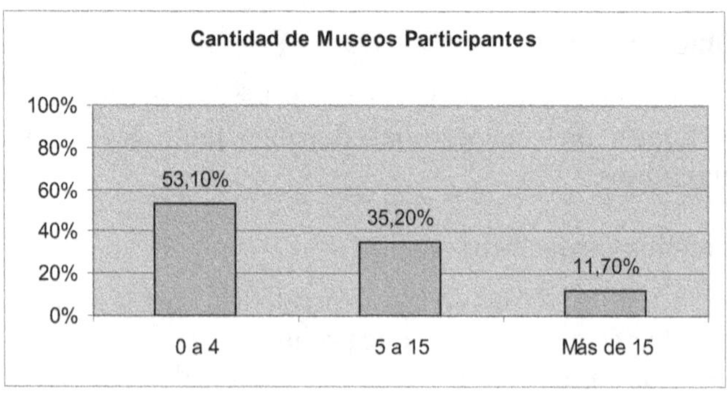

DEPENDENCIA ADMINISTRATIVA

	Municipal	Provincial	Nacional	Universitario	Privado	Mixto
De 0 a 4	44	10	3	7	12	1
De 5 a 15	26	16	3	1	5	0
Más de 15	8	2	5	0	2	0
TOTAL:	**78 53,8%**	**28 19,3%**	**11 7,6%**	**8 5,5%**	**19 13,1%**	**1 0,7%**

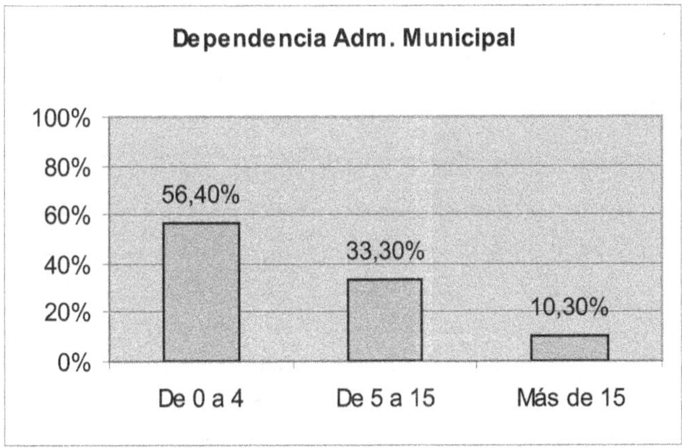

DESEMPEÑO DE CARGO PRINCIPAL

Tipo de Encuesta	Porcentajes Directores	Porcentajes Encargados
- De 0 a 4	67,5%	28,6%
- De 5 a 15	78,4%	21,6%
- Más de 15	94,1%	5,9%

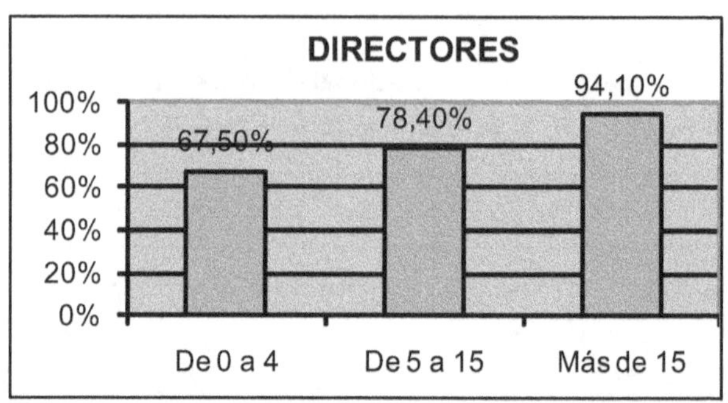
DIRECTORES
100%
80%
60%
40%
20%
0%
67,50%
78,40%
94,10%
De 0 a 4
De 5 a 15
Más de 15

PERSONAL

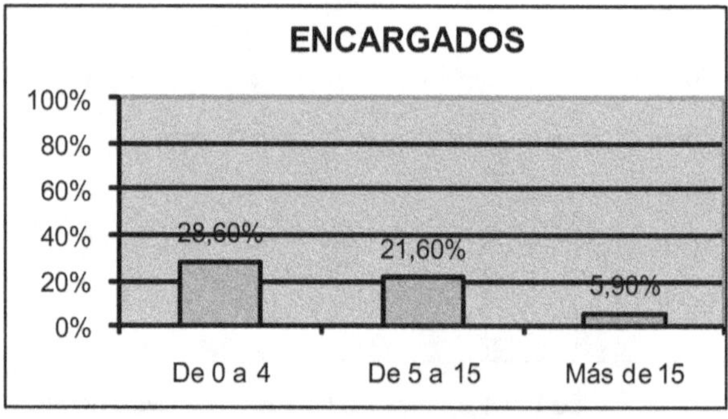
ENCARGADOS
100%
80%
60%
40%
20%
0%
28,60%
21,60%
5,90%
De 0 a 4
De 5 a 15
Más de 15

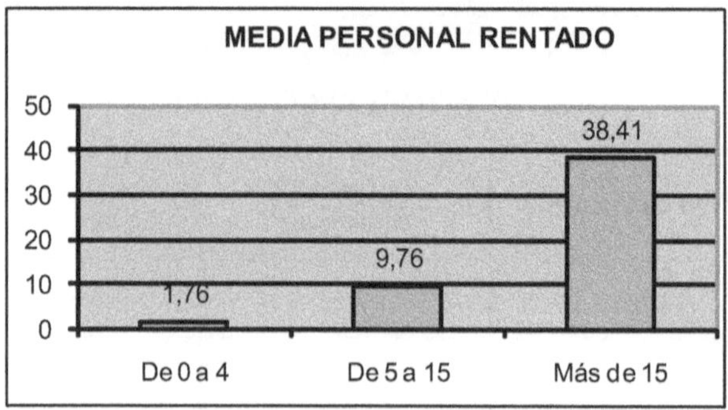
MEDIA PERSONAL RENTADO
50
40
30
20
10
0
1,76
9,76
38,41
De 0 a 4
De 5 a 15
Más de 15

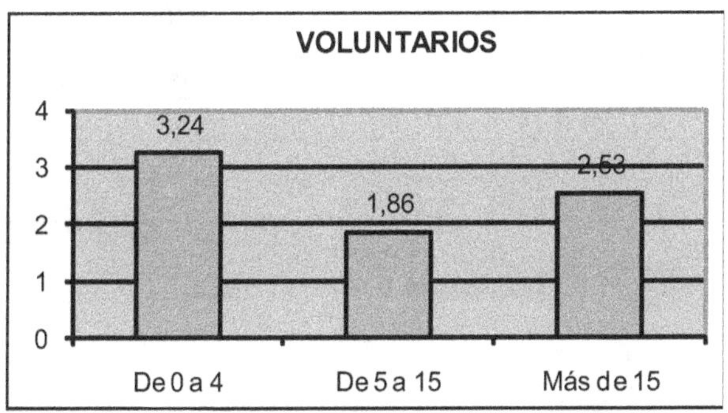

DEPARTAMENTO EDUCATIVO

a. Departamento educativo

Tipo de Encuesta	Departamento Educativo
- De 0 a 4	15,6%
- De 5 a 15	39,2%
- Más de 15	76,5%

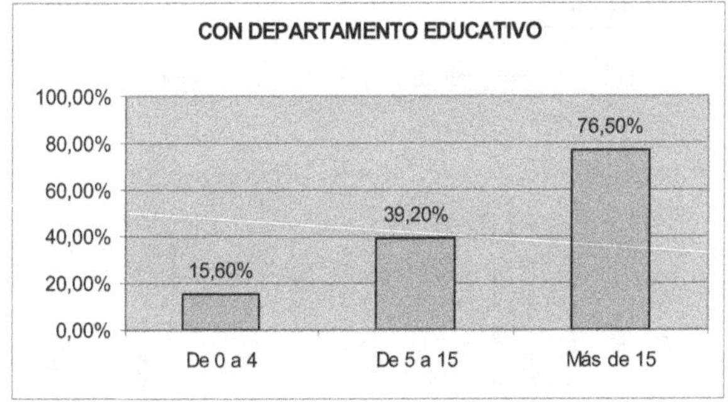

b. Personal dedicado a educación:

Tipo de Encuesta	Media personal de educación
- De 0 a 4	1,5
- De 5 a 15	2,7
- Más de 15	4,5

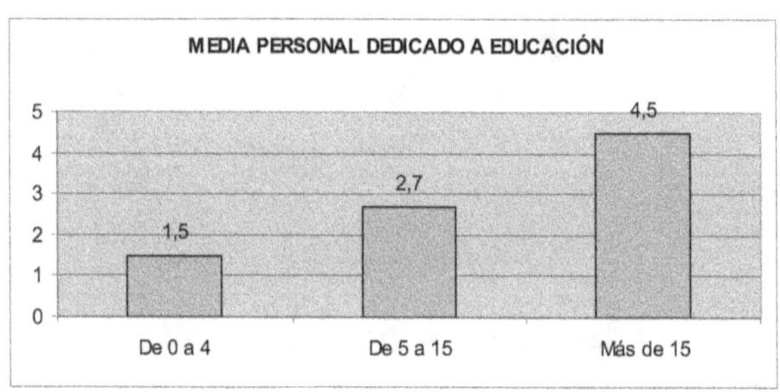

MAILS

Tipo de Encuesta	Mail Museo	Mail Personal
- De 0 a 4	59,7%	28,6%
- De 5 a 15	68,7%	23,5%
- Más de 15	94,1%	5,2%

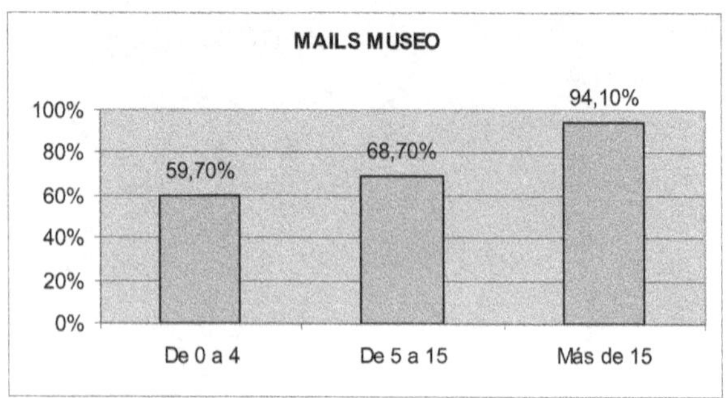

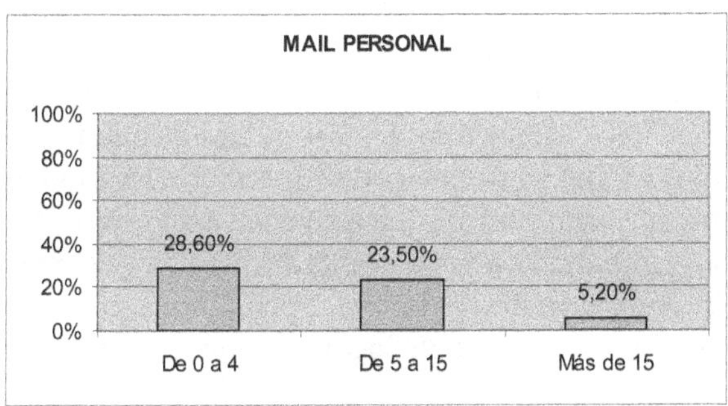

Conclusiones extraídas a través de notas adjuntadas al cuestionario

Debido a la confidencialidad que implica toda encuesta, nos vemos obligados a no aportar referencias de las personas y museos que hicieron los comentarios que se agregan. No hemos podido documentar las llamadas telefónicas recibidas solicitando apoyo desde diversas provincias de todo el país, pero las mismas fueron relatos similares a los fragmentos que adjuntamos a este Anexo.

Creemos relevante unificar conceptos y aportar algunos ejemplos:

- Los municipios suelen crear museos, pero no consideran las necesidades reales de los mismos. Suelen colaborar con algunas de ellas, pero no con todas. Ejemplo: "En nuestra página podrá apreciar que el Museo... se encuentra como tantos Museos muy deteriorado y al que asistimos de manera precaria. Desde el Municipio nos ayudan con la limpieza y custodia pero no así con las necesidades edilicias. Tampoco un personal a cargo."
- Al no haber normativas legales, muchos conservan el patrimonio pero no responden a la definición de museo. Por ejemplo: "Este museo fue armado en el transcurso

de más de treinta años, primero como hobby y después por el empujón de un montón de amigos, amigos desinteresados que me ayudaron en armar este museo. Que jamás tuvo el apoyo de ningún ente municipal, provincial, ni nacional y eso que pedimos en forma permanente, nunca plata, pero sí que nos ayuden a difundirlo. Nunca logramos nada, sí la palmadita de que el museo está muy bueno y ahí termina. Tampoco pedimos ningún apoyo al comercio. No obstante logramos que todos los días del año lo tengamos abierto al publico."

- Hay mucha gente que vela por el patrimonio en forma gratuita y que no suele contar con el asesoramiento adecuado: "Soy el responsable, estamos trabajando con un grupo de gente independiente, amante de la cultura, estoy trabajando en el rescate cultural, escribiendo un libro sobre la historia local, rescatando material, especialmente fotos antiguas. Tratando de armar un biblioteca pública porque considero necesario, solicitamos a una empresa una computadora, quedaron en donarnos por lo menos una usada, ¿no?"
- Cuando no hay Departamentos de Educación y falta de personal que se ocupe de las tareas relativas al mismo, suele suceder que "la única persona que trabaja en el museo hace además tareas que corresponderían a este departamento, como por ejemplo, caminatas educativas, guía o interpretación del patrimonio cultural dentro y fuera del museo; valijas museo a las escuelas, charlas en los colegios, colaboración en proyectos de aula, exposiciones temporarias educativas con temas de interés general o local."
- Al no haber normativas sobre la idoneidad del personal, suelen existir casos como éste: "Es necesario aclarar aquí que ninguna de estas tareas se está cumpliendo actualmente, por una falta total y absoluta de criterio por parte de quien está a cargo del Despacho de Dirección."

- No se prevén espacios para depósitos de preservación del patrimonio. No damos ejemplos, porque es una constante tanto en la encuesta como en nuestra tarea de abrir delegaciones en distintas partes del país.

6.3. La revolución informática y digital: ¿están nuestros museos y nuestros países preparados para ello?[25]

Georgina De Carli (Directora del ILAM)

ILAM y el acceso a información patrimonial

Con el propósito de hacer un uso eficiente y eficaz de las tecnologías de información y comunicación (TIC) al servicio del patrimonio latinoamericano, la Fundación ILAM a través de su portal en Internet, iniciado en 1997, ha venido ofreciendo en forma totalmente gratuita dos tipos de beneficios: "visibilidad" para los museos y "vinculación" para los usuarios. Para ello, reúne y presenta en un solo sitio la diversidad cultural de la región (actualizada periódicamente), a través del acceso a información en línea de todas las instituciones museológicas[26] de América

25 Esta investigación fue presentada en el Segundo Encuentro del CECA Argentina y Séptimo del CECA LAC, en Corrientes, Argentina, en agosto de 2009.

26 ILAM propone la clasificación según el patrimonio y la tipología de instituciones derivadas de éste buscando fines integradores; las instituciones museológicas son organizaciones sin fines de lucro, abiertas al público y con carácter estatal o privado; las cuales, si bien presentan temáticas diferentes, las amalgama el hecho de que su propósito es la preservación, investigación y la comunicación del patrimonio cultural y/o natural a un público heterogéneo por medio de estrategias diversas. Parte de una visión donde la relación entre los patrimonios cultural y natural es un continuo inseparable y como tal es una expresión auténtica de una intensa e interdependiente relación con el medio ambiente. De ahí que partiendo de una clasificación primaria del patrimonio -cultural / natural / cultural-natural-, ILAM establece su tipología de instituciones patrimoniales:

Latina y el Caribe, así como la posibilidad a los usuarios de interactuar escribiendo sus comentarios y subiendo fotos

---

Patrimonio Cultural
Museos de Arte. Dedicados a la exposición de obras de bellas artes, artes gráficas, aplicadas y/o decorativas (presentando diversos períodos y estilos). Forman parte de este grupo los de escultura, galerías de pintura, museos de fotografía y de cinematografía, museos de arquitectura, museos de arte religioso y las galerías de exposición que dependen de las bibliotecas y archivos.
Museos de Antropología. Dedicados a la conservación y puesta en valor de las manifestaciones culturales que testimonian la existencia de sociedades pasadas y presentes. Incluyen a los museos de arqueología y los de etnología y etnografía que exponen materiales sobre la cultura, las estructuras sociales, las creencias, las costumbres y las artes tradicionales de los pueblos indígenas, grupos étnicos y campesinos.
Museos de Historia. Dedicados a presentar la evolución histórica de una región o país durante un período determinado o a través de los siglos. Incluye a aquellos de colecciones de objetos históricos y de vestigios, museos conmemorativos, museos de archivos, museos militares, museos de personajes o procesos históricas, museos de "la memoria", entre otros.
Museos de Ciencia y Tecnología. Dedicados a una o varias ciencias exactas tales como astronomía, matemáticas, física, química, ciencias médicas, así como los diversos procesos productivos de materias primas o productos derivados. También se incluyen los planetarios y los centros científicos.
Monumentos / Centros Históricos. Su finalidad es destacar y preservar una obra arquitectónica o escultura declarada Monumento (por ejemplo, iglesia, cementerio patrimonial, etc.) o conjunto de ellas integradas en un centro o casco histórico, que presentan especial interés desde un punto de vista artístico, arquitectónico, histórico o etnológico.
Patrimonio Cultural-Natural
Museos Generalizados. Poseen colecciones mixtas (patrimonio natural y cultural) y que no pueden ser identificadas por una colección principal. Generalmente éstos son los museos nacionales y algunos regionales que incluyen tanto la historia natural como la cultural de determinados territorios.
Museos-Comunidad. Buscan presentar una visión integral del patrimonio cultural, tangible e intangible, y de su entorno natural, desde un enfoque que se genera al interior de la comunidad (por ejemplo, ecomuseos, museos comunitarios, museos locales, etc.).
Sitios Arqueológicos / Históricos. Poseen vestigios arqueológicos o históricos y se encuentran dentro de una zona natural, brindando una visión integradora respecto a la relación del ser humano con la naturaleza. Cuentan con centros de interpretación o pequeños museos locales para información de los visitantes.

sobre su visita a un museo; ello ha colocado a la región latinoamericana en un sitio de privilegio entre las regiones del mundo que han realizado esfuerzos similares.

A pesar de la energía volcada en el Portal ILAM por reunir y difundir nuestro patrimonio, en última instancia está en manos de las instituciones museológicas -custodias de dichos bienes patrimoniales- el que la riqueza de contenidos, imágenes y de información pueda llegar al visitante virtual; sin embargo, la oferta de dicha información por parte de las instituciones sigue siendo limitada, así como la difusión adecuada de esta información.

El poner información en línea se confunde todavía con la idea de colocar los datos de contacto para la visita, así como para la promoción de una actividad o evento. Esto puede suceder porque, como los museos no aprovechan sus propios recursos para recibir información nueva (por ejemplo, no motivan a sus visitantes a contactarlos, no utilizan la investigación en línea para profundizar en las temáticas o contextos de sus colecciones, entre otros), tienen resistencia a ofrecer información. Por supuesto, presentar informaciones en línea -a través de su sitio *web* o *blog*- expone al museo a nuevas obligaciones (actualizar

---

Patrimonio Natural

Museos de Ciencias Naturales. Dedicados a la exposición de temas relacionados con una o varias de las siguientes disciplinas: biología, botánica, geología, zoología, paleontología, ecología, entre otras.

Acuarios. Su especificidad es la de exponer especímenes vivientes de animales y plantas acuáticas y donde se reproduce la vida marina.

Jardines Botánicos. Su especificidad es la de cultivar y presentar especies vegetales herbáceas y/o arbóreas.

Zoológicos. Su especificidad es la de conservar vivas, criar y exponer distintas especies de animales, tradicionalmente exóticos o salvajes y actualmente la fauna originaria del país o región.

Parques Naturales. Los parques son "museos verdes" encargados de velar por la protección del medio ambiente y que brindan un servicio al público con fines educativos y de esparcimiento, situación que los define como museos.

información, diseñar estrategias de comunicación y establecer contactos e interactuar) e incertidumbres (como balancear la demanda de información y la oferta, propiedad intelectual y riesgos económicos).

Sin embargo, las instituciones museológicas deben ser conscientes de que no basta con preservar o exhibir sus colecciones, deben también "ponerlas en valor" (el proceso por medio del cual se genera un conocimiento y aprecio acerca de este patrimonio y el interés por su conservación y uso responsable). Es decir, deben utilizar todos los medios a su alcance -en el caso que nos ocupa, las tecnologías de comunicación e información- para llegar al mayor número de personas posibles, tanto física como virtualmente, porque en la medida en que logren que la comunidad -nacional e internacional- valorice este patrimonio, se generará un proceso creciente de reconocimiento y apoyo a las actividades que realizan las instituciones museológicas.

¿Están nuestros países preparados para ello?

En la sociedad del conocimiento de hoy en día, contamos con una herramienta poderosa como el acceso y uso de información digital; el acceso progresó en América Latina y el Caribe en los últimos cinco años con el crecimiento explosivo de la telefonía, especialmente de celulares y de usuarios de Internet, aunque la brecha digital con los países desarrollados sigue siendo significativa. La telefonía móvil y personal -utilizada por tres mil millones de usuarios en todo el mundo- avala la que ha sido una de las mayores revoluciones del presente siglo y que ha supuesto un gran cambio en nuestro modo de comunicarnos, pero más allá de ser simplemente un medio para realizar llamadas, ha llegado a transformar los modos de interacción social, supone todo un estilo de vida y es un elemento casi imprescindible en un mundo cada vez más tecnificado.

El acceso a información digital ha estado creciendo exponencialmente en los últimos diez años, de 2.900.000 en 1997 a 173.600.000 usuarios en el año 2008, equivalente al 30% de penetración para ese año (como puede observarse en el cuadro nº 1). Este explosivo crecimiento en América Latina y el Caribe (siendo la región más dinámica del mundo) no ha permitido su debida asimilación por parte de los diversos países, y ya veremos que las instituciones museológicas de la región no han sido una excepción.

Cuadro nº 1: Acceso a Internet en América Latina en el año 2007 (según datos de suscripción).

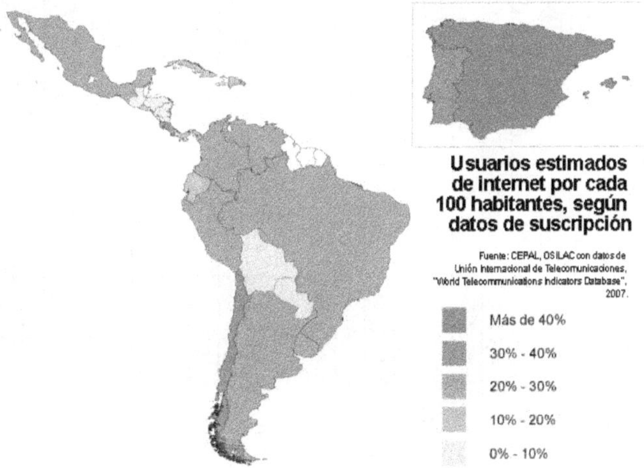

Fuente: Observatorio para la Sociedad de la Información en Latinoamérica y el Caribe (OSILAC), sobre la base de encuestas de hogares.

Sin embargo, esta expansión no ha sido pareja ni a nivel regional entre nuestros países, ni en el interior de los mismos. Así, apreciamos una marcada diferencia en el interior de nuestros países, ya que el acceso y uso de esta tecnología todavía dista de ser de consumo masivo.

Cuadro nº 2: Crecimiento exponencial del acceso a Internet en América Latina y el Caribe

PAÍSES	*Población por país (2008)*	*Usuarios Internet 1997*	*% con Internet (1997)*	*Usuarios Internet 2000*	*% con Internet (2000)*	*Usuarios Internet 2006*	*% con Internet (2006)*	*Usuarios Internet 2008*	*% con Internet (2008)*
Argentina	40.4 mill.	100,000	0,27 %	2.5 mill	7 %	10.0 mill	26.3 %	20.0 mill	49.4 %
Bolivia	9.6 mill.	35,000	0,42 %	120,000	1,5 %	350,000	3.7 %	1.0 mill	10.4 %
Brasil	196.3 mill.	1.3 mill	0,77 %	5.0 mill	3 %	25.9 mill	14.0 %	67.5 mill	34.4 %
Chile	16.4 mill.	156,900	1,03 %	2.5 mill	16 %	5.6 mill	35.7 %	8.3 mill	50.9 %
Colombia	45.0 mill.	208,000	0,49 %	878,000	2 %	4.9 mill	10.6 %	17.4 mill	38.8 %
Costa Rica	4.2 mill.	60,000	1,57 %	250,000	7 %	1.0 mill	22.7 %	1.5 mill	35.7 %
Cuba	11.4 mill.	7,500	0,06 %	60,000	0,6 %	150,000	1.3 %	1.3 mill	11.5 %
Ecuador	14.3 mill.	13,000	0,10%	180,000	1,5 %	624,000	5.1 %	1,7 mill	12.3 %
El Salvador	7.0 mill.	10,000	0,15 %	50,000	0,8 %	587,000	8.9 %	763.000	10.8 %
Guatemala	13.0 mill.	10,000	0,08 %	80,000	0,7 %	756,000	5.9 %	1.3 mill	10.2 %
Honduras	7,6 mill.	10,000	0,15 %	40,000	0,6 %	223,000	3.3 %	424.000	5.6 %
México	110.0 mill.	595,700	0,60 %	2.7 mill	3 %	16.9 mill	16.1 %	27.4 mill	24.9 %
Nicaragua	5.7 mill.	10,000	0,2 %	50,000	1 %	125,000	2.2 %	155.000	2.7 %
Panamá	3.3 mill.	15,000	0, 53 %	90,000	3 %	300,000	9.6 %	745.000	22.5 %
Paraguay	6.8 mill.	5,000	0,09 %	40,000	0,8 %	150,000	2.6 %	530.000	7.8 %
Perú	29.1 mill.	100,000	0,38%	2.5 mill	10 %	4.7 mill	16.0 %	7.6 mill	26.2 %
Puerto Rico	3,9 mill.	50,000	1,28 %	200,000	5.1 %	1.0 mill	25.2 %	1.3 mill	35 %
Rep. Dom.	9.5 mill.	12,000	0,14 %	55,000	0,7 %	800,000	8.7 %	3. mill	31.6 %
Uruguay	3,4 mill.	110,000	3,23 %	370,000	10 %	680,000	20.8 %	1.1 mill	31.6 %
Venezuela	26.4 mill.	90,000	0,37 %	950,000	4 %	3.0 mill	12.0 %	6.7 mill	25.5 %
TOTAL	**581.2 mill.**	**2.9 mill**	**0,58 %**	**18.8 mill**	**3.7 %**	**78.0 mill**	**14.3 %**	**173.6 mill**	**30 %**

Como señala la CEPAL en su informe sobre la sociedad de la información en América Latina y el Caribe (2008):

> En los últimos años, los países de América Latina y el Caribe han progresado enormemente en el uso masivo de las TIC en las áreas más diversas del desarrollo económico y social. Esto incluye el despliegue de una infraestructura de información digital, la modernización del Estado, la digitalización de procesos económicos para aumentar la productividad, el mejoramiento de la educación y la salud y la gestión de desastres naturales, entre otras cosas. Con el avance hacia sociedades de la información en América Latina y el Caribe se han logrado resultados positivos en poco tiempo, convirtiendo a las TIC en una solución tangible para enfrentar retos de la agenda de desarrollo. Sin embargo, el progreso tecnológico continúa y se sigue acelerando y a los retos ya conocidos se suman nuevos desafíos. La transición hacia sociedades de la información no ocurre en el vacío, sino que se inserta en las estructuras de las sociedades de la región. Esto supone abordar algunos de sus problemas estructurales, como el bajo ingreso por habitante y su desigual distribución, la debilidad institucional y los limitados niveles de educación y capacidades. *En la búsqueda por utilizar eficientemente las TIC para el desarrollo, es importante tener presente que esas tecnologías son una herramienta y no un fin.* Desde este punto de vista, surge naturalmente la pregunta: ¿deben ser las TIC la esencia del enfoque sectorial para el desarrollo de las sociedades de la información o son los diferentes aspectos del desarrollo los que deben ocupar un lugar fundamental en esta revolución tecnológica? La pregunta sobre "desarrollo de las TIC" o "desarrollo con las TIC" que orienta este libro lleva directamente al meollo del debate sobre las TIC. (CEPAL 2008; el texto destacado es nuestro).

Los diversos públicos

Los diversos públicos, en razón de nuestra ponencia, se refieren a dos grandes sectores: por un lado, el *público general,* aquellos usuarios que utilizan por una razón u otra "información patrimonial" (en su más amplio concepto); y por otro, la *comunidad museológica*, entendida también como usuarios que utilizan las TIC como medios e instrumentos en su trabajo diario.

El público general

El público general (sector educativo, sector turismo, sector comercial) de América Latina y de la comunidad internacional, al igual que Internet, ha crecido exponencialmente. En la región, el modelo de acceso compartido está ampliamente extendido y los lugares más importantes para el uso de Internet son los de acceso público, como los cafés Internet comerciales, centros comunitarios en bibliotecas u otras organizaciones (véase cuadro nº 3), aunque la tendencia marca cada vez más el uso de computadoras en los hogares.

Las medidas tomadas por los países de la región de tener computadores y acceso a Internet en escuelas y colegios (si bien es desigual y su cumplimiento relativo) ha generado la posibilidad de "estudiar" y "hacer tareas" utilizando información disponible en línea. Para los maestros y profesores, por su parte, se ha convertido en una excelente herramienta de apoyo, y son cada vez más los que hacen uso de las ventajas que las TIC ofrecen.

Si se analizan los patrones de uso según las características socioeconómicas y demográficas de los usuarios, se advertirá la importancia del ingreso y la educación como determinantes de la brecha digital; así sólo las personas con educación formal utilizan las TIC más avanzadas, lo que es particularmente evidente en el caso de Internet, ya que los usuarios de la red son personas con educación secundaria y postsecundaria. Por otra parte, las personas con educación postsecundaria, en especial los estudiantes, presentan altos patrones de uso con independencia de su nivel de ingreso, siempre que no pertenezcan al sector social más pobre.

Los sectores de la población que cuentan con equipo propio y acceso a Internet en sus hogares, usan esas TIC principalmente como medio para obtener información y comunicarse, aunque no las aprovechan masivamente para realizar transacciones en línea. Sin embargo, gran parte de la población con acceso a Internet la usa para buscar información, lo que requiere aplicar interacciones similares a las necesarias para educarse en línea.

Cuadro nº 3: Lugares de uso de Internet

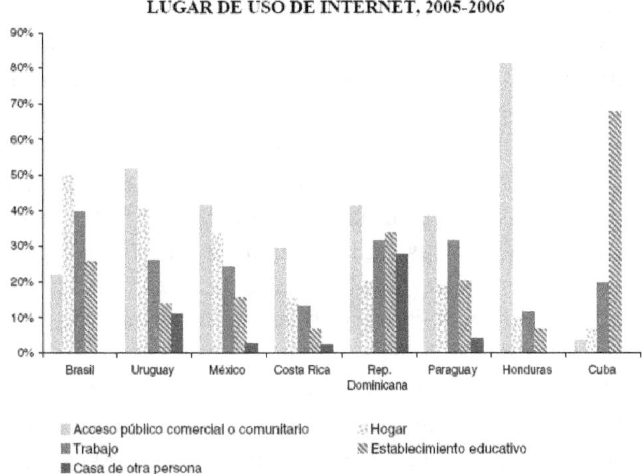

Fuente: Observatorio para la Sociedad de la Información en Latinoamérica y el Caribe (OSILAC), sobre la base de encuestas de hogares.

La comunidad museológica

La comunidad museológica latinoamericana (instituciones, profesionales, etc.) presenta una participación desigual según los países de procedencia, por lo cual América Latina y el Caribe no debe ser percibida como una unidad. La diferencia entre los países se refleja claramente en la capacidad tecnológica de las instituciones patrimoniales de dar información digital de los recursos que preservan, y de la capacidad de comunicación de los profesionales a través de Internet. Es así que países como Costa Rica, Argentina y Chile muestran un mayor porcentaje de participación en comparación con Paraguay, Nicaragua o Cuba. Y también en el interior de los países hay una gran diferencia entre la información proveniente de la capital nacional, capitales de provincias (o estados) y en el interior de éstas.

Las instituciones patrimoniales generalmente tienen un acceso limitado a Internet. A pesar de que ha aumentado enormemente durante los últimos años, este acceso se limita principalmente al uso de correo electrónico, y para la difusión de sus actividades. En general, podemos decir que es poco frecuente el uso "institucional" de la comunicación electrónica; en cambio, es de destacar el uso y aumento constante de iniciativas personales de miembros de museos (directores, administradores, personal de planta) en el uso de Internet. Para ello, muchas veces ponen su propia cuenta de correo a disposición de la institución en la que trabajan.

Es aceptado como norma del desarrollo de las ciencias el permanente diálogo entre los profesionales de un campo determinado del conocimiento; la museología no escapa a este principio. Sin embargo, en América Latina la constante histórica se ha regido por el aislamiento de las experiencias, causando la desvinculación parcial o total del conocimiento acumulado y evitando la generación de formas compartidas de gestión del patrimonio. Esta brecha está siendo subsanada en parte por las TIC que permiten una comunicación a distancia y en tiempo real, favoreciendo el diálogo entre profesionales e instituciones, y asimismo posibilitando el crecimiento profesional e institucional por medio de las diversas ofertas de educación en línea existentes en la región, incidiendo en el logro de una mayor calidad en los museos latinoamericanos.

¿Están nuestros museos preparados?

Una de las principales razones de la existencia de una institución tal como un museo es estar *al servicio de la sociedad y su desarrollo*;[27] uno puede asumir, entonces, que al estar al servicio de la sociedad la incorporación de las TIC es algo que debería formar parte de una prioridad, siempre y cuando sea posible para facilitar este papel, y desde luego debe estar acompañada por el desarrollo de la calidad de la oferta hacia cualesquiera de las diversas audiencias. Sin embargo, la utilización de las TIC en nuestros museos para una mejor comunicación con el público dista de ser una prioridad, y así lo confirma una encuesta realizada por ILAM en el 2006.

Durante el período abarcado entre el 1 y el 31 de julio de 2006, el ILAM realizó una encuesta electrónica por medio de su portal, www.ilam.org, con el propósito de establecer el nivel de incorporación de las TIC en las instituciones patrimoniales de América Latina y el Caribe y sus posibilidades hacia la reducción de la brecha digital. Los resultados arrojaron una incorporación y uso de las TIC por parte de las instituciones, sin embargo de una manera tradicional, sobre todo por parte de la administración, y con poca interactividad hacia sus diversos públicos por diferentes razones.

Encuesta Regional[28]

La encuesta fue enviada a setecientos museos de toda América Latina, y el nivel de respuesta fue del 14% (un total de 98 instituciones provenientes de Argentina

---

27 "Un museo es una institución permanente, sin fines de lucro, al servicio de la sociedad y su desarrollo, abierta al público, que adquiere, conserva, investiga, comunica y exhibe los testimonios materiales del hombre y su medio ambiente, con propósito de estudio, educación y deleite." ICOM Statutes, art. 2, para. 1. Disponible en línea: www.icom.museum.

28 Véase en la bibliografía final del capítulo Tsagaraki (en línea).

(diecisiete), Bolivia (dos), Brasil (diez), Chile (siete), Costa Rica (ocho), Ecuador (cinco), El Salvador (tres), Guatemala (ocho), México (nueve), Nicaragua (tres), Perú (dos), Rep. Dominicana (cinco), Uruguay (dos) y Venezuela (diez). Hubo un buen equilibrio entre los museos de dependencia pública (el 57%), privados (el 36%) y mixtos (el 7%). Los resultados arrojados por la encuesta fueron los siguientes:

I. En relación con la incorporación de computadoras en las instituciones, sorprendía ver que aún el 4,08% de los que respondieron no tenía computadoras instaladas, especialmente tomando en consideración que era una encuesta electrónica; eso indica una situación común en América Latina, el uso de esfuerzos y de posibilidades privadas (uso de equipo personal) para acceder a Internet en un esfuerzo de mantener "conectada" la institución. El 34,69% de las instituciones que respondían habían incorporado las computadoras a partir de 1995 (y posiblemente antes), mientras que el resto las fueron incorporando en un ritmo constante hasta la fecha. Al mismo tiempo la incorporación de Internet se ha introducido de una manera más lenta. El 8,16% todavía no tenía acceso a Internet; un aumento significativo en la incorporación del Internet fue observado después del año 2002, donde de un porcentaje de entre el 2 y el 3% de incorporación pasó a al 10 u 11% por año. Este fenómeno se puede explicar con el aumento de los últimos 2 ó 3 años en la oferta de la calidad y rebaja de los precios de varias compañías de Internet en América Latina. Además, la presión hacia las instituciones a "conectarse" ha aumentado, aun cuando exista la tendencia en reducir el apoyo a instituciones culturales por parte de diversos programas públicos.

Cuadro nº 5

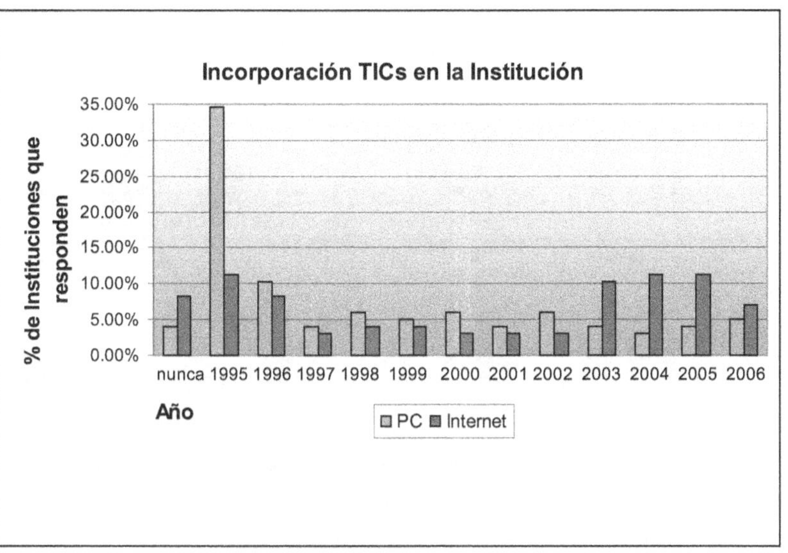

II. En el 47,96% de las respuestas, el uso de las computadoras está disponible para todo el personal, mientras que disminuye al 40,82% para los que tienen acceso a Internet. La razón principal para esto, registrada en varios comentarios, es el equipo de cómputo limitado disponible; y que por lo tanto está sólo a disposición del personal administrativo o en los altos puestos de la jerarquía institucional. De éstos -los que tienen acceso al Internet-, el 24,49% tiene restricciones en el tipo de acceso; las restricciones principales registradas son: filtros que bloquean el acceso a juegos, películas porno, descarga de programas; o ese acceso se permite solamente por razones "administrativas, científicas o técnicas".

Cuadro nº 6

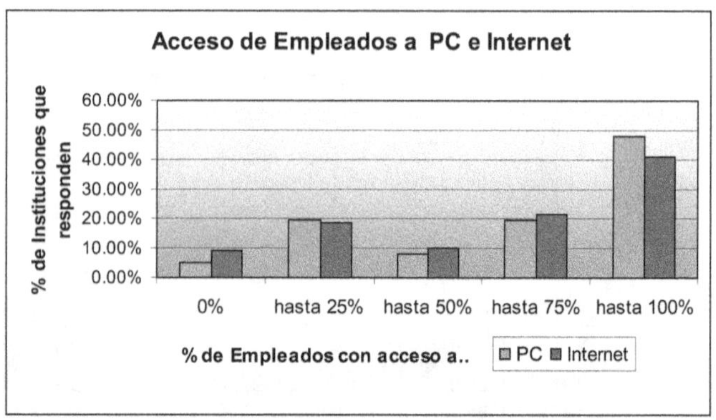

III. El uso principal que se realiza de las TIC en las instituciones se basa en el empleo tradicional de éstas, como la comunicación, la administración institucional y la administración de las colecciones (porcentajes que varían del 50 a 90%). La utilización de la tecnología para experiencias más elaboradas es considerablemente inferior (publicar resultados en línea el 31,63 %, transacciones generales bancarias el 35,71% o reuniones virtuales el 11,22 %).

Cuadro nº 7

Uso general de PC

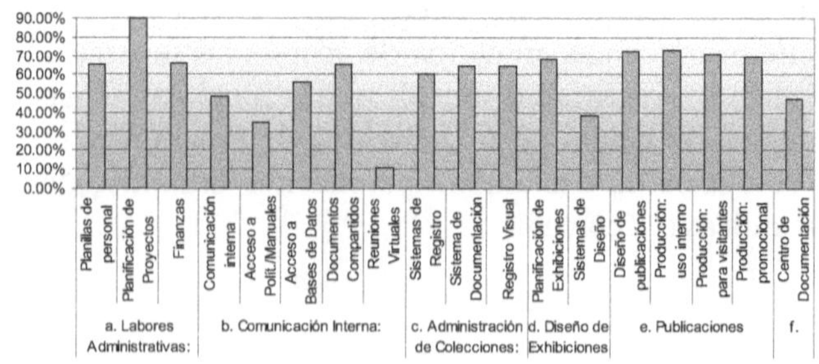

Cuadro nº 8

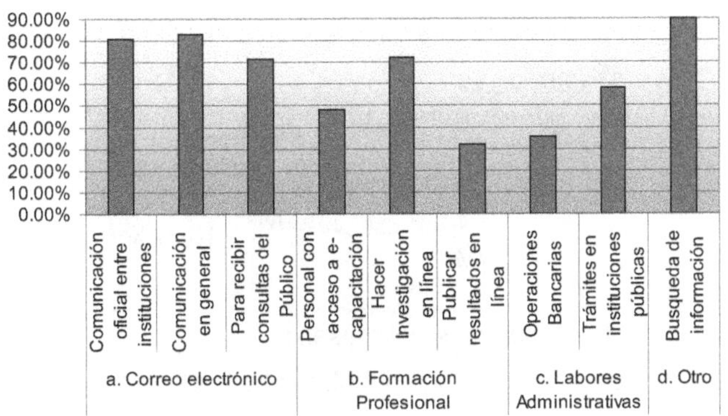

IV. El ofrecimiento para el público de acceso a computadoras y a Internet dentro de una institución no es muy alto: programas de museo 26,53%, catálogo de museo / la colección 18,37%, acceso al centro de documentación 23,47%, acceso a Internet para los visitantes 31,63%. Es importante acentuar que el acceso a un catálogo en línea es el más bajo, seguido del centro de documentación; ambas actividades deberían haber sido las que podrían haber creado crear un punto de referencia en relación con la calidad que una institución patrimonial tiene que ofrecer al público.

Cuadro nº 9

Uso de computadoras por parte del público

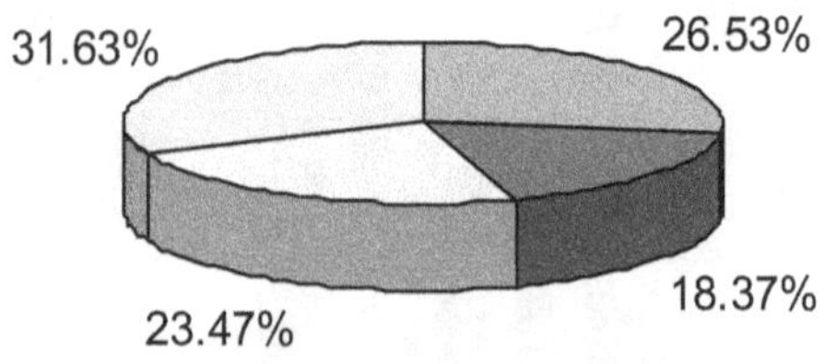

- Sobre programas del museo
- Acceso al catálogo del Museo/ a las Colecciones
- Acceso al Centro de Documentación
- Acceso a Internet

V. Por último, la encuesta arrojó que el tipo de información disponible sobre un sitio *web* sigue siendo la percepción tradicional de tal instrumento (usado más bien como un folleto virtual que un instrumento interactivo). La información principalmente disponible en estos sitios *web* es: información institucional (78,57%), datos de contacto (75,51%) y descripción de oferta de servicios (54,08%). La información educativa o científica está mucho menos disponible (por ejemplo, resultados de investigaciones 23,47%, material educativo 21,43%, colección en línea o catálogo 23,47%) y muy escasa es la oferta de una participación directa del público con la institución (venta de servicios en línea 3,06%, venta de productos en línea 6,12% y foros de discusión 10,2%).

Cuadro nº 10: Tipo de información en un sitio *web* manejado por la propia institución

Encuesta ILAM – Presencia en Internet durante el 2006

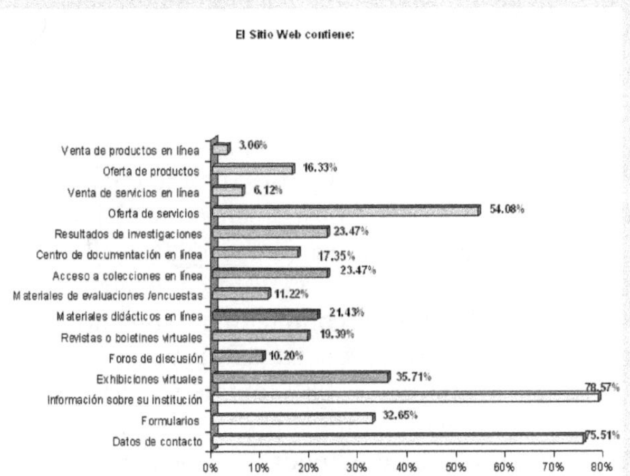

Los datos anteriores demuestran que el uso tradicional que las instituciones hacen de Internet y de la comunicación virtual, refleja una serie de problemas de infraestructura y de "cultura institucional" (restricciones en el acceso), que conducen a los museos a reservar como "preciosa" la tecnología disponible y a no "confiar" en las posibilidades que las TIC ofrecen.

Sin embargo, tres años después de la encuesta realizada, no queda duda de que el campo de la práctica museológica no se ha quedado al margen de las posibilidades que éstas ofrecen, y se ha dado un rápido proceso de aceptación e implantación de los elementos tecnológicos para hacer más eficiente la gestión de su trabajo diario, la difusión de sus actividades y la información sobre su temática y colecciones, aunque siempre manteniendo la relación en el uso de las mismas como se señaló en los cuadros nº 9 y nº 10.

Para analizar la situación actual, vamos a utilizar las estadísticas del Directorio Latinoamericano de Museos & Parques, realizadas por ILAM en el año 2008, tomando como muestra cuatro países de la región: Argentina (cono sur), Bolivia (área andina), Costa Rica (área centroamericana) y México (área norte).

En el siguiente cuadro (nº 11) podemos apreciar la relación existente entre los cuatro países, dando cuenta de la cantidad de instituciones museológicas (M&P), la presencia que éstas tienen en la *Web* (enlaces) y aquellas que han desarrollado sitios *web* propios (*Webs*) conteniendo información variada. El cuadro se complementa con información extraída del cuadro nº 1 con datos de la población por país y usuarios de Internet (2008). También se puede apreciar la relación existente entre la población total de cada país y el número de instituciones museológicas, lo cual da una relación promediada de habitantes por museo.

Cuadro nº 11: Tabla comparativa entre Argentina, Bolivia, Costa Rica y México

País (2008)	Población	Hab por M & P	M & P	Enlaces	%	Webs	%	Usuarios Internet	%
Argentina	40.4 mill	37,792 hab	1,069	490	45.8	120	11.2	20.0 mill	49.9
Bolivia	9.6 mill	90,566 hab	106	70	66.0	14	13.2	1.0 mill	10.4
Costa Rica	4.2 mill	41,176 hab	102	95	93.1	16	15.6	1.5 mill	35.7
México	110 mill	81,967 hab	1,342	593	44.1	103	7.6	17.0 mill	24.9
Totales	**164.2 mill**	**62,695 hab.**	**2,619**	**1,248**	**47.6%**	**253**	**9.6%**	**39.0 mill.**	**23.7%**

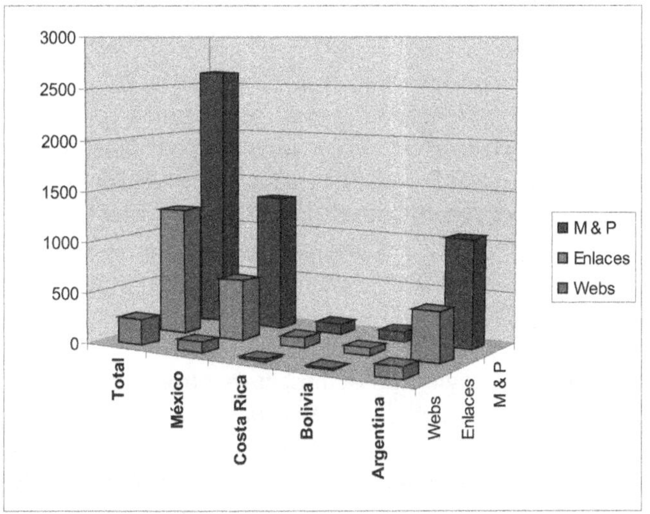

Datos tomados de: Estadísticas ILAM® 2009

Podemos apreciar que los museos que ponen y actualizan información a través de su propio sitio *web* alcanzan un promedio conjunto de los cuatro países de sólo el 9,6% (representando sólo 253 sitios *web* de un total de 2.619 instituciones museológicas); primero Costa Rica con el 15,6%, luego Bolivia con 13,2% y Argentina con 11,2%, por último México contando sólo con el 7,6%. A su vez, si comparamos estas cifras con el acceso a Internet que hoy tienen las poblaciones de estos países, vemos por ejemplo los siguientes datos:

- Argentina → 20 millones de personas → pueden visitar 120 sitios web → de un total de 1.069 museos.
- Bolivia → 1 millón de personas → pueden visitar 14 sitios web → de un total de 106 museos.
- Costa Rica → 1.5 millones de personas → pueden visitar 16 sitios web → de un total de 102 museos.

- México → 17 millones de personas → pueden visitar 103 sitios web → de un total de 1.342 museos.

Desde luego, las cifras de usuarios son las mínimas, ya que estamos indicando sólo a aquellos *usuarios dentro del país* que tienen acceso a buscar información en línea, dejando por fuera todos los posibles usuarios interesados dentro de la región y provenientes de la comunidad internacional.

Como señalamos, la presencia de sitios *web* propios de museos latinoamericanos en Internet es limitada (menos del 10%), y ésta responde además al tipo de instituciones museológicas (museos de arte, museos de historia, de ciencia y tecnología, zoológicos, entre otros) presentes en cada país. En los siguientes cuadros (nº 12 y nº 13) podemos visualizar dicha situación en Argentina y en México. Es muy importante para la correcta interpretación de los cuadros tener como guía la Clasificación Tipológica de Instituciones Museológicas del ILAM, con base en la cual estas estadísticas fueron establecidas.

Cuadro nº 12: Datos sobre instituciones museológicas en Argentina

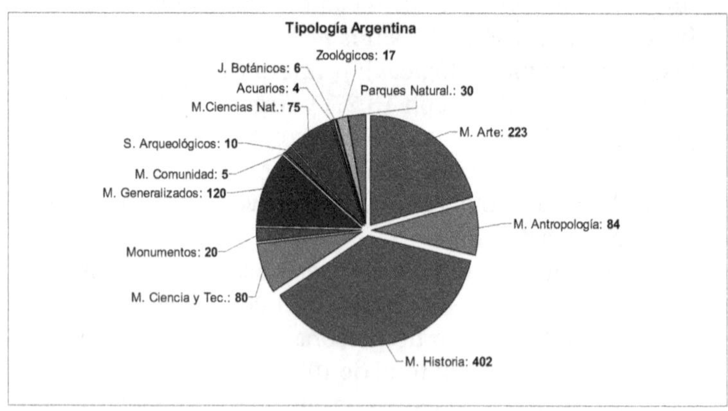

En Argentina, destaca la existencia de un fuerte patrimonio cultural (colores violetas) liderado por museos de Arte y museos de Historia, ambos con una buena presencia en la *Web*; seguidos por los museos de Ciencia y Tecnología y por los museos de Antropología. También hay una marcada presencia de museos generalizados, representativos del patrimonio cultural y natural (colores azules), y de museos de Ciencias Naturales así como de Parques Naturales, representando el patrimonio natural (colores verdes) con una menor presencia en Internet (a nivel de sitios *web*) pero muy alta en relación con las instituciones físicas existentes.

Patrimonios en Argentina	Tipos de Inst. Museológicas	# de Instituciones	Enlaces en Internet	Sitios Web propios
Cultural	Museos de Arte	222	114	32
	Museos de Antropología	83	41	3
	Museos de Historia	401	143	25
	Museos de Ciencia y Tecnología	79	46	20
	Monumentos y Centros Hist.	20	14	1
Cultural-Natural	Museos Generalizados	119	33	8
	Museos-Comunidad	5	4	0
	Sitios Arqueológicos	10	9	2
Natural	Museos de Ciencias Naturales	74	38	10
	Acuarios	4	4	2
	Jardines botánicos	6	5	3
	Zoológicos	16	9	5
	Parques Naturales	30	30	9
	Totales	**1,069**	**490**	**120**

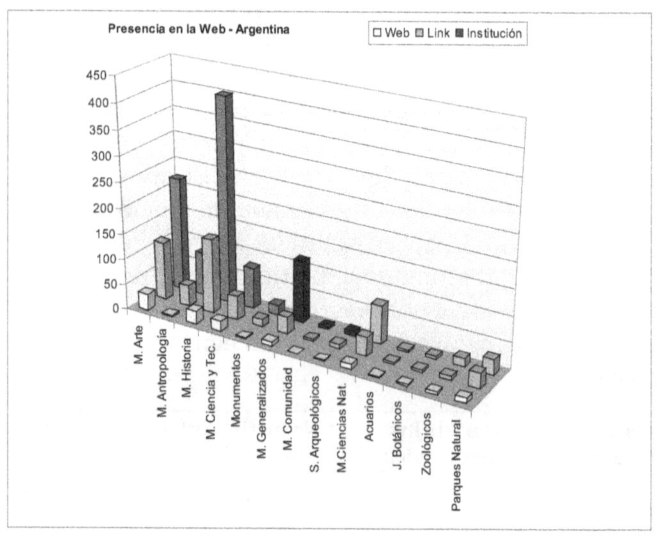

Cuadro nº 13: Datos sobre instituciones museológicas en México

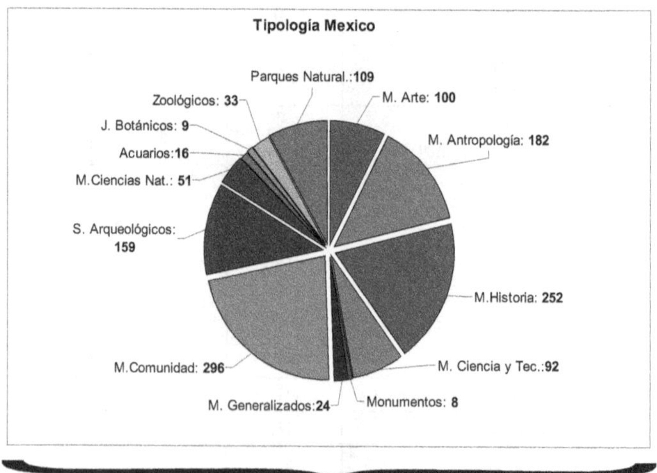

México: Tipología de instituciones museológicas

En México destaca la presencia de un fuerte patrimonio cultural y natural (colores azules) integrado por los museos-comunidad y sitios arqueológicos. Sin embargo a pesar de la importancia numérica de estas instituciones, apenas tienen una mínima presencia en la *Web*. El patrimonio cultural (colores violetas) con la sólida existencia de importantes museos de Arte, Historia y de Ciencia y Tecnología, tiene una mediana presencia en la *Web*, resaltando la escasa presencia de sitios *web* de museos de Antropología. Por último, el patrimonio natural (colores verdes) posee menos instituciones, pero éstas guardan una alta proporción de presencia en la *Web*, destacándose entre ellos los Zoológicos y Parques Naturales.

Patrimonios	Tipos de Inst. Museológicas	# de Instituciones	Enlaces en Internet	Sitios Web propios
Cultural	Museos de Arte	105	64	25
	Museos de Antropología	183	57	11
	Museos de Historia	254	88	12
	Museos de Ciencia y Tecnología	92	51	20
	Monumentos y Centros Hist.	8	5	0
Cultural-Natural	Museos Generalizados	25	7	1
	Museos -Comunidad	296	52	0
	Sitios Arqueológicos	160	123	1
Natural	Museos de Ciencias Naturales	52	19	4
	Acuarios	16	5	1
	Jardines botánicos	9	8	1
	Zoológicos	33	23	12
	Parques Naturales	109	91	15
	Totales	**1,342**	**593**	**103**

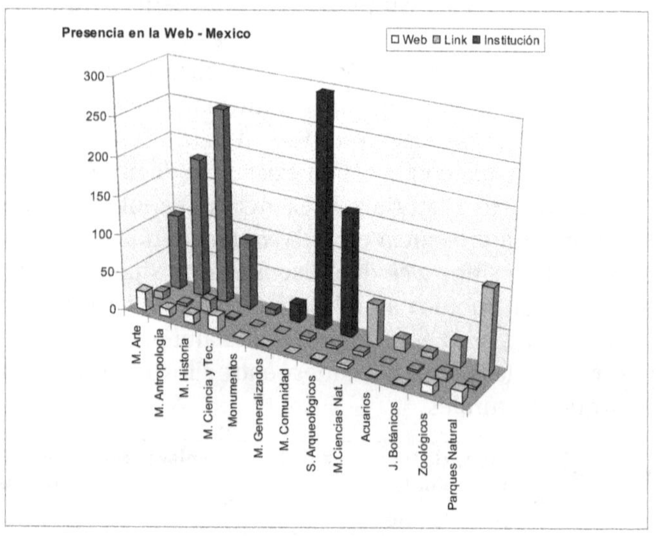

A modo de conclusión: ¿responde la oferta de nuestros museos a la demanda?

La CEPAL indica que la brecha digital tiene dos dimensiones: extensión (acceso) y profundidad (calidad de acceso). Esta diferencia se puede aplicar también a la forma por medio de la cual los museos transmiten dicha información y su calidad.

La diferencia con los países desarrollados -en cuanto a la información que brindan los museos en América Latina y el Caribe- no sólo radica en el uso que se hace de las TIC para comunicarse y brindar información en línea, sino principalmente en la calidad y diversidad de información suministrada, y también en los dispositivos o recursos para que el público (real o virtual) pueda acceder a dicha información.

Hemos comprobado que la oferta de los museos de la región (tomando como muestra Argentina y México) a través de sus sitios *web* sumados (223 instituciones), es muy baja, alcanzando el 9,4% de presencia en Internet. ¿Pero qué sabemos acerca de la calidad y diversidad de información que presentan estos 223 sitios *web*?

Responder a esta pregunta con profundidad implicaría un estudio que excede los alcances de esta ponencia, pero la experiencia acumulada por ILAM en una década de presencia en Internet y de monitoreo de los museos latinoamericanos, señala que éstos cuentan con la tecnología necesaria (*hardware* y *software*) pero, desgraciadamente, todavía no han vislumbrado el alcance del público virtual con el que se están comunicando (evidentemente miles de veces mayor que sus visitantes físicos y con necesidades diversas). Es por ello que se evidencia una falta de interés, por parte de estas instituciones museológicas, de esforzarse por dar acceso a la mayor parte de sus acervos, diseñar exposiciones virtuales o poner en el sitio versiones virtuales de exhibiciones temporales, diseñar y ofrecer materiales para maestros y profesores, así como documentos y catálogos en línea. Desde luego, también hay una absoluta falta de oferta para la compra electrónica de los objetos de la tienda del museo, a pesar de que la gran mayoría cuenta con tiendas en sus edificios y con mercaderías (reproducciones, memorabilia, etc.) de muy buena calidad.

En cuanto a la existencia de los diversos dispositivos y recursos tecnológicos generados por las TIC (celulares, podcast,[29] recursos autodescargables, etc.) que se utilizan

---

29 "Los podcast suponen una de las últimas revoluciones en el mundo de la comunicación. Se trata de archivos de audio descargables de libre distribución, que se pueden bajar cómodamente a través de Internet y luego escuchar en cualquier momento y lugar mediante reproductores portátiles de audio, tales como mp3 o ipod. [...] Los podcast en los museos pueden servir para la descripción de piezas o el desarrollo del discurso

en muchos museos de los países desarrollados para comunicarse con el público y para que éste puedan accesar la información que el museo les brinda, en América Latina y el Caribe su uso es mínimo, llegando al grado no sólo de no aprovechar los celulares (que la mayoría de los jóvenes usa como un medio "natural" para comunicarse) sino incluso hasta prohibiendo su uso dentro del museo.

Por ello, la brecha digital con los más representativos museos y sus respectivos sitios *web* de Europa, USA y Canadá es bien notoria. Veamos un ilustrativo ejemplo en una nota periodística desde Madrid:

> Madrid - Cada vez son más los museos de todo el mundo que tienen habilitada una página web con acceso a buena parte de sus obras de arte. Si a la libertad de horario, nunca cierran, y la accesibilidad desde cualquier lugar del mundo, no hay que desplazarse, añadimos que la visita es gratuita, hacen de este tipo de turismo virtual, uno de los más utilizados en los últimos años por entusiastas de todo el mundo, superando incluso al número de turistas reales.
> Así, la web del Museo Thyssen ha tenido en 2007 cinco millones de visitas, cuatro veces más que las que ha tenido realmente desde que se inauguró en 1992. Según declaró a EFE el responsable de Informática del museo, Javier Espada, la visita virtual permite una experiencia única de inmersión en la institución pero nunca sustituirá a la presencial. La web del museo cuenta con cerca de mil obras disponibles, así como todas las exposiciones temporales. [...] Por su parte, el Museo del Prado ha estrenado página en octubre con unas 1.500 obras expuestas, aunque el objetivo es llegar a

---

expositivo, pero también para entrevistas a especialistas, artistas o a personal del museo; difusión de conferencias; audiodescripciones para personas con visibilidad reducida; podcast para niños; para plasmar impresiones o comentarios de los visitantes o para explicar exposiciones temporales, recientes descubrimientos arqueológicos o piezas adquiridas, nuevas obras que se añadan a la exposición permanente, etc. Los podcast suelen descargarse desde la página *web* del museo." (Gómez Vilchez 2007).

las 7.000. También el museo Guggenheim presenta nuevo diseño. Su objetivo es convertirse en un referente mundial de museos online (*Impulsobaires* 2009).

En América Latina y el Caribe, regiones que enfrentan grandes desafíos para el desarrollo, la labor de difusión y de acceso a los recursos del patrimonio que pueden ofrecer las instituciones museológicas por medio de las tecnologías de información y comunicación está recién iniciándose; los museos (de diversas temáticas, tamaños y adscripción administrativa) necesitan información veraz y pertinente para tomar las decisiones correctas que les permitan mejorar su gestión. Esperamos que la información suministrada por ILAM en este foro auspiciado por CECA LAC motive para que los museos de la región participantes puedan hacer propias y utilizar convenientemente las ventajas que ofrecen las TIC para una diferente y eficiente comunicación con su público, físico y virtual.

Bibliografía

CEPAL (febrero de 2008), "La sociedad de la información en América Latina y el Caribe: desarrollo de las tecnologías y tecnologías para el desarrollo" (documento abreviado). Disponible en línea: http://www.cepal.org/socinfo/noticias/noticias/1/32291/2007-1081-TICs-Sociedad_informacion-FINAL.pdf.

Gómez Vilchez, María Soledad (2007), "Podcast en Museos". Disponible en línea: http://mediamusea.com.

Impulsobaires (16 de mayo de 2009), "Los museos se expanden en Internet". Disponible en línea: http://www.impulsobaires.com.ar/.

Tsagaraki, Christina (s/f), "Uso de las Tecnologías de Información y Comunicación (TIC) en las Instituciones Patrimoniales Latinoamericanas. Resultados de una encuesta: 1 de junio-31 de julio 2006", publicación electrónica del ILAM. Disponible en línea: http://documentos.ilam.org/index.php?option=com_content&task=view&id=121&Itemid=114.

6.4. Los adolescentes, los museos y la virtualidad[30]

Prof. María Cristina Holguin y
Mgt. María Jesús Baquero Martín

"En la aborrecida escuela,
raudas moscas divertidas,
perseguidas, perseguidas,
por amor a lo que vuela."
Antonio Machado

Este trabajo nació como consecuencia de preocupaciones comentadas en la celebración del Primer Encuentro Nacional CECA Argentina,[31] cuyo tema fue "La familia, un público a considerar".

En dicho encuentro se manifestó, entre otras cosas, la preocupación por el escaso interés de los adolescentes en visitar los museos, y además, los serios riesgos que corren en nuestra sociedad, donde el alcohol y la droga son tentaciones muy fuertes que ponen en riesgo sus vidas. Por lo que resultaba importante tratar de atraerlos, de contenerlos.

Por otro lado, también se puso mucho énfasis en las personas con capacidades diferentes. En un excelente trabajo titulado *Familias no convencionales,* Sofía Seperiza[32] pidió permiso para llevar una pareja de ciegos que trabaja

30 Esta investigación, al igual que la anterior, fue presentada en el Encuentro "Museos, Educación y Virtualidad". Un extracto fue publicado en la *Revista de ADIMRA,* núm. 7, 2010.

31 Primer Encuentro Nacional CECA, celebrado los días 6 y 7 de noviembre de 2007 en la ciudad de Rosario, Provincia de Santa Fe, Argentina.

32 Sofía Seperiza, museóloga, a cargo del Museo Municipal de Amstrong (Provincia de Santa Fe).

con ella. Estos no videntes nos conmocionaron a todos cuando pidieron que les preguntemos a las personas que padecen de alguna diferencia qué es lo que necesitan. Una sorda, participante en el encuentro, se sumó al pedido diciendo que, por ejemplo, los videos de los museos no tenían escrito el audio y ella no podía entenderlos.

Creemos conveniente y necesaria la tarea, por parte de los responsables de los departamentos educativos de los museos, de un encuentro directo con nuestro público para pedirle opinión, y así, diseñar programas educativos sabiendo y teniendo en cuenta sus necesidades y sus propuestas.

En este trabajo hemos pretendido descubrir la opinión del público adolescente sobre lo que conoce y piensa de los museos, prestando atención a las posibles sugerencias educativas que nos pueda aportar. Además, pensamos que la adaptación y la adecuación -en la medida de lo posible- a los nuevos lenguajes y tecnologías, serían necesarias para atraer a nuestros adolescentes para que se conviertan en visitantes reales y activos dentro de nuestras instituciones museísticas.

Adolescente y cultura

La etapa de la adolescencia corresponde a la intermedia o transición entre la infancia y la madurez. Conlleva procesos de cambios abruptos de carácter biológico (sexualidad latente), psicológico (construcción de la identidad) y social (intereses de relación con sus pares y apertura al exterior). Son varios los puntos para considerar como problemáticas adolescentes:

- El despertar sexual.
- Su aspecto físico.

- Su identidad. Ya no es niño, es grande, pero ¿qué tan grande? La identidad se construye articulando mecanismos de identificación.
- Su necesidad y duelo por tener que dejar de ser niño de la casa y empezar a ser adulto
- Comienza la etapa de las operaciones formales (Piaget), pero su inteligencia puede estar subordinada a los factores arriba mencionados.
- Necesita, pese a sus deseos, rebelarse contra su familia y su entorno social para poder construir su identidad.

Una de las preocupaciones más importantes está relacionada con la velocidad con que se suceden los cambios corporales, la comparación con otros niños u otras niñas y con la imagen que obtienen del espejo (PRONAP 2002).[33]

Existen dos factores importantes que actúan en esta fase por el efecto que producen: el primero de ellos -el más importante- es el grupo de pares, durante una etapa de encuentros y construcción con otros; el otro es el sistema de escenarios y ámbitos institucionales que hacen de marco a ese encuentro y a la cotidianeidad de dichos grupos. Estos factores intervienen de manera decisiva en la rearticulación de los referentes básicos de la experiencia y se suman a la familia y a la escuela completando el proceso de socialización en el que se modulan las identidades que se continuarán con posterioridad en las etapas juvenil y adulta.

Por lo tanto, asistimos en la adolescencia a la apertura de las influencias más diversas. En esta apertura al mundo que rodea al adolescente, aparecen también intereses culturales como parte integrante de sus intereses sociales. Estos intereses culturales experimentan una paulatina consolidación y

[33] La mayoría de los adolescentes no están interesados en la vida intelectual. Su cuerpo concentra toda su atención.

se podrán fijar si existe una correcta influencia, trabajando con ellos a través de una debida orientación.[34]

Uno de los mayores impactos en la actualidad es la emergencia de una cultura de la imagen (Balardini) y de las nuevas tecnologías, generando a su vez lenguajes y mecanismos de comunicación alternativos. Los jóvenes están inmersos en una cultura de la velocidad, de la fragmentación y de la imagen, y los adultos enfrentan el desafío.

Los jóvenes adquieren otras experiencias que los adultos no conocemos, entendemos o compartimos al haber sido socializados en un contexto diferente. Estas experiencias se agregan a través de nuevos ámbitos y localizaciones de ocio, de juegos (videojuegos), Internet, música, cine, fotografía, celulares, IPot, que reflejan rapidez, instantaneidad, imagen, virtualidad y nuevas fórmulas de comunicación, y con ellas una nueva noción de tiempo y de espacio. Debemos, por tanto, pensar en desarrollar nuevos procesos reflexivos al asistir a una nueva forma de organización y construcción del mundo (Balardini).

¿Interés de los adolescentes por los museos? ¡No, qué va!

Al comienzo del trabajo comentamos la preocupación que se expresaba por la falta de afluencia de adolescentes a los museos. Esta afirmación constituye una verdad a medias. Como visitante individual, representan un bajo porcentaje de las visitas, pero debemos tener en cuenta que forman un colectivo numeroso a través de las visitas con los centros escolares.

Lo que sí consideramos es que, este núcleo de población, no escoge los museos dentro de sus prioridades de ocio debido a varias razones:

- Existen otras ofertas más atractivas para ellos.

---

[34] Reflexiones extraídas del artículo de Marcelo Urresti (véase la bibliografía final del capítulo).

- *También contribuyen los recelos hacia la educación, hacia las influencias de los padres o cualquier elemento establecido de la vida adulta* (Pastor Homs 2004: 93; Basado en Xanthoudaki y Anderson).
- Los museos ofrecen programas pobres para este sector, o son adaptaciones de otros diseñados para niños o adultos, o sencillamente no los contemplan dentro de sus actividades.
- *Sienten que los servicios museísticos no comprenden sus intereses, su modo de entender la vida y sus necesidades* (Pastor Homs: 93).
- *Sus intereses no son intelectuales, son corporales e identitarios.*

Por esto, hemos querido acercarnos a ellos con el fin de recabar información y opciones de adolescentes sobre varios aspectos referidos a museos. En el mes de febrero de 2009 hemos comenzado a trabajar en la elaboración de un cuestionario para distribuir a jóvenes de edades comprendidas entre los 13 y los 20 años. El número de encuestas contestadas sumaron un total de 378, realizadas a particulares y a alumnos de centros escolares y universitarios.[35]

Los ejes principales de preguntas se centraron en estos aspectos substanciales:

a) Cómo definen un museo y qué opinión les merece.
b) Preferencias en los tipos de museos y acompañantes.

---

[35] Queremos agradecer a todos los jóvenes su participación. Además, se hace necesario recordar la colaboración prestada por los siguientes centros educativos y sus responsables que tan generosamente han abiertos sus puertas para la realización de esta ponencia: Colegio San Antonio de Papua y a su Directora de Estudios Elba Colman y Rectora Mabel Bianchi; Instituto María Ana Mogas y a su Directora de Estudios Andrea Rossi; Instituto Nuestra Señora de Luján y a la Rectora de Secundaria Verónica Zumárraga; Instituto Santa Ana y al profesor Jorge Bedolla; a la Universidad CAECE y a los Departamentos de Ciencias Ambientales y Psicología; Centro Alfonsina Storni y su Directora Prof. y Mlga. Margarita Larraignée.

c) Tipos de actividades que les gustaría realizar.

a) Las primeras informaciones que nos interesó conocer hacían referencia a lo que ellos consideran que es un museo, y a los aspectos positivos y negativos que ven en ellos.

DEFINICIONES DE MUSEO

ICOM:

Una institución permanente, no lucrativa, al servicio de la sociedad y su desarrollo, abierta al público, que adquiere, conserva, investiga, comunica y expone evidencias del patrimonio material de los pueblos y su medio, con la finalidad de promover el estudio, la educación y el entretenimiento.

ADOLESCENTES:

13-15 años: "Es un lugar de exposición de objetos históricos, que contienen un valor para la sociedad."

16-17 años: "Lugar de exhibición y conservación de objetos con valor histórico, que aporta conocimientos y aprendizaje a los visitantes referidos al tema al que se dedica."

18-20 años: "Lugar destinado a la educación, exposición, conservación e investigación de objetos de valor histórico, accesible a todos, donde se amplían conocimientos y se puede disfrutar."

Estas definiciones están redactadas buscando la opinión generalizada dentro de cada grupo de edad. Observamos, con su lectura, los matices que van apareciendo. Mientras que para los más jóvenes un museo representa un lugar más distante y básicamente el museo tiene la función de exhibición de las piezas, gradualmente van sumando otras de las funciones, además de tomar en cuenta al público. Sorprende cómo en los mayores la tarea educativa cobra especial importancia, llegando incluso a tenerla más presente que el resto.

El elemento común que nos parece importante destacar es que todos tienden a aportar un importante valor histórico y social a los objetos que contienen los museos.

ASPECTOS POSITIVOS	ASPECTOS NEGATIVOS*
13-15 años	
Descubrir cosas nuevas e interesantes. El aprendizaje. Conocer de forma entretenida y fácil. Conocer del tema que prefieren. Acercamiento a los objetos. Conocer cosas del pasado histórico y cultural. Los museos conservan los objetos. Información y explicaciones que aporta. Puedes realizar actividades. Observación de las obras y sus artistas. Aporta conocimientos.	En la gran mayoría contestan que son aburridos. Nada. No saben o no contestan. Los guías y las visitas. No se puede sacar fotos, ni comer. Gente que no cuida las cosas. No tiene muchas actividades. Cobran la entrada. Desorganización. No presentan innovaciones atractivas para el público. No han logrado que los adolescentes se interesen en ir. Hay mucho que ver.
16-17 años	
Aprendizaje. Aprendizaje dinámico y diferente. Otro modo de conocimiento. Conocimiento de cosas no cotidianas. El contacto directo con los objetos y obras. Posibilidad de descubrimiento. Adquisición de información nueva. Muestran otros puntos de vista. Abierto a la comunidad. Importancia de la investigación.	Aburrido. Nada. Visitas y Guías. No hay participación ni interactividad. Sistema estático, sin animación. Cobro de entradas. Elitista. No se los cuida. No se renuevan. Poco didácticos. Mala organización y distribución que dificulta el entendimiento.
18-20 años	
Encuentro con los objetos. El aprendizaje y la educación. Conocer aspectos del pasado. Es una actividad educativa y recreativa. Mundo lleno de conocimientos y diversión. Experimentar. Muestras. La comunicación que aporta. Encuentro con cosas no cotidianas. Información. Es un lugar cultural. Poder profundizar en ciertos temas. Apertura al público. Conexión con lugares y situaciones lejanas.	Aburrido. Podrían ser más interactivos. Demasiado serio y silencioso. Falta de organización e infraestructuras. Precio de las entradas, no al alcance de todo el mundo. Horarios. Espacios limitados. Demasiadas obras. Falta de información del personal. Falta de variación en sus exposiciones. No llaman mucho la atención. No atraen al público joven. Falta de divulgación. No siempre hay originales.

* Se han colocado por orden de cantidad de respuestas dadas para esa opinión.

b) El segundo bloque de preguntas estaba enfocado a averiguar la asistencia de nuestros adolescentes a las instituciones museísticas y de las preferencias de acompañamiento.

¿Has ido alguna vez a un museo? ¿Con quién?

13-15 años:

Asistencia a Museo	Porcentajes
SI	96,3%
No	3,7%

Compañía*	Respuesta
Familia	103
Amigos	22
Centro Escolar	136

* Podía ser una respuesta múltiple

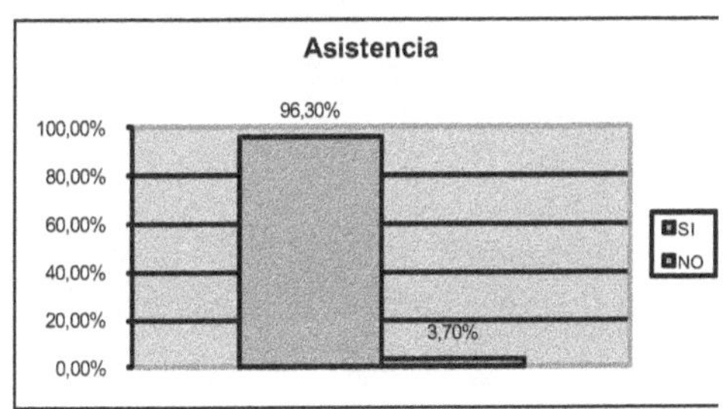

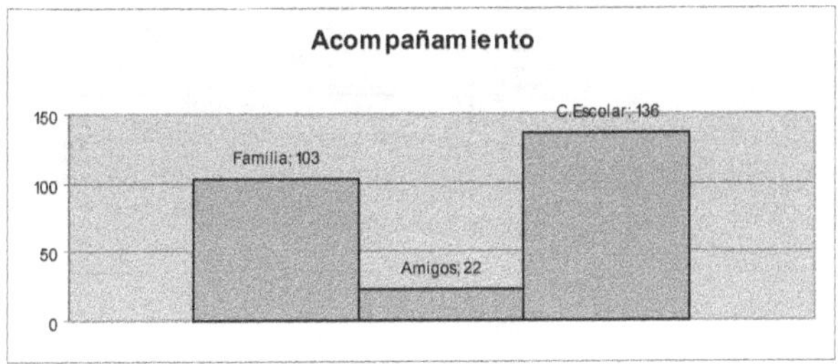

16-17 años:

Asistencia a Museo	Porcentajes
SI	95,1%
No	4,9%

Compañía*	Respuesta
Familia	71
Amigos	26
Centro Escolar	110

* Podía ser una respuesta múltiple.

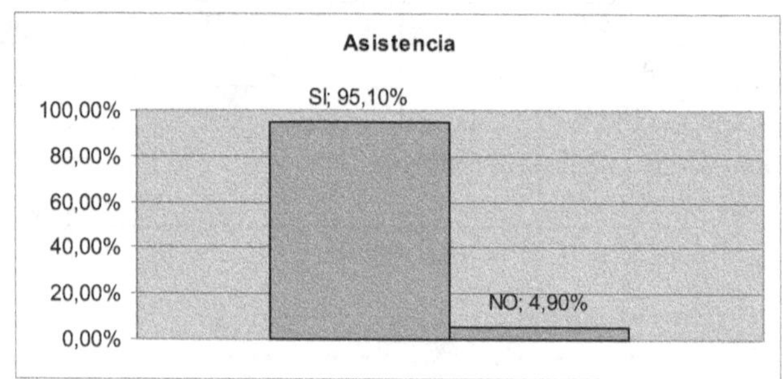

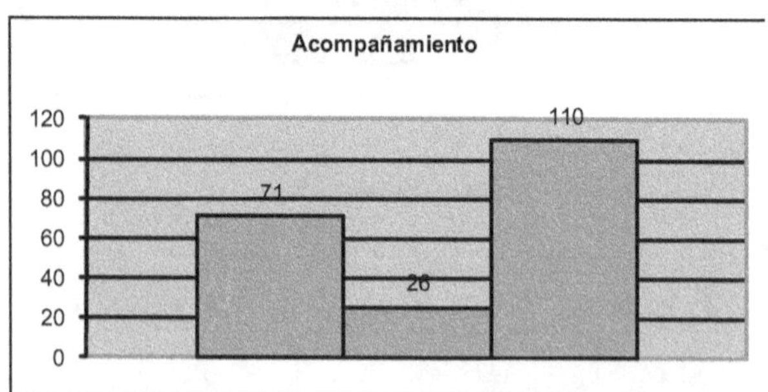

18-20 años:

Asistencia a Museo	Porcentajes
SI	98,5%
No	0%
No responde	1,5%

Compañía*	Respuesta
Familia	44
Amigos	39
Centro Escolar	38

* Podía ser una respuesta múltiple

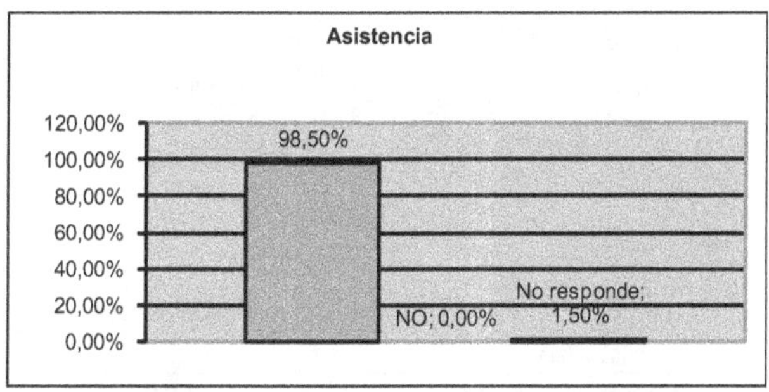

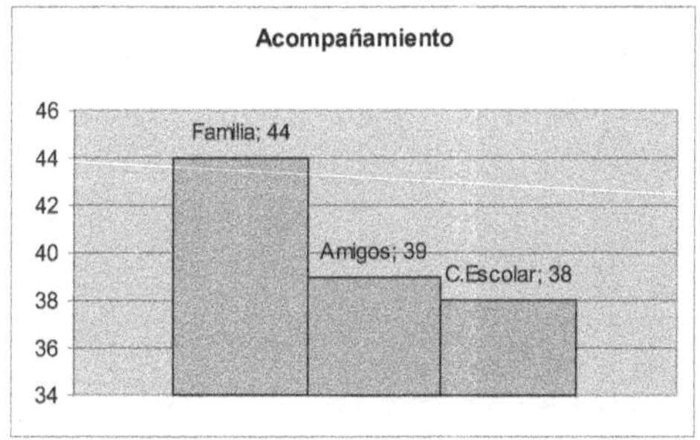

Elige el tipo de museo que más te interesa, ¿Por qué?

13-15 años:

Tipo de Museo	Porcentajes
Histórico	18,8%
Ciencias y Tecnología	36,5%
Etnográfico y Antropológico	9,7%
Bellas Artes	25,9%
Otros	9,1%

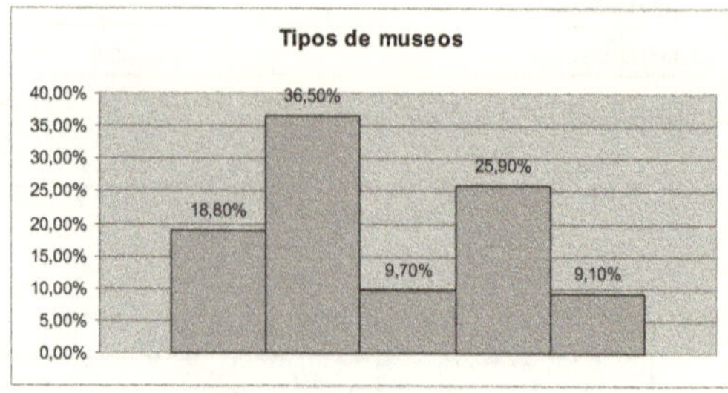

16-17 años:

Tipo de Museo	Porcentajes
Histórico	15,9%
Ciencias y Tecnología	47,9%
Etnográfico y Antropológico	5,9%
Bellas Artes	22,7%
Otros	7,6%

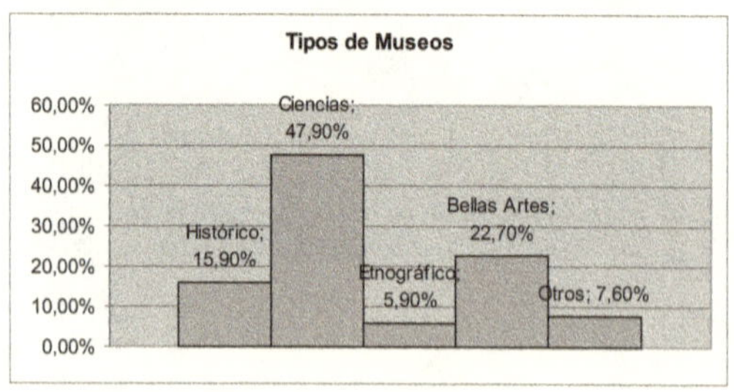

18-20 años:

Tipo de Museo	Porcentajes
Histórico	8,9%
Ciencias y Tecnología	19,7%
Etnográfico y Antropológico	3,6%
Bellas Artes	60,7%
Otros	7,1%

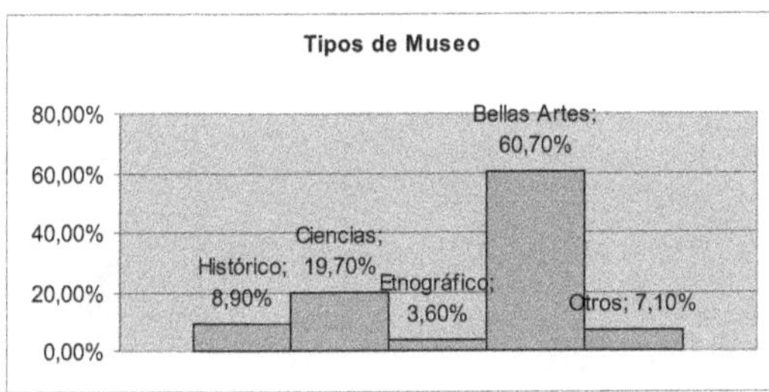

¿Con quién te gusta o gustaría visitar un museo?

13-15 años:

¿Con quién?	Porcentajes
Solo	3,3%
Amigos	56,4%
Familia	17,4%
Centro Escolar	22,9%

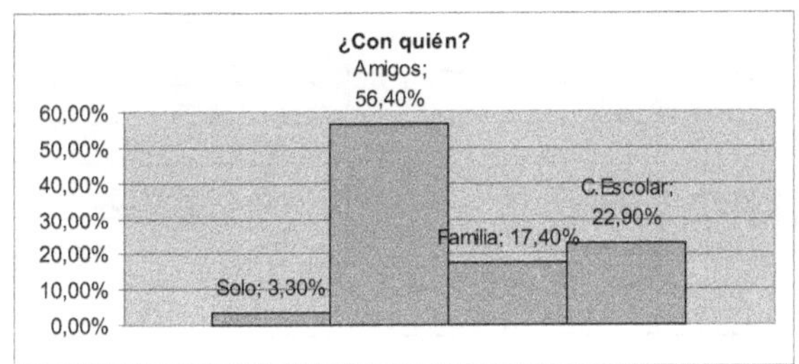

16-17 años:

¿Con quién?	Porcentajes
Solo	12,7%
Amigos	43,2%
Familia	10,8%
Centro Escolar	33,3%

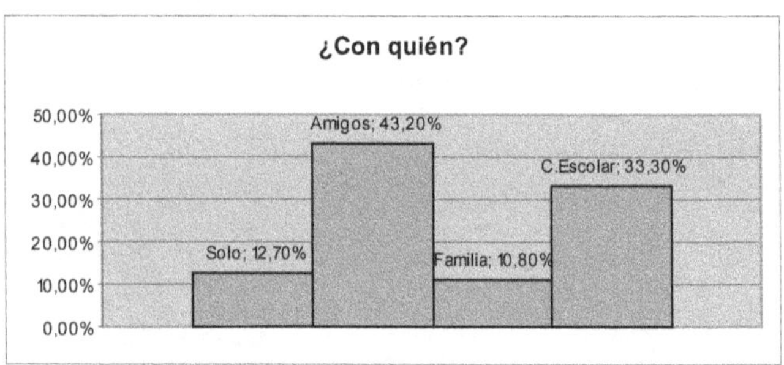

18-20 años:

¿Con quién?	Porcentajes
Solo	12,7%
Amigos	43,2%
Familia	10,8%
Centro Escolar	33,3%

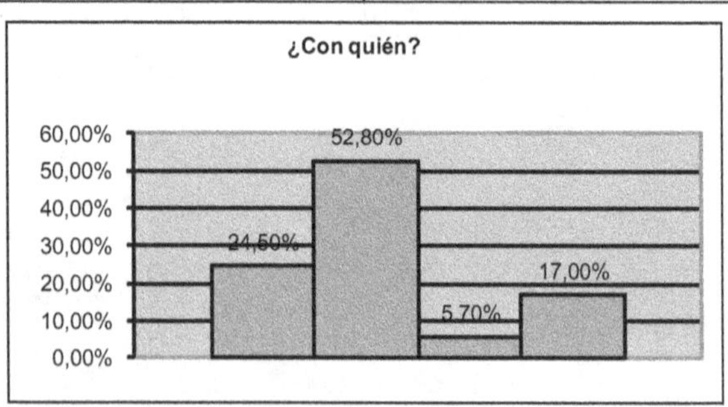

c) Con la tercera y última serie de preguntas nos propusimos conocer cuáles eran el tipo de actividades educativas que les gustaría a los a adolescentes que les presentaran en sus programaciones los departamentos de educación de los museos.

¿Qué tipo de actividades te gustaría que te ofreciera un museo?

13-15 años:
Actividades
Películas y videos
Talleres
Demostraciones
Juegos interactivos
Experimentación
Hacer fotos
Concursos de preguntas
Actuar y talleres de interpretación
Talleres de arte
Usar computadoras
Música
Encuentros con artistas
Interpretar las obras ellos mismos
Visitas guiadas
¿Cómo? - Aprender jugando, que sean divertidas, donde se puedan tocar las cosas, participativos e interactivas

16-17 años:
Actividades
Actividades interactivas
Experimentación y demostración
Ver videos
Charlas
Visitas guiadas

Talleres prácticos
Participar en investigaciones en un museo o ser curador
Debates
Cursos sobre arte y tecnología
Juegos
Encuentros entre colegios
Tocar música
¿Cómo? - Participación activa, divertida, dinámica, a través de la pregunta de opiniones

18-20 años:

Actividades
Cafés literarios
Concursos y exposiciones para los jóvenes
Cursos especializados
Actividades Interactivas
Obras teatrales
Juegos
Charlas informativas
Visitas guiadas por especialistas
Encuentros con Artistas
Talleres
¿Cómo? - A través de una mejor atención, proporcionándoles mayora participación, dinamismo y entretenimiento, además de procurar un intercambio de conocimientos

¿Qué tipo de actividades prefieres realizar en un museo?

13-15 años:

Tipos de Actividades	Respuestas*
Visitas	46
Talleres	64
Juegos	101

* Multirrespuesta, se podía elegir más de una

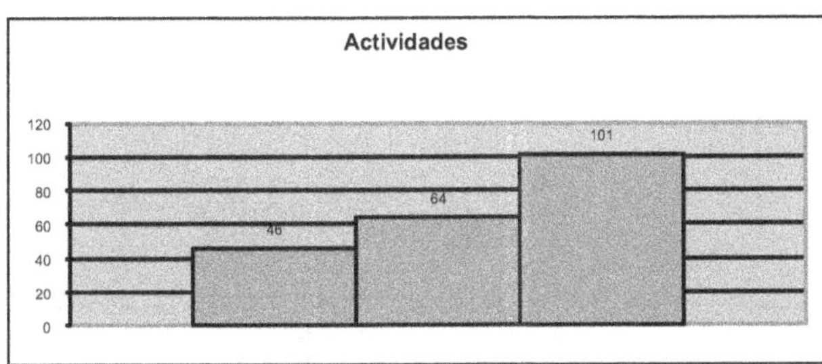

16-17 años:

Tipos de Actividades	Respuestas*
Visitas	43
Talleres	42
Juegos	54

* Multirrespuesta, se podía elegir más de una

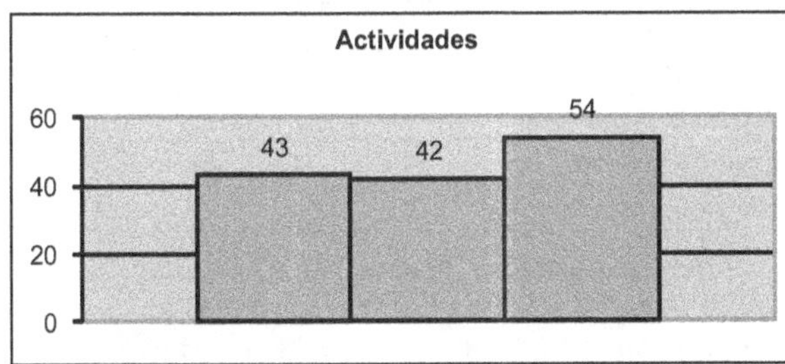

18-20 años:

Tipos de Actividades	Respuestas*
Visitas	28
Talleres	30
Juegos	18

* Multirrespuesta, se podía elegir más de una

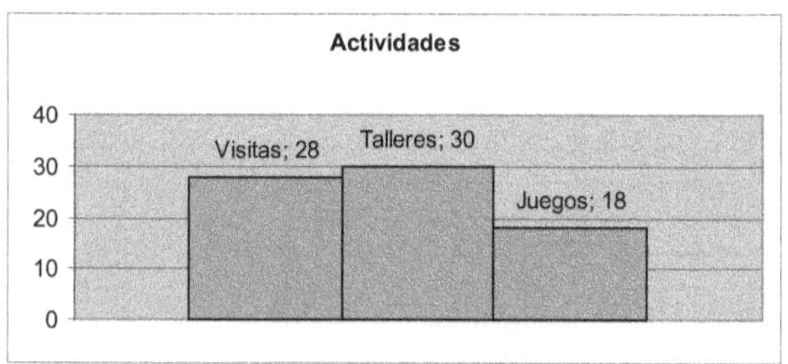

Elige el tipo de actividad que más te interesa

Actividades:	13-15 años*	16-17 años**	18-20 años***
Obra de Teatro	69	48	20
Pintar	63	43	35
Conjunto musical	54	29	10
Grupo de baile	62	37	19
Comparsa	18	10	2
Búsqueda Tesoro	58	22	14
Bailar	74	50	26
Sacar fotos con celular	121	43	11
A lo anterior, ponerle música	70	29	10

* Es multirrespuesta, de un total de 191 encuestas
** Es multirrespuesta de un total de 122 encuestas
*** Es multirrespuesta de un total de 65 encuestas

Conclusiones

¿Por qué los adolescentes no van a nuestros museos? Creemos que es una pregunta que deberían plantearse de forma muy seria los departamentos de educación de los museos. Pero también deberían preguntarse, ¿queremos a los adolescentes en nuestros museos? ¿Somos capaces de desarrollar programas educativos adecuados para ellos?

El problema no sólo radica en la dura etapa evolutiva en la que se encuentran.

Con las respuestas al cuestionario, los adolescentes nos demuestran que la visión que tienen de las instituciones museísticas no es negativa. A su modo, saben lo que es un museo y a medida que avanzan en edad, calidad y cantidad de visitas, van complementando las diferentes facetas y funciones a las que se dedican los museos. Y por otra parte, sorprende realmente su visión en la que el museo contiene una gran carga educativa y de aprendizaje, respetando y valorando las colecciones y objetos. Entonces, ¿por qué se aburren tanto?

Creemos en la necesidad de comenzar a trabajar de forma intensa con este colectivo que demanda experiencias educativas en los museos, creando proyectos y programas acordes a ellos, sin la adaptación de actividades de grupos de otras edades. Además, sería importante la investigación por parte de los departamentos de educación de los museos para ir avanzando en propuestas e iniciativas que hagan de los adolescentes un visitante frecuente, aparte de las visitas escolares. Todo esto, usando la tecnología que la mayoría de los adolescentes utilizan: celulares, MP3, MP5, cámaras digitales, sus mismos *blogs*, etc. Recordemos que existen las tribus urbanas nacidas de la virtualidad, y que muchos adolescentes, sin caer en extremos, participan de ellas.

Aunque ellos presentan actividades un tanto tradicionales, debemos intentar recurrir a la orientación de todos los nuevos lenguajes y avances en la tecnología y virtualidad, ya que forman parte de su vida cotidiana. Así, tal vez logremos adaptar los programas y conseguir llegar a ellos de forma más efectiva.

Estamos seguros de que los adolescentes podrían ser un público dinámico en nuestros museos, ya que tienen una capacidad de desarrollo y apertura que ayudaría a divulgar y preservar nuestro patrimonio.

Bibliografía

AA.VV. (en línea), *Pediatría*, Tomo II, Quinta edición, Meneghello, Ed. Médica Panamericana. Disponoble en línea: http://www.latinsalud.com/articulos/00946.asp?ap=1.

Aguirre Baztán, Ángel (1994), *Psicología del adolescente*, Madrid, Marcombo.

Aszkenazi, Marcela; Girard, Gustavo; Achábal, María Adela; Cal, Alicia Beatriz; Mengarelli, Guillermo César (2004), *El mundo del varón adolescente: ¿está todo dicho?* Buenos Aires, Espacio.

Baladoni, S. A. (en línea), "Jóvenes, tecnología, participación y consumo", *Cultura y Participación Adolescente. Palabras y Juegos*, UNICEF. Disponible en línea: www.unicef.org.

Deloche, Bernard (2002), *El Museo Virtual*, Gijón, Ed. Trea.

Freud, Anna; Osterrieth, Paul A.; Piaget, Jean; Schonfeld, William A.; Anthony, James (1980), *El desarrollo del adolescente*, Buenos Aires, Paidós.

Pastor Homs, María Inmaculada (2004), *Pedagogía Museística. Nuevas Perspectivas y Tendencias Actuales*, Barcelona, Editorial Ariel.

PRONAP (2002), *Supervisión de la salud del adolescente*, Sociedad Argentina de Pediatría, Módulo 4.

Urresti, Marcelo (en línea), "Adolescentes, consumos culturales y usos de la ciudad". Disponible en línea: www.oei.org.ar/edumedia/pdfs.

Xanthoudaki, M. y Anderson, D. (s/f), *Museums, Education and Youth: Lessons from the Present*, en *Journal of Education in Museums*, núm. 19, pp. 36-39.

6.5. ¿Aplicar modelos o modelar aplicaciones? Reflexiones acerca de experiencias de investigación aplicadas en programas de difusión y capacitación docente en el Museo Castagnino + MACRo[36]

Mirta Sellarés, Museo Castagnino + MACRo, Rosario[37]

Los museos crecen y cambian con nosotros, son espejos, senderos, horizontes. Es tarea de la gestión pública en cultura preservar el patrimonio e incentivar la investigación y el arte. Lo público es territorio, recuerdos de la sociedad

---

36 Esta investigación se incluye porque Mirta Sellar es Jefa del Departamento de Educación del Museo Castagnino de Rosario, que es un orgullo argentino de trabajo serio y responsable, no siempre reconocido. El presente ensayo es resultado de un trabajo que se viene realizando desde el año 2000 en el Museo Castagnino + MACRo. Fue Paulina Guarnieri -durante el período que coordinó el Departamento de Educación del Museo- quien creyó, apoyó e incluso se involucró activamente haciendo aportes específicos a la propuesta para que pudiera ser aprovechada por la comunidad. En el proceso de implementación también compartieron sus conocimientos y experiencias las licenciadas María Florencia Bello, María Florencia Cardú, Evelina Pereyra y Alejandra Moreno. Sin los aportes de cada una de ellas, no sería posible haber llegado hasta este punto.

37 Mirta Sellarés es Profesora de Enseñanza Media y Superior en Historia, egresada de la Facultad de Humanidades y Artes de la UNR. Docente en nivel medio. Desde 1999 se desempeña en las áreas de investigación y educación del Museo Castagnino + Macro, promoviendo trabajos sobre la historia del arte local y regional; impulsando programas de difusión y disfrute del patrimonio cultural. Resultados de sus investigaciones fueron difundidas en publicaciones especializadas, de difusión masiva, en CD ROM, en video documental registrando material histórico y testimonios de protagonistas, y fueron objeto de discusión en eventos culturales, congresos y seminarios. Recibió reconocimiento por la participación como disertante en el proyecto "El niño va al museo", declarado de Interés Municipal por Decreto nº 21.512. Participó -y su trabajo resultó seleccionado- en el concurso de ensayo "La cultura en Rosario", organizado por la editorial de la UNR. Dictó cursos, seminarios y programas relacionados con la formación y difusión del patrimonio local y regional. Asistió a numerosos cursos de perfeccionamiento.

> que vive en el conjunto, perspectiva, escuela de democracia, servicio y norma legal.
>
> María de los Ángeles "Chiqui" González, Rosario, 2009.

Me invitan a participar en esta publicación, por iniciativa del CECA, y siento la sensación de que esta oportunidad ha llegado para mostrar que los esfuerzos finalmente dan sus frutos. Muchos de nosotros, en diferentes momentos, hemos manifestado la necesidad de contar con un material donde podamos reunir los resultados de los horizontes que nos proponemos, en nuestro trabajo cotidiano en las instituciones a las que pertenecemos. Un libro muy deseado, realizado con aportes de nuestras realidades, para dar respuestas a situaciones concretas. La puesta en común de las experiencias, los programas y las tareas en una publicación, es siempre un desafío que entusiasma y favorece el enriquecimiento, propio y en conjunto.

Ante tal convocatoria no puedo menos que manifestar un doble sentimiento. En primer lugar, un profundo agradecimiento al brindarme la oportunidad de compartir las experiencias desarrolladas en el Museo Castagnino + MACRo de Rosario, donde tengo el privilegio de canalizar cotidianamente mis inquietudes profesionales, como investigadora y docente. En segundo término, tampoco puedo ocultar que me embarga un compromiso, que como muchos compartirán conmigo, no considero fácil, aunque absolutamente necesario. Por eso, me permito asumir con alegría el desafío de compartir en este ensayo algunas reflexiones surgidas como resultado del trabajo desarrollado.

Es bien sabido que la tarea de investigar hoy nada tiene que ver con recordar datos del pasado. Cada uno de los museos a los que pertenecemos, como dice magistralmente Chiqui González, "cambian con nosotros, son espejos, horizontes." Por eso, la tarea que desarrollamos los investigadores de (re) conocernos, (re)descubrirnos colectivamente en aspectos del patrimonio cultural, no es fácil, pero extremadamente necesaria. Además, hay innumerables muestras de que la sociedad nos agradece y a la vez exige ser cómplice y partícipe de nuevas formas de mirar(nos), analizar(nos) y redescubrir(nos).

Investigar en instituciones como los museos, entonces, es ineludible y una obligación irrevocable con los conciudadanos. Además, hoy por hoy, la sociedad espera que los museos no sólo sean sitio donde almacenar, archivar, conservar. En la actualidad, sus funciones se han ampliado y diversificado como producto de las reivindicaciones y la demanda social. El curso del desarrollo de las comunidades requiere, además de una procedente conservación de las colecciones, una exhibición con métodos adecuados a las miradas contemporáneas, haciendo uso de las tecnologías, de propuestas de diseño, etc. Pero el aspecto más relevante de la demanda social consiste en esperar que la información le sea trasmitida para formar e informar al visitante, quien a su vez busca niveles muy distintos de formación e información.

La pluralidad que presenta la sociedad actual exige a las instituciones culturales una acción mediadora, que permita descubrir las relaciones entre inquietudes personales y la herencia cultural y social. Los museos deben presentarse, entonces, como una especie de aula experimental, que facilite el aprendizaje para todos los usuarios. A la vez, también los beneficiarios requieren que ese momento de redescubrimiento produzca cierto deleite estético, que se presente creativo, familiar con las nuevas tecnologías, que sea un área de encuentro y de reunión agradable, confortable. Incluso, cuando las personas vienen a recorrer la muestra quieren encontrar la oportunidad de adquirir objetos como catálogos, postales, publicaciones, videos o consultar la biblioteca. Estas son apenas algunas de las posibilidades que hoy demandan los ciudadanos de la sociedad del siglo XXI a las instituciones culturales como los museos.

Frente a este rosario de expectativas, quienes nos desempeñamos en estas instituciones debemos esforzarnos por modificar y ampliar las posibilidades para atender nuevas inquietudes. Existe, sin dudas, un desarrollo social de la demanda de reapropiación de los bienes culturales a la que tratamos de ofrecer alternativas.

El uso social y acceso a los bienes culturales por parte de una sociedad segmentada por infinidad de intereses, la necesidad de satisfacer el hambre por la cultura, van abriendo puertas al museo a sectores que hasta cierto tiempo atrás podían ser foráneos. Las trasformaciones de la sociedad actual exigen dar respuestas a los interrogantes que plantean nuevos usuarios de los centros. Existen tendencias comprobadas de que la expectativa de vida de las personas cada vez se extiende más, tanto en tiempo como en calidad de vida. Tampoco se puede ocultar el carácter multicultural, la demanda de atender a múltiples lenguajes, miradas y tendencias filosóficas diferentes. Esta variedad de aspectos va exigiendo la conversión de los museos en auténticos centros de participación ciudadana, reflejo de las democracias imperantes, con todas las luces y sombras que este sistema político presenta en nuestro país y en la patria grande de nuestra América Latina.

El Museo Castagnino + MACRo -como seguramente el resto de las instituciones culturales de la región-, desde la década de 1980 ha iniciado un proceso que se aceleró en los años 1990, y que es imposible dejar de percibir en pleno clima de bicentenario, donde se ve obligado a diversificar sus planificaciones y funciones. Quienes somos parte hemos comprendido que es irreversible la necesidad de presentar una institución abierta a la llegada de escolares (provenientes de establecimientos públicos, privados, confesionales, laicos, bilingües, multiculturales), estudiantes (terciarios, de grado universitario y/o posgrado que buscan bucear en aspectos de la cultura), docentes de cátedras que promueven recorridos junto a sus alumnos, contingentes de la tercera edad, discapacitados, grupos de estudio sobre temáticas o problemáticas específicas como el género, ecología y medio ambiente, suprimiendo definitivamente, en el conjunto de los visitantes, las supuestas distancias existentes entre minorías eruditas y mayorías populares.

La presencia de diferentes públicos constituye una nueva demanda a la que brindar respuestas. En este sentido, la tarea de los investigadores se vuelve trascendental para tornar la mirada sobre el patrimonio, democratizarlo y hacerlo accesible a los diferentes segmentos a que pertenecen los visitantes.

También se hace necesario incursionar en formas de miradas amplias, no dogmáticas, ni solamente específicas y técnicas del área. Estos públicos requieren de un diálogo intercultural, intertextual, sensible a los sentidos, que debe hacerse presente en las formas de presentar la colección. Como son tantas las vertientes que se abren, no alcanza sólo con montar una exposición. Es preciso ofrecer herramientas que puedan servir de mediadoras entre el patrimonio y los usuarios.

¿Qué contextos acompañan las investigaciones en los museos?

Antes de continuar el presente desarrollo diremos que entendemos por *investigación pedagógica* aquella que se realiza en los museos y que nos permite proyectar la difusión del patrimonio en la comunidad. Es tan diversa, si pretendemos atender las variantes que los diferentes públicos requieren, que muy bien puede cumplir con los parámetros de una investigación disciplinaria específica.

A pesar de las dificultades o situaciones complejas encontradas en el proceso se pudo llegar a algunos resultados interesantes. Lo más importantes es la posibilidad de diseñar y construir herramientas, dispositivos o programas surgidos de la investigación del patrimonio artístico y cultural.

En efecto, la investigación pedagógica en museos abarca el conjunto del proceso educativo y la difusión cultural que sobre la institución, la colección y el patrimonio cultural se realice. Su meta es comprobar en qué grado y sentido los componentes de los programas de difusión y/o didácticos (objetivos, contenidos, métodos, recursos, evaluación) auxilian de manera segura y práctica a la educación integral de los visitantes. La investigación tiende a verificar la acción educativo-difusora del museo, comprobando si realmente aporta conocimientos a los públicos que constituyen nuestra sociedad.

La mayor potencialidad cultural y social de los museos reside en abordar sistemáticamente, en forma paralela y permanente, las funciones de investigación y difusión de su acervo artístico. Sin dudas, esta relación no es sencilla ya que, para que las funciones de investigación, educación y difusión coexistan y se combinen, es necesario resolver ciertas complejidades.

Entre los factores que suman dificultades se encuentra cómo distribuir los recursos, los espacios de trabajo y el personal. En ese sentido ayuda la formación de quienes formamos parte de los equipos de trabajo de los museos. En general estamos formados para la investigación, o para la docencia y la acción cultural. Ambas funciones usualmente no se encuentran integradas, no forman parte de los programas ni de las políticas de transmisión de conocimientos en las universidades o instituciones de formación específicas. Sin dudas, esta falencia es mucho más evidente cuando abordamos público(s) no especializado(s), desparejo(s) y anónimo(s), en etapa de educación básica, profesional, etc.

Producto de estas lagunas estructurales en la formación de los profesionales, es frecuente enfrentarse a actitudes de desprecio por las tareas de divulgación por parte de algunos investigadores. Éstos sienten que sus trabajos se ven expuestos a cierto retroceso en su excelencia científica y/o teórica. Por otra parte, los educadores y difusores encuentran insuficientemente accesibles los resultados de las investigaciones. Es poco común encontrar equipos integrados por investigadores, educadores o difusores. A esta dificultad cotidiana se suma el hecho de que no es fácil unificar metodologías y lenguajes comunes de trabajo.

Estas acciones responsablemente asumidas requieren comprender que no se trata de cuestionar competencias, sino de establecer objetivos integradores, y de trabajar con miradas y tendencias compatibles con la política de la institución. Incluso, un trabajo con estas características demanda cierta planificación y colaboración de las diferentes áreas del museo y hasta de instituciones con las que se puede articular para enriquecer la tarea.

Las condiciones observadas en el contexto exigieron revisar la didáctica aplicada en el museo. En un museo tradicional la enseñanza era sinónimo de transmisión y recepción de contenidos. La renovación exigida en la actualidad pone el énfasis en el sujeto del aprendizaje (y recordemos que éste en la actualidad no se reduce al estudiante institucionalizado, sino que abarca a todo aquel que sea protagonista y realice operaciones significativas, que modifiquen su conducta, mirada, etc.).

En el proceso de elaboración de los programas tomamos en consideración la concepción de Bruner respecto de lo que significa aprender. Este autor lo plantea en los siguientes términos:

> Instruir a alguien [...] no es conseguir que guarde resultados en la mente. En cambio, es enseñarle a participar del proceso que hace posible el conocimiento. No enseñamos una materia para producir bibliotecas vivientes sobre el tema, sino para conseguir que el estudiante piense matemáticamente por sí mismo, para que considere los asuntos como lo haría un historiador, para que sea parte del proceso de

adquisición del conocimiento. Conocer es un proceso, no un producto (Bruner 1966).

Esta concepción del aprendizaje nos permitió reconocer que contábamos con situaciones que limitaban los desarrollos del proceso de aprendizaje esperados por el segmento estudiantil. Pero sin dudas, éstas se trasformaron en los principales motores que nos impulsaron a reflexionar sobre qué debíamos modificar para mejorar nuestra calidad de atención a los visitantes del museo.

¿Qué factores impulsaron la tarea de investigación en el Museo Castagnino + MACRo?

1. Desde el año 2000, el Museo Castagnino se plantea el desafío de incorporar a su colección patrimonial obras de arte contemporáneo. Esta posición tomó cuerpo definitivo en el 2004 cuando se inauguró una sede para el Museo de Arte Contemporáneo (MACRo), en el edificio de un silo de almacenamiento de granos, situado a orillas del Río Paraná, otrora zona portuaria de la ciudad.

Mientras este espacio museal se encuentra en su etapa experimental nos posiciona ante situaciones inquietantes ya que, según Fernando Farina -uno de sus impulsores-, es un lugar de "riesgo", donde se ha tomado la decisión política de sumar las propuestas más recientes del arte contemporáneo argentino.

Esta situación repercute de diferentes modos en los públicos. En primer lugar, surgen sensaciones y sentimientos encontrados producidos acerca del patrimonio mismo. Sin embargo, lo que emerge con mayor ímpetu es la incidencia de nuevas formas y sentidos de la mirada sobre la colección. Como toda situación novedosa, produce reacciones de extrañamiento por lo desconocido o por conocer; pero también se sumaron otras voces que aceleraron la segmentación de las visiones que cada visitante traía.

De los nuevos emergentes -patrimonio y miradas segmentadas- surge una poderosa demanda de atender y ofrecer propuestas para ayudar a la reflexión sobre qué aspectos abordar en la transmisión cultural para un público más amplio, con intereses diversos. Estas últimas situaciones mencionadas son producto de la distancia existente, por ser el arte contemporáneo una problemática que trastoca parámetros conocidos, conmocionando y produciendo resistencia para su aceptación en determinado segmento del público.

El segmento del público de adultos mayores que presentan ciertas tradiciones o costumbres a la hora de ver muestras, demanda ser acompañado para poder descubrir y disfrutar estos nuevos lenguajes. Por esa razón se promovieron propuestas que permitían tomarnos tiempo para dialogar comunitariamente. De esto surgieron programas como "Memoriarte", pensado especialmente en estos objetivos.

2. A la cuestión gestada por la incorporación de obras de arte contemporáneo, se sumaron otras de larga data, relacionadas con la conducta de determinados docentes que concurren con sus alumnos para recorrer muestras. Una de las más frecuentes actitudes es llevar a los alumnos al museo, y una vez que se inicia la actividad, desentenderse del grupo. Se considera responsabilidad de las personas de la institución (educadora, guardia de sala, vigilancia, etc.) la conducción del grupo. El aspecto más vulnerable es el de la seguridad de las obras expuestas, cuando se trata de grupos que por diferentes razones no pueden controlar su ansiedad y movimiento dentro de las salas. Incluso se han encontrado gomas de mascar adheridas a las obras, marcas con lapiceras de uso cotidiano de los alumnos, etc.

Hemos detectado en algunas ocasiones que la presencia de alumnos en las salas del museo se debe a la necesidad de cumplir con un mandato de hacer una salida al medio, o también como premio por ser un grupo de alumnos tranquilos, etc. Estas situaciones nos llevan a concluir que tanto docentes como alumnos desconocen cuál es el valor patrimonial de una colección -de arte en nuestro caso- y las posibilidades educativas que esto conlleva.

Como entendemos que salvar estas distancias es posible, comenzamos por ofrecer información a los docentes sobre problemáticas patrimoniales, de conservación y preservación, y una innumerable cantidad de temáticas vinculadas a las muestras, a los artistas en particular, etc. Promover que sean los docentes mismos los primeros en aprender a disfrutar del aprendizaje en el museo es una obligación que asumimos a la altura de las circunstancias.

3. Con la presencia y el uso de las nuevas tecnología en la sociedad actual, se multiplican las posibilidades de los museos de hacer accesibles sus colecciones. Contamos con potencialidades inmensas de ampliar las alternativas para el disfrute y el conocimiento de las colecciones.

En determinados períodos del año -después del receso invernal y hasta fines de noviembre inclusive-, la demanda de turnos para visitar exposiciones es altísima. Incluso quedan pedidos sin atender o en lista de espera. Tal vez sea una verdad conocida, pero no siempre considerada, el hecho de que el Museo Castagnino -como todos los demás del país y del mundo- cuenta con limitaciones materiales reales. Las salas tienen determinado tamaño que no resiste una cantidad superior de treinta personas -en nuestro caso-, y hay momentos en que el tiempo de atención se extingue porque de lo contrario no se podría preparar y mantener la institución, etc.

Estas condiciones materiales nos impulsaron a realizar propuestas para trabajar yendo al encuentro de otros espacios, en el aula, con libertades y condiciones que no existen en la institución *museo*. Por ejemplo, contar con una reproducción de obra para analizarla, todo el tiempo y en el momento que sea necesario. Incluso, este trabajo promueve inquietudes en los alumnos para concurrir a visitar las salas de exposición, y conocer obras originales un fin de semana acompañado de sus familiares y amigos.

4. Es por todos sabido que el museo, como las demás instituciones que produjo la modernidad (escuela, biblioteca, libro, etc.), enfrenta desafíos que exigen una profunda reflexión sobre los nuevos escenarios que debe afrontar. Uno de ellos se vislumbra en el punto anterior, y es cómo sumar visitantes a las exposiciones y al disfrute de propuestas culturales.

La sociedad actual se caracteriza por el consumo de productos que fueron promocionados con diferentes mecanismos. La publicidad y el diseño trabajan para crear consumidores de productos. En ese mismo sentido debemos esmerarnos en nuestras instituciones: generando la necesidad de consumir arte, patrimonio, saberes, conocimientos, cultura.

¿Cómo proponemos aprender a consumir productos artísticos y culturales?

Para el trabajo solicitado por CECA, me explayaré en una de las propuestas que ofrecemos al segmento del público docente en ejercicio de la profesión. Lo seleccioné para compartirlo en este espacio, porque en él nos planteamos cómo hacer para difundir los resultados de las tareas de investigaciones, y a la vez brindar herramientas que permitan acercarse para nutrirse y enriquecerse con el patrimonio artístico y cultual. Este es uno de los resultados que surgió por mirarnos en el espejo -como nos plantea Chiqui González- del patrimonio artístico e histórico cultural del Museo Castagnino + MACRo.

Programa "Miradas" (para docentes y escolares)

La acción educadora puede estar mediatizada por programas didácticos que actúen como herramientas en la tarea áulica, y que resulten atractivos tanto a docentes como a estudiantes que mantienen estrechos vínculos con el patrimonio, la memoria y la cultura. En el mismo sentido, conllevan el objetivo de acercar público a las salas del museo en particular y al patrimonio cultual en general.

Partiendo de la observación de las demandas, detectamos la falta de herramientas para abordar en el aula, temáticas vinculadas con el patrimonio artístico y cultural. Aunque resulte poco verosímil, esta carencia es aun más acentuada cuanto más cercano es el territorio del que hablamos. Es menos probable que los docentes y alumnos conozcan a los artistas y creadores que nacieron o vivieron en su barrio, que aquellos que han logrado trascendencia pública.

Continuando con las líneas de las necesidades observadas, es preciso agregar la falta de información sobre la problemática que refiere a la producción y los lenguajes contemporáneos.

Con el objeto acortar estas distancias del conocimiento de lo cercano, lo regional y las problemáticas que incluyen el debate por lo contemporáneo, diseñamos un plan de trabajo que contemple las realidades de las instituciones involucradas. Esas razones nos llevaron a plantear acciones específicas dirigidas a distintos actores implicados. Entre los aspectos fundamentales de la propuesta se encontraban las ideas de acercar, difundir y socializar los resultados de las investigaciones y saberes, y orientar todo este material para brindar herramientas al público escolar general (docentes y alumnos).

En el transcurso del proceso de elaboración de la propuesta tuvimos en consideración las lagunas existentes en la formación teórica de maestros y profesores, así como las características de los tiempos de las instituciones escolares. De esto resultó un programa que contempla instancias de acercamiento diferentes: 1) acercamiento a la información general; 2) acercamiento a la experimentación y al disfrute por parte de los docentes del patrimonio; y 3) acercamiento de la colección y el patrimonio a los alumnos mediatizado por la acción educadora de los docentes.

Compartimos con Bruner la idea de que toda mejora en educación requiere que los docentes entiendan los cambios propuestos y estén comprometidos con ellos. Por tales razones sugerimos una instancia de capacitación en un nivel macro, es decir, en un horizonte amplio de contacto con las problemáticas artísticas, patrimoniales y culturales. En este sentido, es central ofrecer un acercamiento al modo en que se fue conformando la colección artística y el contexto histórico que lo acompañó.

En una instancia de nivel medio, solicitamos tomar en consideración la reflexión y el debate sobre problemáticas concretas que puedan surgir entre los docentes que decidan participar en la implementación del programa. Es el espacio en el que se ayuda a los docentes a adaptar los lineamientos teóricos al propio lenguaje, y así puedan trasladar a la práctica educativa las concepciones teóricas abordadas en la primera instancia. Esta instancia incluye una presentación pormenorizada del material didáctico que es presentado en forma de DVD. Se informa sobre las alternativas que ofrece la presentación para adecuarla a diferentes realidades en relación con los elementos técnicos que cuente la escuela: si la proyección se realiza en sala de informática o de audiovisuales. Se profundiza en la información sobre la implementación técnica de los recursos. Por ejemplo, ¿cómo operativizar la tarea si la escuela cuenta con una u otra posibilidad técnica? ¿Cómo manejar el discurso para que permita al niño ir progresivamente construyendo su propio pensamiento crítico, artístico y articularlo con elementos de la cultura general? La lista de interrogantes, por supuesto, puede continuar.

Esta etapa de la capacitación incluye, además, una práctica vivencial en cuatro talleres semejantes a los que posteriormente desarrollarán en el salón de clases. De esta manera, los docentes experimentan, sienten y perciben cómo funciona el programa. La instancia de capacitación experimental permite hacer vivibles y posibles de trasmitir y transferir a los alumnos las potencialidades contenidas en la herramienta.

En esta instancia, también se reflexiona sobre los requerimientos de gestionar en el interior de la institución educativa condiciones de aceptación por parte de las autoridades y del resto del cuerpo docente que acompañarán la experiencia. Es fundamental la articulación con el resto de la comunidad escolar, especialmente con los docentes o responsables del área de informática o de los recursos audiovisuales. Sin dudas, también será valioso el trabajo conjunto con la biblioteca y el personal auxiliar.

La última etapa se desarrolla en un estadio específico, en el aula, con la realidad que enfrenta la escuela y las características particulares del grupo estudiantil. En este momento es fundamental el compromiso activo del docente. Éste adquiere un rol primordial en el desarrollo de las actividades que se lleven a cabo en el aula para su gestión previa, presentación, desarrollo y evaluación con los alumnos. El docente tiene que valerse de las herramientas adquiridas en los niveles anteriores para articular con las dificultades y las potencialidades que presentan la institución y el grupo de alumnos.

El programa "Miradas" se entrega en formato de CD a los docentes que deciden participar, discriminado por nivel educativo: el nivel titulado "La ventana mágica"[38] está

[38] El eje "La ventana mágica" fue sometido a una instancia de prueba durante el año lectivo 2007 para ajustar aspectos que surgieran de la puesta en práctica. Luego, en el 2008, se realizaron gestiones ante el nivel de supervisores del Ministerio de Educación de la Provincia, para generalizar el contacto con los docentes de gestión pública. Aún no fue implementado en la sección de escuelas privadas. De la puesta en práctica surgió una experiencia, en principio articulada con docentes de

dirigido a la etapa primaria. En su interior se encuentra el desarrollo teórico de cada una de las cuatro "ventanas":

- Una ventana al taller y a los artistas.
- Una ventana a los paisajes.
- Una ventana a los juegos de la niñez.
- Una ventana a la imaginación de los artistas.

Cada una de las "ventanas" se abre para permitir a los docentes junto a sus alumnos conocer, disfrutar e investigar las obras de arte y los artistas que la realizaron, aspectos plásticos específicos. Además, incluye actividades sugeridas para trabajar en el aula y propuestas para cerrar con una actividad en la modalidad de taller.

La elección del CD como soporte nos facilita varias tareas. En primer lugar, la calidad de las reproducciones de obras es impecable. De esta manera, estamos ofreciendo un material haciendo uso de las posibilidades que el medio ofrece y garantizamos la eventualidad del deleite al observar una imagen de calidad. Por otra parte, utilizar elementos tecnológicos nos permite acercarnos con lenguajes vigentes en la sociedad actual. No es tema de discusión en este ensayo, pero todos podemos coincidir en la creciente incidencia que tienen las diferentes pantallas, actualmente, en la comunidad.

Un segundo factor que lleva a decidirnos por este soporte es el hecho de que facilita optimizar el tiempo de exposición y conversación en el momento de trabajo. Entendemos que esta decisión es valiosa para el trabajo en clase, ya que nos permite retroceder, adelantar y detenernos

---

plástica, lengua, informática, ciencias sociales y tecnología. Contó con la aprobación de directoras de establecimientos educativos, siendo esto de vital importancia para agilizar la puesta en práctica en la institución. Esta experiencia fue interrumpida por la paralización escolar por los efectos de la Gripe A. Para el año 2011 tenemos programado difundirlo en la totalidad de las escuelas (públicas y privadas), nuevamente por gestiones ante el Ministerio de Educación de la Provincia de Santa Fe.

sobre la imagen todas las veces que el grupo lo requiera. Esta es una práctica que ayuda a los participantes de la actividad a hilvanar contenidos, establecer relaciones aprovechando los propios saberes para enriquecer y aportar al conocimiento colectivo.

Por último, creemos que esta forma elegida para mostrar las obras permite generar deseos de conocer el original. Seguro esta experiencia continúa con una visita a las salas del museo. Esta puede ser programada por los docentes, como por inquietudes de los alumnos en particular que interesen a sus familiares y/o amigos.

Entonces, ¿aplicamos modelos o modelamos aplicaciones?

Desarrollar el presente ensayo nos permite afianzar la idea que hoy es imprescindible para el Museo Castagnino + MACRo (como para cualquier museo): continuar investigando sobre nuevas formas de hacer accesible el patrimonio y de difundirlo, o mejorar las existentes. Los museos como instituciones tienen un caudal valioso para ofrecer a la comunidad.

Las potencialidades de la investigación son múltiples. En nuestro caso concreto, hemos puesto el foco en el museo como herramienta de difusión y de capacitación para el público docente y estudiantil. Sin embargo, no se agota en este aspecto. Podríamos contribuir con cada uno de los segmentos de público que demanda la atención en nuestro museo.

Volver a mirarnos en el patrimonio puede ser una fuente de permanente renovación si logramos potenciar los recursos disponibles y encauzar las demandas que van surgiendo. Sin dudas, la puesta en valor de las instituciones en las que nos desempeñamos, de sus colecciones, de los recursos culturales y patrimoniales, pasa por planificar y coordinar tareas de investigación como punto de partida. Esta es una estrategia para continuar abriendo perspectivas de futuro.

La tarea de investigación puede ser ardua, pero aporta y produce resultados sociales valiosos. A pesar de las dificultades y los esfuerzos, a la hora de recoger los frutos, devuelve crecimiento, tanto para los profesionales involucrados o para la institución impulsora como para la comunidad en su conjunto.

Sin dudas, los museos -y Castagnino + MACRo no es la excepción- transitan por el sendero de la investigación, para que la sociedad disfrute más y mejor de su patrimonio, sin olvidar que "es tarea de la gestión pública en cultura preservar el patrimonio e incentivar la investigación y el arte."

Rosario, agosto de 2010

Bibliografía

Delgado de Pool, Ruth (2002), "La investigación pedagógica en los museos", Tercer Congreso de Antropología y Arqueología Virtual, Mesa Educación, Maracaibo, Venezuela.

Dujovne, Marta (1995), *Entre musas y musarañas. Una visita al Museo*, Buenos Aires, Fondo de Cultura Económica.

ICOM CECA (15 a 22 de octubre de 1991), "El Museo y las necesidades de la gente", Congreso Anual del CECA, Jerusalén, Israel.

León, Aurora (1990), *El museo. Teoría, praxis y utopía*, Madrid, Cuadernos de Cátedra.

AA.VV. (1984), "El museo como educador", Revista *Museum*, UNESCO, núm. 144, vol. XXXVI, n° 4.

Sellarés, Mirta (2008), "Miradas a nuestra historia desde el patrimonio artístico", Primeras Jornadas de Educación e Investigación en los museos, Provincia de Santa Fe.

Splitter, Lauranco y Sharp, Ann (1996), *El pensar la clase como comunidad de indagación*, Buenos Aires, Ed. Manantial.

7. Ponencias de los encuentros del CECA Argentina[39]

7.1. Primer Encuentro del CECA-ICOM Argentina, Realizado en el Museo Histórico Provincial "Dr. Julio Marc", los días 6 y 7 de noviembre de 2008 en la ciudad de Rosario, bajo el título "Cuando la familia va al museo. Un público a considerar"

7.1.1. Reflexiones sobre el congreso "Los museos en la educación. La formación de educadores", en el Museo Thyssen Bornemisza

Lic. Graciela Limardo[40]

Este esquema relaciona al educador del museo con distintos contextos que intervienen en su labor profesional.

---

39 Por respeto al derecho de la propiedad intelectual, no podemos publicar ponencias sin la correspondiente autorización de sus autores, por lo tanto quedan excluidas aquellos/as que no han enviado oportunamente el consentimiento que les fuera solicitado.

40 Dentro de los compromisos implícitos en la red CECA Argentina, está el de divulgar lo que se ha podido aprender en otros lugares, como en el caso del Educa-Thyssen. Este trabajo es una síntesis de algunas ponencias del "I Congreso de Educación en museos. La formación de educadores. Museo Thyssen Bornemisza, Madrid, España, abril de 2008". Los audios de todas las conferencias están disponibles en el sitio del Museo Thyssen Bornemisza.

María Acaso López Bosch (Universidad Coplutense de Madrid), Taller "La educación en los museos: modelos pedagógicos", Ponencia "El museo como plataforma contra la pedagogía tóxica".

La charla de María Acaso López Bosch partió de un comentario periodístico que decía: "En 2006 Parquesur (un centro comercial) recibió 24 millones de clientes y el Museo del Prado poco más de 2 millones." En medio del boom del Turismo Cultural, es fácil apreciar que museos y centros comerciales se parecen cada vez más entre sí.

Los museos se convierten poco a poco en centros de entretenimiento, y analizando la *Tate Modern* (como ejemplo) se advierten espacios con estéticas similares a los centros comerciales: cartelerías gigantes, halles de acceso, ascensores, escaleras mecánicas, una fuerte presencia de tiendas y restaurantes; incluso las colecciones se exhiben de un modo más comercial. Un espacio "educativo" con dispositivos que no requieren mediador, juegos en una PC, máquinas similares a los tragamonedas en los que se pueden relacionar frases, jugando a ser un artista conceptual. Experiencias de corta duración.

¿Qué tienen de diferente un museo y un centro comercial? La intención del museo es crear conocimiento. La del centro comercial es promover el consumo. La diferencia la hacen los departamentos de educación responsables de que el visitante haga el salto cualitativo entre sólo entretenerse y aprender. Deberían ser la piedra angular de cualquier museo y los educadores los agentes que posibiliten el cambio que supone pasar de *sólo* entretenerse a aprender. O que el entretenimiento sirva para aprender.

¿Cuál es la situación actual de los profesionales que forman los departamentos de educación en los museos y cuál es su formación inicial en teoría educativa? María Acaso toma una investigación hecha por José Mesías que presentara en el Congreso de Educación Artística en Granada, y que se refiere al perfil profesional de los educadores de los museos de arte contemporáneo. Sus conclusiones son:

- La mayoría tiene muy pocos miembros, una o dos personas.
- La media de edad es entre 25 y 35 años: muy jóvenes.
- El 75% lo representan las mujeres.
- Bajo sueldo.
- La formación continua es alta: con masters y doctorados.
- La formación inicial: 3% en filología, 3% antropología, 11% en psicología o psicopedagogía, 13% en Bellas Artes y 70% en geografía e historia del arte.
- ¿Cuántas asignaturas relacionadas con educación hay en las carreras de historia del arte? Ninguna, ni una triste optativa.[41]
- ¿Cuál es el proceso de selección de los educadores del museo? ¿Qué tipo de requisitos se piden? La mayoría recae en los departamentos educativos habiendo pasado por otros sectores del museo: llegan sin motivación y muchos contratados como celadores que terminan siendo educadores.
- Es un profesional sin prestigio alguno dentro de la institución.
- Desconectados entre sí: así como hay colegios de escribanos, de médicos; debería haber colegio de educadores y congresos y jornadas, etc.
- No existe una carrera de educadores de museos definida: uno la va construyendo como puede.
- No hay publicaciones específicas.
- Escasos encuentros y foros de discusión.

En definitiva, estamos en presencia de una profesional desmotivada, a largo plazo, mal paga, sin conexión con sus pares.

---

[41] Aquí cabe señalar la paradoja: profesionales que no han cursado estudios sobre teoría de la educación, ni didáctica están a cargo de educar.

En la Universidad de Leicester hay un Departamento de Estudios Museísticos que trabaja con galerías y museos para desarrollar una práctica de investigación (centro de Investigación Museos y Galerías). Sus propósitos son: ser pioneros (investigación puntera), ser creativos (trabajar sin fórmulas preestablecidas), resolver problemas, ser accesibles, inclusivos, reinventar la práctica museística. Se ofrecen talleres, masters, doctorados, seminarios y jornadas. Los alumnos hacen experiencias de trabajo, proyectos reales en museos reales.

Existen programas educativos basados en aprendizajes activos con experiencias reales: tocar, vincular, experimentar, hacer, ver, acercarse. Los niños son el público de hoy. En las prácticas de intercambio hay una relación de ida y vuelta: el profesor se prepara en el museo, los formadores saben de la colección, los docentes de sus alumnos.

Los museos se benefician de tener alumnos trabajando, recargan energías, las miradas y las ideas se movilizan, se renuevan. Los alumnos poner sus ideas por escrito: deben presentar ensayos de 15.000 palabras o tesinas de 25.000. Se valora la disponibilidad y aptitud para integrarse en un equipo.

Esta sociedad entre Universidad y Museo intercambia experiencias en beneficio mutuo: no hay una relación con una parte dominando sobre la otra. De la universidad egresa gente formada que ha reflexionado sobre prácticas reales en museos reales. Los museos dialogan con estrategias, se contagian de nuevas miradas, se reinventan. La universidad cuenta con el museo, no piensa por él.

Ahora bien, siguiendo con la ponencia de María Acaso López: ¿qué modelos pedagógicos se utilizan hoy para la acción educativa? Si tenemos una mayoría de profesionales con déficit amplio en pedagogías, la realidad es que no hay modelos escritos. Hay programas, objetivos, evaluaciones, pero no han sido creados sobre un modelo.

Hay dos modelos que ya son parte de las prácticas, consensuados pero no reflexionados. Uno es el de la educación artística como disciplina: modelo creado por la Fundación Paul Ghetty, que ha sido el museo más vinculado con la educación artística. De hecho el *Ghetty Institute for the Arts*, fue un referente para todos los que nos dedicamos a la educación artística. Fue precisamente Eisner el que diseñó la educación artística como disciplina o materia estructurada como las otras -ciencia y letras- con objetivos, contenidos, evaluación.

Hasta pasados los años 1960, sólo existía el área de plástica como espacio para la autoexpresión creativa y desarrollo de técnicas para la producción. El instituto cerró y los recursos pedagógicos están hoy disponibles en el sitio del museo. A partir de Eisner el arte no sólo se aprende, también se enseña, y el profesional entonces tiene que organizar su estrategia.

¿Cuáles son los ítems de la educación artística como disciplina?

- Desarrollar habilidades para "apreciar" y "crear": apreciación, producción, reflexión.
- No es una asignatura residual, es central como la ciencia.
- Los contenidos derivan de Estética, Crítica de Arte, Historia del Arte, Creación artística.
- Los contenidos provienen del amplio campo de las artes visuales, incluyendo las artes populares, las artes aplicadas y las bellas artes, desde la época antigua hasta la contemporánea.
- En cuanto al currículum, por primera vez se exige que tiene que estar escrito, organizado y articulado secuencialmente. Las obras de arte ocupan un lugar central en la organización del currículum y en la integración de los contenidos de las cuatro disciplinas. El currículum se estructura dándole importancia similar a cada una

de las cuatro. Se organiza de un modo secuenciado para que vaya creciendo el nivel de comprensión.

En cuanto al contexto, debe ser regular, coordinado por todo el Distrito Escolar, en conexión con los expertos en educación artística y con los recursos económicos adecuados. Y se incluye una evaluación: comprobar si lo que hemos propuesto se ha hecho.

En el año 2000 este modelo desaparece, se esgrimen críticas por ser un modelo excesivamente conservador, porque no incorpora la baja cultura, no fomenta el espíritu crítico, y el análisis está dominado por lo formal.

Otro gran modelo instalado en los museos de España es el VTS (PPV) creado en 1991 en el MOMA. En el año 1995 las dos creadoras dejan el museo, ponen una consultora y crean un paquete que venden. Para criticar este modelo López Bosch utiliza un análisis presentado en un ensayo que se titula "Método educativo o placebo para nuestros museos":

- El VTS no atiende al contexto sociocultural (y los públicos son siempre distintos).
- Parece un diálogo, pero es un monólogo. Se habla conducidos por un educador.
- El pensamiento autónomo no es tal ya que acaba siendo sepultado por el conocimiento del educador.
- El VTS prioriza la explicación que el artista da de su obra. El conocimiento así es importado: se trataría de averiguar qué quiso decir el artista.
- La educadora sigue siendo la protagonista en el proceso de enseñanza pero paradojalmente es el personal peor formado.

Estos son dos modelos que representan dos ciudades, dos realidades: Los Ángeles y Nueva York. Nosotros somos bien diferentes como para tomarlos como paradigmas.

Amaia Arriaga (Universidad Pública de Navarra), acerca de los modelos o tendencias interpretativas de la obra de arte, Ponencia "La interpretación de la obra de arte en las actividades educativas de los museos"

Arriaga analiza el rol del educador como mediador de un aprendizaje reflexivo, y examina qué tipo de prácticas educativas traduce. Señala que hay dos tendencias interpretativas: esencialismo / antiesencialismo, y la obra tiene un significado / el significado se construye.

La práctica tradicional es esencialista: la obra es portadora de uno o varios mensajes y la mediación tratará de aportar el método más apropiado para develarlos. ¿En qué tipo de prácticas educativas se traduce? En una recepción acrítica de interpretaciones ya legitimadas: hay un discurso de "lo verdadero" legitimado por expertos, curadores, investigadores. No hay espacio para otras interpretaciones o posicionamientos divergentes; el visitante tiene un rol pasivo. Hay un discurso institucional basado en el prestigio de la alta cultura y en la mitificación del arte y el artista. *Son mediaciones transmisoras, elitistas y hegemónicas.*

Otras mediaciones (antiesencialistas) introducen un giro hacia modelos de participación más activa en la formación de significados, que ponen el centro no ya en la obra, sino en el niño o en el espectador. Aparecen preguntas como "¿Qué ves?" "¿Qué sientes?" "¿Qué piensas?" "¿Cuál te gusta?" "¿Qué relación tiene con tu vida cotidiana?" En ellas a menudo subyace la idea de que la mejor interpretación es la que hace el chico sin intervención, sin manipulación, sin información del adulto. Se celebra la no intervención del mediador, no se pone límites a la interpretación.

En estas mediaciones, según Hernández, los visitantes quedan sumidos en "un acto de satisfacción autocomplaciente, marcada por una nueva forma de expresionismo, en este caso verbal." Las prácticas educativas caen en una deriva interpretativa en que obras y exposiciones son simple excusa para dialogar, y fracasan porque parten de la idea errónea de que hacemos nuestras interpretaciones al margen de ideas ya recibidas.

¿Qué hacer, entonces, para no decirle al público qué pensar pero sin dejarlo sin recursos para hacer interpretaciones ricas e interesantes? ¿Cómo encontrar un camino intermedio? Primero hay que tener en claro los objetivos para elegir el "juego interpretativo", porque cada juego interpretativo puede servir para la obtención de diferentes *experiencias estéticas o conocimientos.*

Se propone así un "pensamiento crítico": un modelo interpretativo crítico a partir de la obra no esencialista, como un cruce de sensaciones, biografías, sentidos, deseos condensados de experiencias, significados que no están en ella como una esencia. El acto de interpretar no es desentrañar un significado preexistente dado ni tampoco una interpretación personal que obvie los significados. Nos acercamos desde lo personal pero cuestionando, problematizando, debatiendo significados.

Retomando la ponencia de María Acaso López Bosch cabe preguntarse: ¿qué modelo funciona por inercia cuando no hay modelo? Cuando damos clase por primera vez, cuando no hay todavía un modelo reflexionado, reproducimos aquel con el que hemos sido formados y con el que además no estamos de acuerdo. Esto es lo que se llama *Pedagogía tóxica*: un modelo que se elige por inercia, por mi propio déficit.

Pedagogía es la ciencia que se ocupa de la enseñanza. Lo tóxico tiene que ver con una sustancia venenosa. El veneno es aquella sustancia que aplicada en poca cantidad, incluso, mata. Pedagogía tóxica, entonces, es un modelo que ocasiona la muerte del pensamiento propio o autogenerado. Es sólo una transmisión sin ofrecer herramientas para que el alumno genere su propio cuerpo de conocimiento. Son las narrativas del poder que imposibilitan el pensamiento autónomo.

La pedagogía tóxica está muy en relación con la *educación bulímica*: dos días antes del examen te llenas de contenidos y los vomitas en el examen. A los dos días te olvidaste de todo. ¿Qué objetivos tiene la pedagogía tóxica? Convertir a los estudiantes en peones, en buenos consumidores, en buenos votantes, fieles.

¿Qué modelo podemos tomar para la pedagogía de un museo del siglo XXI no tóxico? Primero crear un modelo propio: con partes de otros o no, pero propio, modelos flexibles, abiertos: un micromodelo, posmoderno y en contexto. *Micromodelo* es un paradigma que se rediseña cada vez en cada nueva acción educativa, se renegocia para cada grupo según sus características. Es una educación para la democracia, para el pensamiento crítico.

"La actividad educativa se configura como un proyecto cuyo objetivo filosófico y moral ha de configurarse como la piedra angular." Se requiere de "un profesional reflexivo y una actividad educativa que reflexione y produzca." Algunos de los autores de pedagogía crítica son: Paulo Freire, Giroux, Hooks, Mc Laren, Kinchenloe, Gimeno Sacristán. De estos autores derivan: Pedagogía de la liberación, Pedagogía contrahegemónica, Pedagogía feminista, Pedagogía de la oposición, Pedagogía radical, Pedagogía revolucionaria. Son tendencias pedagógicas pocas veces asociadas a los museos.

Manuel Borja Villel, Director del Museo Reina Sofía, en una nota periodística titulada "El (posible) privilegio del arte" (13 marzo de 2008), reivindica la pedagogía emancipadora:

La pedagogía como elemento de liberación continúa sin plantearse. No dejamos de apreciar las buenas intenciones de los museos que invierten considerables esfuerzos y recursos en acercar el arte a su público.

Frente a la pedagogía de la transmisión, la pedagogía de la emancipación, presupondrá que un ignorante enseñe a otro ignorante.

Un ignorante puede ayudar a otro a encontrar un camino, a relacionar cosas aparentemente diversas. No es que se busque la pureza de lo primitivo o aculturado sino por el contrario, esta pedagogía muestra la facultad liberadora de la cultura y la capacidad que todos tenemos de redefinir el conocimiento.

La pedagogía de la emancipación se basa en una relación de igualdad: en un puente de doble dirección. No hay solo la voluntad del maestro sino la de su interlocutor que demanda emanciparse.

No hay inteligencia en una mente que se refleja en otra. Existe inteligencia cuando cada uno actúa, explica lo que hace y ofrece los medios para verificarlo.

Esta es una propuesta que promueve simultáneamente, la dualidad y la comunidad, las diferencias, el antagonismo y la negociación. No permite la absorción de una mente por otra, sino su articulación, manteniendo a la vez la identidad de los mismos.

Qué hace finalmente el Reina Sofía, todavía no lo sabemos. Todavía es muy pronto para sacar conclusiones.

Roser Juanola (Universidad de Girona). "Diálogo e interpretación: los museos en la educación visual"

¿La educación es transmisión o interpretación? La Pedagogía Artística en la posmodernidad supone trabajar con metáforas, paradojas, conflictos, multiplicidad de voces, discontinuidad de lo histórico, sin cronologías, cartografías de nuevas sensibilidades, caleidoscopios, polivalencia, interdisciplinariedad, estéticas del fragmento, de frontera, estéticas de costura, intercambios, fusión de categorías y registros, relativismo estético.

Carla Padró propone educar desde los microrelatos, las experiencias personales, subjetivas, atravesando los formatos que se pretenden eruditos. La evaluación, según María Acaso, es algo pendiente (*evaluación* en el sentido de reflexionar si lo que hemos diseñado funciona o no). La idea es la de diseñar una evaluación con elementos cualitativos y no como una hojita que entregamos al final para que califiquen al docente o la actividad. Es recomendable:

- Invitar a evaluadores externos que critiquen nuestro método.
- Que las actividades propongan una deconstrucción crítica de los contenidos.
- El apoyo a la producción de "experiencias" no tangibles y no sólo de objetos-productos.
- Huir de la visita única; los colegios deberían asistir tres veces y entender las visitas como un proceso.
- Reivindicar las nuevas tecnologías en los talleres (no siempre el barro, la plastilina que nadie la usa fuera de la escuela).
- Utilizar y relacionar los contenidos con la baja cultura, con los microrelatos, el vínculo poder-saber, la doble codificación.
- Resaltar la importancia de la ruta y no tanto del contenido.
- Buscar interrogantes y no respuestas.
- Colocar el Departamento de Educación como el eje del museo.
- Enseñar dentro del museo.

En resumen, María Acaso propone para la educadora: considerarla como el agente con mayor importancia en el museo, con un sueldo sustancioso y contratación digna, con formación continua en teoría educativa, con libertad de acción y creatividad.

Rufino Ferraras (Museo Thyssen Bornemisza). "Dónde reside el conocimiento. Interactividad, colectivismo y otras caóticas maneras de educar en los museos"

Rufino cita una leyenda de Antoni Muntadas: "La percepción requiere participación." A partir de allí analiza con humor y realismo el lugar del educador en el museo:

- El educador del museo es anónimo, porque el museo no cuenta con nuestra opinión para nada, porque la universidad no consulta ni requiere de nuestra experiencia.
- Actúa en el caos: un ecosistema muy complejo en el que confluyen muchos intereses y disciplinas.
- Se imponen metodologías sin tener en cuenta los contextos sociales
- ¿Se están transformando los museos en parques temáticos?
- ¿De qué forma está presente el museo en la Educación Visual? ¿Y en la Historia del Arte?
- Debería desarrollarse una pedagogía interna en los museos ya que las áreas se ignoran entre sí.
- ¿Existe una idea democratizadora de participación? ¿Dónde quedan los visitantes? ¿Pueden aportar conocimiento los visitantes?
- El museo interactúa con múltiples inteligencias, múltiples conocimientos, un sinfín de sensibilidades, con niños de 3 a 99 años, en contextos formales o informales, con muchas facetas estratégicas, y sin embargo sigue inmerso en la cultura de los cajones.
- El educador es un inventor
- El poder reside en la posibilidad de conectar el conocimiento.

Otro rasgo que Rufino advierte es el de la existencia del principio de incertidumbre: con respecto al director, con respecto al grupo y con respecto al contrato. Concluye que el arte se ha convertido en una payasada monumental, a la que *no* deberíamos contribuir. Lo ideal sería que se piense en *nosotros* como profesionales y no como "los de los niños".

A continuación refiere un alegato del educador como inventor: "No importa dónde esté ni lo que haga. Mi subconsciente produce nuevas ideas sin cesar, el ajedrez, dice Boby Fischer (el arte y la educación) es mi vida." El museo es el lugar privilegiado para inventar nuevos caminos, abrir los ojos, la mente, reflexionar sobre lo que hacemos, investigar nuevas maneras de educar.

Javier Arnaldo (Jefe del Departamento de Investigación y Extensión Educativa del Museo Thyssen Bornemisza). "Pedagogía de la vanguardia. El descubrimiento artístico de la revolución educativa"

Repasa algunos ejemplos diseminados para fundamentar una inversión crítica: generalmente suponemos que es la escuela en el museo la que interpreta el arte moderno. Su tesis, por el contrario, es que es el arte moderno el que interpreta a la escuela y se hace portavoz de la reforma cultural que de ella parte.

La "pregunta acerca del origen del arte" guarda una estrecha relación con la razón de ser del arte, su móvil, su intención, que se accidenta y transforma a través de la historia. Para Calder, "la disposición a crear y a jugar de los niños podría ser la primera condición para el arte."

La antigüedad encontró una respuesta al origen de la pintura: Plinio cuenta que fue descubierta por la hija de Butades (un alfarero) que queriendo retener la imagen de su amado, dibujó el perfil en la pared guiándose por la silueta de su sombra. La hija de Butades descubre una "técnica" que le permite imitar con fidelidad la figura: la sombra es la "representación" de la figura en el plano. Dibujar el perfil puede resultar una actividad que nos introduzca en una teoría elemental de la imagen.

Ya en el siglo XVIII eran numerosos los manuales de dibujo para aficionados; se copiaban láminas, se utilizaban cuadrículas, patrones. Pero recién a mediados del siglo XIX llega la enseñanza del dibujo a la escuela. Es a fines del XIX cuando las reformas pedagógicas van de la mano de las reformulaciones en la enseñanza artística.

Bartolomé Cossío es uno de los grandes reformadores de la pedagogía en España. En 1879 publica "El arte del saber ver", basado en un artículo de un inglés titulado "La ciencia del ver", y concibe al niño como un campo fecundo para ser cultivado, con sus sentidos abiertos, que posee la clave según la cual debe educársele.

Saber ver es la base de una pedagogía moderna. Ruskin considera el dibujo como un modo de aprender a ver, donde la *mirada* es más importante que el dibujo en sí. No propone una copia mecánica sino la observación de la naturaleza. En la leyenda de Plinio la silueta de la cabeza era una técnica de repetición, en cambio Ruskin propone una percepción que relacione las formas entre sí, con lo que las rodea. Los contornos aíslan, recortan. Ruskin excluye de este método a los menores, a quienes sugiere dejar en total libertad, garabatear según su libre deseo.

El presupuesto de que el dibujo es la base de la educación estética y parte importante en la formación integral del ser humano ya lo mencionaba Pestalozzi y sus discípulos Froebel y Schmith en Alemania. Ruskin veía en la copia y en la reproducción de láminas y de figuras geométricas un síntoma perverso del sistema de producción esclavo que conducía a la alienación de la sensibilidad. Había que cambiar el objetivo de la "copia" por el principio de "imitación".

Así, el dibujo es considerado un modo de educar la mirada, desarrollar las disposiciones, estimular la inteligencia, transmitir el deseo de aprender, y tomándolo como medio, observar, comparar, analizar, pensar, antes de expresar.

Hay una simbiosis entre la experiencia visual y el conocimiento que se instrumenta mediante el ejercicio de la observación. En este sentido, la pedagogía se propone abolir la simple percepción de la figura en superficie que aparecía en los manuales del dibujo amateur. La escuela Montessori propone nuevos paradigmas: la iluminación, el mobiliario y la disposición de las aulas, todo está dispuesto y adecuado al niño. Rompe la estructura jerárquica, es más democrática, polifocal. La enseñanza cuida, cultiva la semilla.

Este nuevo espacio de aprendizaje trae una nueva puesta en valor de la pedagogía artística. Son los nuevos paradigmas de la enseñanza artística los desencadenantes del reformismo pedagógico. Hay un nuevo interés por el dibujo infantil. Es evidente que quienes quisieron hacer del dibujo una escuela de observación y no de la representación, repararon en el dibujo propio de los niños a quienes van dirigidas las reformas.

En los años 1920 y 1930, el dibujo infantil es el verdadero descubrimiento. ("Descubrir es encontrar algo desconocido pero que siempre había estado allí.") El prototipo de lo "natural" correspondía a la infancia. La hija de Butades, de niña, también dibujaría así. Se empieza a valorar el arte prehistórico, el arte popular y el arcaico. Se asocian en el "Museo Imaginario" las expresiones del arte que provienen de diversas culturas: Polinesia, arte popular, africano, americano. En el contexto de renovación pedagógica fueron muchos los artistas que intervinieron activamente, pero sobre todo fueron sus beneficiarios.

Torres García, por ejemplo, dio clases en un colegio froebeliano, en el que se familiarizó con una didáctica del arte en el que el dibujo ingenuo era fundamental, y luego transformó radicalmente su pintura. Chagall comentaba los trabajos de su maestro que le proponía representación de sentimientos, de cualidades olfativas, sensaciones sinestésicas, traslado de sensaciones táctiles, representación de movimientos.

El abecedario se enseña con imágenes: las asociaciones múltiples con imágenes, onomatopeyas, con historias se facilita el aprendizaje más allá del silabeo. Lissitzky, una de las figuras más destacada del constructivismo ruso, compuso en 1920 la "historia de dos cuadrados" que viajan hacia la tierra. Un cuadrado rojo, otro blanco, el escenario es la tierra (un círculo rojo), el antihéroe es el caos: una selva de figuras geométricas. Propone construir un relato, no leer sino tomar papel, recortar, doblar, jugar (un lenguaje en construcción). Malevich propone una pedagogía del arte como punto de partida de un nuevo mundo.

De esta manera, el juguete, cualquiera sea -la sombra, el cuadrado, la letra-, es lo que enseña a ver las cosas por primera vez.

Rainer Wick (Universidad de Wupperthal)

Hace un relato de los cambios paradigmáticos de la modernidad en la enseñanza artística. Este salto rápido, señalando cambios de paradigmas y de perspectivas, nos introduce en la reflexión sobre las prácticas educativas del museo. Cuando diseñamos una estrategia, nos paramos en un paradigma, una visión del arte, del niño, del proceso de enseñanza y de aprendizaje; hace falta desarmar y analizar qué arrastra de una tradición internalizada, preguntarse qué tipo de conocimiento o de verdad produce la imagen

Hacia 1900, la Pedagogía artística es la punta de lanza de una reforma global que valora al niño como tal y no como un adulto en miniatura. Con la Primera Guerra hay un segundo movimiento de la Pedagogía artística que considera el "genio del niño", teniendo en cuenta el concepto de *genio* como capacidad creativa, no como algo sobresaliente. La Pedagogía artística busca fomentar la capacidad expresiva sin fines, incentivar la fantasía (expresionismo)

En los años 1920 llega el espíritu de la Bauhaus al aula, con las construcciones espaciales, abstractas. Entre 1933 y

1945 hay una uniformidad ideológica: la pedagogía para los fines del nacional-socialismo. Después de la Segunda Guerra se recupera "la libre expresión" pero dentro de un contexto temático. En los años 1950 y 1960 la pedagogía se centra en desarrollos formales, no hay representación naturalista. En los 1970 la enseñanza artística busca un fundamento científico, se entiende como proceso sujeto a condiciones antropológicas, culturales, sociales.

En 1968, la Revuelta estudiantil crítica de la sociedad burguesa marcó la enseñanza del arte. La Pedagogía artística se llamó "Comunicación visual": se vuelca hacia los medios visuales: *posters*, publicidades, diseño. Corriéndose del arte de élites. Las artes plásticas se vinculan con la comunicación visual: el tema es la "segunda realidad": la publicidad, las fotografías, el diseño pop, la cultura de la vida cotidiana. En los años 1970 los museos se reinventan cuestionando su rol tradicional y buscan abrirse a la clase trabajadora. La Pedagogía artística posmoderna asiste al desmoronamiento de los sistemas cerrados. Existe diversidad de tendencias, límites diluidos, conviven corrientes diferentes, hay perspectivas: el experimento estético es lo importante.

Los pedagogos entonces deben ser artistas, concepto extendido en Alemania. Todas las perspectivas conviven y el pedagogo es un artista, un constructor de su práctica artística.

7.1.2. Reflexiones generales sobre nuestros públicos ¿Quiénes visitan los museos?

Dra. Sandra E. Muriello, SMsur Consultora, Educación y Comunicación CTSA / LABJOR, Universidade Estadual de Campinas (UNICAMP), Brasil, Investigadora Colaboradora

¿Quiénes visitan los museos? Los museos son instituciones abiertas al público, pero hay muchos grupos de público en un museo. ¿Los conocemos? ¿Sabemos quiénes

son? ¿Cuál es el lugar que la institución les otorga? ¿Cuánta información y de qué calidad tenemos sobre nuestros visitantes? Es más, ¿hay algún lugar para los públicos de un museo en la definición, concepción y desarrollo de una exposición? ¿Qué opinan de nuestras exposiciones? ¿Qué interpretan? ¿Qué aprenden?

A nivel internacional se viene registrando un interés creciente en conocer y entender los públicos de museos. Esta tendencia se refleja en el incremento de investigaciones y especializaciones en esta área denominada "Estudios de público" (*visitors studies* o *audience research*). Este campo busca analizar, evaluar, entender, registrar e interpretar las características, los comportamientos, las motivaciones y las ganancias cognitivas y afectivas de los públicos que visitan los museos.

Desde esta perspectiva se analizan los museos como espacios educativos no formales analizando tanto el momento de la visita como su impacto a largo plazo. También la evaluación en museos, entendida como la recolección sistemática de informaciones útiles para la toma de decisiones en la planificación y desarrollo de exposiciones, es abordada en este campo. Así, aspectos educativos, comunicacionales y museográficos quedan comprendidos en los estudios de público.

La propuesta para este mercado de ideas es plantear la necesidad de definir el perfil de los visitantes de los museos y montar bases de datos que permitan un seguimiento sistemático de la dinámica de visitación. La definición de perfiles sociodemográficos es la puerta de entrada para ahondar la caracterización de los visitantes y llegar a entender intereses, expectativas y ganancias cognitivas y afectivas de la visita. ¿Y por qué no articular esta búsqueda entre distintas instituciones, definiendo problemáticas y necesidades en común? Este camino nos llevaría a constituir un Observatorio de Público de Museos, al estilo de los desarrollados en otros países del mundo.

Esta propuesta parte de dos premisas básicas: que los museos no existen sin sus públicos y que el sentido de una exposición es ser visitada y reinterpretada. Si no conocemos en profundidad a nuestros públicos nos faltará, siempre, un componente sustancial en la comunicación del mensaje que pretendemos brindar.

7.1.3. ¿Cómo hacer para que visitar un museo se convierta en un plan atractivo para toda la familia? Estrategias didácticas o propuestas de acción para un público muy particular de los museos: las familias

Melina Vulknic, UNR

Apreciaciones previas

En primer lugar, me parece apropiado hacer algunas apreciaciones sobre la idea de *patrimonio* desde la que parte este trabajo. Considero que *patrimonio* implica una constante y continua construcción de significados, de sentidos, por parte de la comunidad: el patrimonio como construcción simbólica. Desde las actividades de los museos se debe aspirar a lograr la apropiación social del patrimonio para movilizar al ciudadano en pos de la conservación del mismo.[42]

Los museos deben interrogarse acerca de qué es lo que conservan del patrimonio cultural de la ciudad y qué es lo que aún está ausente en sus salas. Deben interrogarse sobre qué es lo que la gente que visita los museos espera encontrar en ellos. Pero también nosotros, los ciudadanos,

---

42 "Convenio Andrés Bello" de apropiación social del patrimonio natural y cultural. Disponible en línea: http:/www.micrositios.net/cab/.

debemos pensar qué queremos dejar como legado para el futuro, qué queremos preservar como patrimonio.

Lo que queda claro es que debemos rescatar el valor educativo del patrimonio: sobre todo en lo que se refiere al respeto por lo diferente. Revalorizar la proyección social de los museos hacia la comunidad implica darle a conocer el patrimonio, puesto que no se puede valorar, respetar y cuidar lo que no se conoce. Y esto no hace más que remarcar la importancia del museo en la construcción de sentidos, de identidad. Pues hay que superar la idea tradicional del museo sólo como recurso (lo cual lo pone en una situación de exterioridad). Hay que crear la idea de pertenencia ciudadana, lo que permitirá redefinir el sentido mismo del patrimonio.

En segundo lugar, me quiero referir a la "historia local". Recuperarla, interrogarnos sobre ella, nos ayudarán a construir un presente mejor. Pues todos nuestros interrogantes parten de un presente que nos inquieta y que nos mueve a hurgar en los baúles del pasado. Apelo a que la Historia y los museos se conviertan en instrumentos de comprensión de la sociedad en la que vivimos para entender el porqué de nuestro presente y así superarnos.

Me hago eco de las reflexiones de Diego Armus: "Entre los historiadores, el mundo urbano aparece como el gran tópico de la historia local [...], donde la historia social está buscando desarrollar sus temas. [...] para los historiadores sociales la ciudad es el ámbito que permite estudiar cómo nacen, crecen y se desarrollan las sociedades."

Claro está que el crecimiento de los estudios urbanos se produzca a partir de los problemas actuales de la ciudad, lo que implica mirarnos retrospectivamente para formular políticas contemporáneas que apuesten a cambios sociales siempre positivos y constructivos.

Y hablando de lo constructivo, en tercer lugar, me voy a referir al cambio de paradigma a favor del "constructivismo" que se ha operado en Museología. El constructivismo indica que sólo es posible aprender a partir de lo que uno va descubriendo; en ese proceso, el conocimiento nuevo comienza a vincularse con lo que la persona ya sabía, con su propia experiencia de vida. Sabemos que toda exposición es polisémica, que significa algo diferente para cada persona, y que es válido que así sea. En otras palabras: los aprendizajes son significativos y el conocimiento es una construcción del ser humano, una construcción de significados.[43]

El constructivismo ha transformado la idea de comunicación existente en los museos, pues la misma ya no opera por una sola vía, la del emisor, donde el significado es aportado por él; sino que se realza la autoridad y el rol del receptor o lector en la elaboración de significados de un texto o de una experiencia. El visitante tiene un rol activo en la creación de significados cuando va al museo a través de su propio contexto y experiencia personal. Y esos nuevos significados se acomodan a otros ya existentes.

Por último, en esta introducción conceptual me quiero referir al público que incitó estas reflexiones: las familias. Promover la visita de las familias a los museos tiene que ver también con una concepción particular de educación, la "educación permanente": un "proceso educativo continuo e inacabable que se prolonga a lo largo de toda la vida".[44] La educación permanente, en definitiva, aboga por un sentido formativo que se prolongue en el tiempo y en otros espacios sociales, más allá de los muros escolares, y que sirve a los individuos para convivir en su comunidad. Además, no debemos olvidar que desde siempre la familia ha sido el principal

43 Carretero, Mario (1997), "Constructivismo y educación", *Progreso*, México, pp. 39-71.

44 Colom Cañellas, Antonio (2005), "Continuidad y complementariedad entre la educación formal y la no formal", en *Revista de Educación*, núm. 338.

agente de educación de la humanidad; la instancia primera de transmisión de sentidos, de conocimientos, de identidad.

Cuando el público importa, el museo debe buscar las formas de comunicarse, de acercarse a él y de educarlo a través de su propio medio: sus exposiciones. Para que el proceso comunicativo se lleve a cabo de manera correcta y exitosa, deben existir referentes comunes entre quienes dialogan: se debe hablar el mismo idioma. En ese proceso comunicativo, en esa relación dialógica, convergen varios contextos: el del objeto (un contexto que viene del pasado), el de la exposición (cuyo contexto está definido por la política del museo) y el del público (que tiene que ver con su realidad y con sus expectativas). En esta interacción se ponen en juego multiplicidad de significados construidos por el público. Pero en esa convergencia se genera también un espacio para que el museo despliegue toda su acción simbólica.

Objetivos

- Considerar al museo como espacio para la pregunta y como un espacio que permite aprender.
- Ver al museo como un espacio para la comunicación con objetos que forman parte de nuestra memoria colectiva y de nuestra identidad.
- Ver al museo no sólo como guardián del pasado, sino también como disparador para pensar qué queremos ser como sociedad.
- Que el museo se proponga constantemente suscitar el interés de los diversos públicos por el patrimonio cultural.
- Que el museo genere modelos explicativos que tengan relación con las personas que se quiere convocar, con sus problemáticas de vida. Esto requiere la problematización de los contenidos historiográficos y una relación dialógica entre visitante y exposición.

- Ver al museo como un espacio sensible a las necesidades y demandas culturales de la sociedad.
- Promover una ciudadanía culturalmente activa y políticamente propositiva.
- Que el visitante tenga un rol activo.

Propuestas didácticas para el público familiar

Propuesta 1: "Familia, contanos una historia". La idea de esta propuesta es que la familia le otorgue a las exposiciones museográficas una trama narrativa; que la familia cree una historia sobre un objeto en particular o una muestra. Real o ficticia. Se trata de que la familia recuerde, reviva historias personales, del barrio, de la escuela; recupere historias, leyendas, anécdotas; imagine, invente, recree un mundo de fantasía; deje traslucir sus deseos, sus sueños, sus frustraciones, sus enojos.

Cuando a uno se le propone decir algo (en forma oral o escrita), sea con el *leit motiv* que sea, se pone en movimiento toda una maquinaria interna que de tanto en tanto es bueno estimular. Al cabo de un plazo estipulado se procederá a elegir la mejor historia, que será premiada con su publicación. Y no sólo eso, la escuela a la que concurran los niños de esa familia recibirán en nombre de ella y del museo libros de lectura o material didáctico propio del museo.

También puede proponerse la construcción de un "megarrelato", una historia en la que el museo comience con las primeras líneas y luego cada familia visitante vaya sumando las siguientes. Al final nos encontraremos con una historia completa.

En cualquiera de los dos procesos se construirán muchos textos narrativos, y en cada uno será posible encontrar una forma distinta de ver el mundo, una idea de cómo construir un mundo mejor. La exposición puede dar lugar a la narración y es válido que así sea: tal vez la familia encuentre allí un lugar donde expresar aquello que sienta y que no pueda hacer en otro lugar o no encuentre donde hacerlo.[45]

Propuesta 2: "Familia, arma el guión de una película". La muestra elegida para trabajar con esta propuesta contará con láminas con textos e imágenes que la familia podrá compaginar de múltiples formas para contar una historia en forma de film: una sucesión de escenas. Sería algo así como un juego de secuencias de armado libre.[46] La otra opción es que las láminas no tengan texto y que la familia pueda ponerle sus palabras a la historia que quiera contar.

En esta propuesta, lo lúdico interviene para incitar a la investigación y la adquisición de conocimientos. Y nuevamente, sin querer pero queriendo, se activará todo un mecanismo de adjudicación de sentidos, de construcción de ideas.

Propuesta 3: "Familia, pintanos tu obra". Luego de recorrer la muestra, la familia podrá plasmar en una cartulina en blanco aquello que la misma le dejó, las sensaciones que le produjo. Es otra forma de contar una historia, o expresar algo: un deseo, una queja, una idea. Es otra forma para que la familia se exprese, dialogue, se comunique entre sí y con los demás, en una época en que la comunicación y sus instrumentos nos invaden, aunque nos comunicamos menos o lo hacemos mal.

Incluso se puede pensar en una obra colectiva, es decir, cada familia contribuirá con una pequeña parte de la obra: la suma de todas las marcas dejadas en el papel al final de la exposición dará lugar a la obra total, la obra colectiva. Será una suma de trazos y garabatos, pero será también una suma de voluntades, de inquietudes, de deseos, de visiones.

---

[45] Betancourt Mellizo, Julián (en línea), "Museo, comunicación y educación", Museo de la ciencia y el juego, Universidad Nacional de Colombia. Disponible en línea: http://cecabogota.pbwiki.com/artículos.

[46] Apelar a lo lúdico en un museo obliga al visitante a convertirse en un investigador, y la investigación se relaciona directamente con el conocimiento y su aprehensión.

Propuesta 4: "Visita interactiva" (animación pedagógica). En este caso, la propuesta es algo así como escenográfica, hacer que el visitante se sienta inmerso en el mundo que nos proponga la muestra. El recorrido interactivo implica una total complicidad de los visitantes en ese escenario teatral, como autores y como actores.[47] Contaría con música, relatos, historias, poesías, que acompañarían al guía. En otras palabras, con el montaje interactivo se persigue el objetivo de que la familia visitante se sienta partícipe de la historia que se va contando. Otra opción de menor despliegue es ofrecer un video interactivo, donde un personaje nos hable sin necesidad de desplazarnos. El mundo actual en el que vivimos, con sus nuevos lenguajes, nos acosa constantemente con la irrupción de nuevas tecnologías audiovisuales.[48] Por qué no, entonces, usarlas en pos de hacer más convocante un paseo por el museo.

En realidad, un buen museo es siempre interactivo porque interpela constantemente al visitante con la diagramación de sus exposiciones.[49] Y esto considero que es así porque si bien es cierto que debemos acercarnos a los

47 Museografía didáctica e interactiva; didáctica comprensiva; interactividad significativa: los visitantes se involucran con lo que ven. Puede consultarse para este tema: "Museos interactivos", disponible en http://museum.8m.net/index.htm; Santacana, Joan (marzo de 2006), "Bases para una museografía didáctica en los museos de arte", en *Enseñanza de las Ciencias Sociales. Revista de investigación*, Barcelona, núm. 5, publicado on line en www.histodidactica.es y en www.ub.es/histodidactica; Hernández Cardona, Francesc Xavier (2 de julio de 2007), "Museos para todos. La revolución didáctica", Universidad de Barcelona, Conferencia (Gernika 2 de julio de 2007. Bakea Paz. Ingurumena. Parte Hartzea. Euskal Herriko Unibertsitatea). Publicado el 2 de octubre de 2007 en *Didàctica del patrimoni*, disponible en http://xavier-hernandez.com/blog/?p=8.

48 La "era de la información" o la "sociedad red", en Castells, M. (1997), "La era de la Información", *Fin de milenio*, vol. 3, Madrid, Editorial Alianza.

49 "La misión de los servicios educativos", Museo del Oro, Banco de la República, Bogotá. Disponible en línea: http://www.banrep.gov.co/museo/esp/educa_misión.htm.

nuevos lenguajes de la actualidad, lo que implica cierta virtualización de la cultura (como cuando las exposiciones se sustentan en el soporte de la tecnología informática: CD-ROM, presentaciones PowerPoint, etc.), sabemos que la experiencia física de visitar un museo es emocionalmente insustituible.[50] Lo que sí queda claro es que estas nuevas tecnologías de la información y de la imagen colaboran en la democratización de la cultura, puesto que llegan a un número cada vez mayor de personas.

Otras propuestas: dictado de talleres de pintura, dictado de talleres de artesanías diversas, dictado de talleres de lecto-escritura, actividades de simulación, resolución de problemas, recorridos lúdicos, dictado de cursos sobre temáticas específicas, charlas a cargo de profesionales, talleres de música, fotografías, arte culinario autóctono, etc., desarrollo de muestras temporarias, instalación de un bar o café.

Las actividades mencionadas por supuesto que tendrán que ver con la muestra que se haya seleccionado para trabajar de esta manera. Y siguen estando pensadas para la familia; por ejemplo, imaginemos a una madre y su hija concurriendo juntas a un taller de telar artesanal. Todas las propuestas diseñadas para atraer a la familia tienen que ser seductoras, cautivantes, de gran impacto. Deben tratar de acercarse a ella con diferentes actividades y, lo que es más, tienen que haber sido elaboradas con claros objetivos y metas definidas. En este trabajo, al apuntar al rescate de la historia local, me parece que el objetivo madre o general tiene que ver con que las familias logren "comprender las diferencias y apostar a la resolución de los conflictos de la comunidad". La experiencia educativa de la familia en el museo tiene que ser altamente significativa. No olvidemos que el museo

---

50 Baíz Quevedo, Frank (en línea), "Páginas de una exhibición". Disponible en línea: http://cecabogot.pbwiki.com/articulos.

comunica, transmite mensajes, enseña, interactúa con la comunidad en la que se encuentra.

Los museos deben formar parte de la vida cotidiana de sus comunidades. Los museos deben renovar sus propuestas para atraer a las familias. Los museos deben lograr que las familias lo vean como una institución viva. Deben ayudar a transformar para mejor su entorno más cercano: la comunidad, la ciudad. Sabemos que las familias son las protagonistas cotidianas del acontecer urbano. Aprovechemos y revaloricemos el impacto social que pueden tener los museos, en este caso, promoviendo el compromiso activo de la familia con la gestión del patrimonio; con la preservación del patrimonio cultural y urbano a partir de experiencias de apropiación social del mismo.

Consideraciones finales

Las familias visitantes deben irse del museo distintas de como han llegado: con nuevos conocimientos, ideas, concepciones. Deben irse conmovidas con lo que han visto y oído, pues de esa forma habrá luego una aplicación práctica de lo que se ha aprendido. El compromiso será real cuando la familia se dé cuenta de que puede aportar mucho a la formulación de políticas culturales en su ciudad. Y por ello quiero terminar con estas palabras de Silvia Alderoqui, relativas a la "Metáfora del trompo":

Al ponerse en movimiento, la educación en los museos produce dispositivos para sorprender, maravillar, despertar curiosidades, iluminar e investigar significados; también para dinamizar e incluir al cuerpo, comprender diversidades en contextos específicos, producir nuevos conceptos, percepciones, emociones, imágenes y sensaciones; y además, vincular y formar a las comunidades en la producción y en el uso de su acervo patrimonial. Esta tarea, la tarea gruesa del museo, en cada una de las visitas guiadas produce algún efecto y algún afecto en esos niños que nosotros queremos que puedan escribir algún día sus propios textos, sus propias narraciones acerca de la historia y los objetos o las experiencias que nuestros museos intentan contarles.[51]

Considero que este ejercicio de reflexión sobre nuestras prácticas, nuestras actitudes, nuestras profesiones, nuestros objetivos, pone de relieve el papel de la cultura como componente esencial del mejoramiento de la calidad de vida de los pueblos y el rol vital de los museos como instrumentos para revalorizar los procesos culturales de las sociedades. Sólo un pueblo que se cultiva, que se educa, es capaz de superarse, es capaz de aportar soluciones creativas para los problemas de su comunidad.

Creo que estamos encaminados hacia la construcción de un museo que trascienda sus muros, un museo abierto e integrado a la comunidad. Un museo abierto a nuevas lecturas y alejado del paradigma homogeneizador y ordenador de fines del siglo XIX y comienzos del XX. Hoy ya no hay lecturas unívocas, sino que son múltiples y todas legítimas.

Debemos hacernos cargo de un visitante activo, pero como dice Mikel Asensio, no activo en el sentido de que se mueva, juegue, cante, baile, dibuje en las salas del museo. Un público activo en el sentido de que haga todo eso, pero además active sus hábitos cognitivos, active sus capacidades mentales, sus competencias culturales para interpretar el patrimonio. Un público que pueda ser activo aunque permanezca inmóvil frente a una obra: cuando contempla, cuando ignora, cuando interpreta.[52]

---

51 Alderoqui, Silvia (en línea), "El rol de los guías de museo y el juego del diccionario", disponible en *YouTube* desde el 1 de junio de 2008, luego de su presentación en el Museo del Oro, Museo Nacional de Colombia, Bogotá, en el coloquio "Guías o mediadores como agentes de un cambio en los museos del siglo XIX".

52 Asensio, Mikel y Pol, Elena (1996), "Cuando la mente va al Museo. Un estudio cognitivo-receptivo de los estudios de público", en Actas IX Jornadas Estadales DEAC-Museos "La Exposición", Diputación Provincial de Jaén, Jaén, Madrid, (mimeografiado).

7.1.4. Herramientas para acercar el Museo Municipal de Bellas Artes Juan B. Castagnino a la familia. Trabajos integradores del Museo Castagnino

Lic. Mirta Sellarés, Museo Municipal de Bellas Artes "Juan B. Castagnino", Rosario
Departamento de Educación: Lic. María Florencia Bello, Lic. Florencia Cardú, Lic. Alejandra Moreno, Lic. Evelina Pereyra
Departamento de Investigación: Prof. Mirta Sellarés
Relatoras: Lic. Alejandra Moreno y Prof. Mirta Sellarés

Fundamentos teóricos

Una de las metas más claras de la Museología es la abolición de las fronteras sociales, propiciando el acceso libre y voluntario de toda la sociedad a los museos y espacios culturales. Sin dudas, esto requiere trabajo institucional de equipo, interdisciplinario, flexible y sensible a las situaciones dinámicas que presenta la sociedad contemporánea globalizada en que vivimos. De hecho, la convocatoria para este evento se centra en reflexionar sobre un público específico: la familia.

Antes de continuar haremos unas precisiones sobre lo que entendemos por estos dos conceptos aplicados a un fenómeno cultural como es el museo. *Público* hace referencia a la pertenencia del patrimonio artístico a toda una comunidad, pero también al círculo de personas que se interesa por el patrimonio albergado. En nuestro caso, el público que se acerca al Castagnino puede disfrutar obras de arte europeo, nacional, rosarino, tanto moderno como contemporáneo. Pero esto último nos exige ir más allá, tratar de ampliar hacia sectores sociales que no están habituados, o que desconocen la posibilidad de disfrutar nuestro patrimonio artístico.

El concepto de *familia* en la sociedad actual nos exige dejar de lado la concepción de la familia tipo, integrada por padres e hijos. Los ritmos de vida contemporáneos nos permiten encontrar lazos de sangre entremezclados en redes de parentesco establecidas por uniones que fueron disueltas y reorganizadas con nuevos integrantes. Sin dudas nos reclama posibilidades para relaciones más complejas.

El MMBAJBC cuenta con un Departamento de Educación que encara sus proyectos y programas de difusión y acercamiento del patrimonio, adecuando sistemáticamente cómo ofrecer ese patrimonio "público" a los diferentes intereses de los "públicos", y en particular a la familia con sus características contemporáneas.

El objetivo de los proyectos y programas apunta a obtener el máximo de satisfacción en las personas que se acercan por distintas motivaciones y vías (recorridos, estudio, talleres, recreación, Internet), en la relación entre las obras de arte y el público. En nuestro caso particular, específicamente obras de artes antiguas y modernas junto a las contemporáneas, presentadas con curadurías y selecciones provocadoras, inquietantes, en donde se ponen entre signos de interrogación los conceptos de *orden* y *belleza,* entre otros.

En la elaboración de propuestas de acercamiento al público tratamos de ser creativos, vitales, y analizamos si nuestras herramientas resultan eficientes para alcanzar los objetivos. También valoramos los aportes significativos que recibimos del público y los trasladamos a nuevas experiencias. Este es un recurso que nos permite establecer *traspasamiento* cultural entre generaciones.

Diagrama de las herramientas

El Museo Castagnino desarrolla programas para optimizar el acercamiento del patrimonio artístico a las familias. Para permitir una visualización clara de las herramientas utilizadas lo hemos clasificado atendiendo a los espacios donde se implementan las propuestas.

En el museo es donde se despliega la mayor parte de las posibilidades con la modalidad de recorridos, talleres, asesoramiento, capacitación, complementos con la presencia de titiriteros, actores, música, y diversas propuestas. Se promueven propuestas interinstitucionales, con el objeto de optimizar recursos y relaciones con otras dependencias municipales o entidades de las colectividades, gremiales, escuelas, universitarias, etc. Por último, eventos especiales como "Semana del arte", o la presentación de propuestas en la página de Internet del museo, vías por las que llegamos a públicos masivos y anónimos.

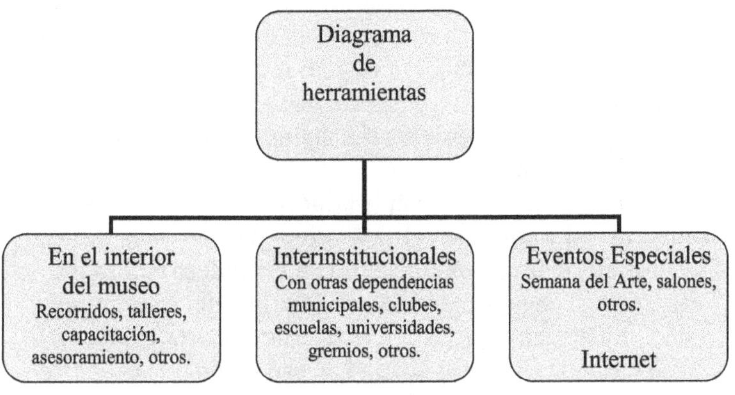

Bibliografía

AA.VV. (1984), "El museo como educador", Revista *Museum*, UNESCO núm. 144, vol XXXVI, nº 4.

Delgado de Pool, Ruth (s/f), *La investigación pedagógica en los museos*, Maracaibo, Venezuela.

Dennert, Odrote (1991), "¿Conocemos realmente las necesidades de nuestros visitantes?", *El Museo y las necesidades de la gente*, Jerusalén, Conferencia Anual.

Dujovne, Marta (1995), *Entre musas y musarañas. Una visita al Museo*, Buenos Aires, Fondo de Cultura Económica.

León, Aurora (1990), El museo. Teoría, praxis y utopía, Madrid, Cuadernos de Cátedra.

7.1.5. Museo de Arte Infantil y Juvenil, un espacio plural, un lenguaje universal

Ester Suaya, Directora del Museo de arte Infantil y Juvenil del Jardín Zoológico de Buenos Aires

La propuesta de creación del Museo de Arte Infantil y Juvenil del Jardín Zoológico de la Ciudad de Buenos Aires, se afirma en la existencia de una producción plástica de los niños, promovida por el sistema educativo desde el nivel inicial. Esta creación rica en matices y elaboración temática, con una gran variedad de recursos plásticos, carece de un continente que seleccione, sistematice, ordene y exhiba este material.

Conservar parte de la producción plástica infantil y juvenil, difundirla, investigar alrededor de estas obras, lograr que el museo actúe como un verdadero laboratorio artístico-pedagógico y social, permite brindar a la comunidad una herramienta sencilla, al alcance de todo docente, que fortalecerá la subjetividad de cada niño con el aporte de algo único e irrepetible: la propia producción plástica.

La acción del museo dentro del Departamento Educativo del Zoo permite que la conservación y el cuidado del medio ambiente, de sus especies y del patrimonio cultural -objetivos básicos de la institución-, se articulen como temáticas de los proyectos de arte que se trabajan en distintas instituciones (escuelas, hospitales, sociedades de fomento, etc.) y luego son exhibidas en el museo. A través de esta metodología se enriquece el conocimiento y se promueve el imaginario infantil y juvenil, abriendo asimismo un espacio emblemático de participación y visibilidad social.

En el análisis de las exposiciones realizadas, los talleres, los concursos, los eventos, las jornadas docentes y las reflexiones acumuladas, se comprueba que el Museo de

Arte Infantil y Juvenil del Jardín Zoológico de la Ciudad de Buenos Aires es un espacio plural desde donde construimos lazos sociales con la potencia que tiene el arte como lenguaje universal.

7.1.6. La reflexión, acción aplicada a la visita en centros patrimoniales: Repensando conceptos interdisciplinariamente

Mgtr. Yoli A. Martini, adjunta exclusiva de la Universidad Nacional de Río Cuarto
Prof. Pilar García Conde, Coordinadora del Equipo de Educación de la Administración Nacional de Parques Nacionales (Delegación Regional Centro-Córdoba)

Del diálogo abierto y honesto de dos profesionales de diferentes áreas, una Licenciada en Historia, trabajadora de toda la vida en museos y una docente de Ciencias Naturales con muchos años de trabajo en Parques Nacionales, surgió la reflexión, creación conjunta y replanteo de conceptos que creemos aportan a la comprensión del sentido de los centros patrimoniales para una comunidad.

Nos encontramos hoy para compartir diferentes miradas y experiencias sobre los espacios de visita relacionados con la recuperación de la memoria y del patrimonio integral. Presentaremos una propuesta metodológica a partir de nuestra reflexión, como docentes del Curso "La *visita* como espacio central de encuentros" del Programa de Educación y Museos de la Secretaría de Extensión de la Universidad Nacional de Córdoba, durante los años 2007 y 2008.

Desde el primer momento nos propusimos tratar la *visita* no como una actividad que se piensa, se desarrolla y se termina, con resultados poco o muy positivos. Sino, como su nombre lo indica, *como espacio de encuentro* (entre la comunidad y el patrimonio integral), para lo cual había que pensarla como un todo integrado, de ambiente, de institución o espacio que la pone en marcha; de trabajador o gestor cultural que la piensa, la planifica y la pone a funcionar; de patrimonio integral que la motiva (su conocimiento, su conservación, su uso social); de contexto histórico, social o cultural en el que se entronca; y de público o sociedad a los cuales se convoca.

¿Qué implica, por un lado, que exista ese espacio, y por otro lado, que ese espacio toque estas temáticas? Pensamos que por detrás y por delante de un espacio de visita sobre patrimonio hay personas que lo han pensado y planificado, relacionado esto con una demanda social que fue abriendo camino para que surjan las ideas y las acciones. Esta mirada motivó el concepto de *visita* que les proponemos y que va más allá de aprender recetas y técnicas para mejorar nuestras visitas guiadas.

Reflexionamos sobre lo contextual, y en lugar de mirar estos espacios mediante una "foto" del presente, buscamos conexiones que nos permitieran comprenderlo desde una perspectiva histórica y holística, para que de esta forma pudiéramos actuar en consecuencia. Para ello, en instituciones conservadoras y comunicadoras del patrimonio, se deben generar acciones de formación que motiven en sus agentes el acercamiento y la reflexión sobre la posibilidad cierta de realizar actividades educativas, entendiéndolas como espacios de encuentro e interacción entre el producto cultural y el público. Por eso pensamos que son *visita* las exposiciones, las visitas guiadas propiamente dichas, los talleres, los materiales informativos y de difusión (folletos, hojas de sala, senderos de interpretación, etc.), es decir, la ingente y creativa cantidad de propuestas educativas / lúdicas / culturales posibles de producir en instituciones de este tipo.

Esta propuesta busca ir, por un lado, a la base de nuestras ideas sobre el ambiente, la puerta de entrada a nuestro lugar en el mundo, y a la relación que establecemos con los otros. Cada uno tiene ideas que transformadas en acciones van plasmándose en el planeta en forma de objetos, de paisajes, de rituales, etc.

El mundo, en gran parte de su extensión, es el espejo de los pensamientos humanos, ya que son pocos los espacios en donde no dejamos nuestra impronta. Lograr mirar más allá de los objetos, identificar los pensamientos que están por detrás, empezando por nosotros mismos, nos conducen a comprender la complejidad de los procesos que se ven implicados.

Dos caras de la misma moneda: las ideas y las miradas que dan origen, y las acciones que se imprimen en nuestro universo como en un espejo. Para eso debimos establecer los conceptos de *patrimonio* y *museo* en base a los cuales nos propusimos trabajar, crear, reflexionar y aplicar.

Entendemos el patrimonio como algo integral, es decir, constituido por el patrimonio natural y cultural de una nación, integrados "como un todo armónico e inescindible en el cual se verifican los bienes culturales y el ámbito natural que han creado los hombres de nuestro país en su trayectoria histórica. Esta totalidad patrimonial y el medio ambiente que la contiene, conforman la base concreta que da continuidad y coherencia al desarrollo social y espiritual argentino, reafirmando su identidad cultural." (Martini 2000: 4-5).

O lo que es lo mismo: "El Patrimonio Integral es el conjunto de bienes culturales y naturales de existencia actual que, así reconocidos por la comunidad, conforman el testimonio, legado y sustento de su memoria histórica e identidad grupal." (Juliá 2000).

Pero toda la propuesta funcionará en la medida en que entendamos a los museos (centros de recuperación de la memoria y el patrimonio integral, es decir, museos propiamente dichos, bibliotecas, archivos, centros culturales o de interpretación, áreas protegidas, parques naturales, zoológicos, parques arqueológicos, etc.) como "ámbitos de construcción efectivos y motivadores que plantean una problemática cuyo interés educativo es incuestionable. Lugares privilegiados donde se hace la real búsqueda de tesoros de sentidos, donde se participa de la fiesta de lo no cotidiano, donde se despierta la curiosidad y se activa la memoria, donde se recrean ambientes estratégicos que tienen creadores y público en constante interacción, donde la aventura intelectual está a la orden del día."

Por eso, *museo* puede ser cualquier centro de preservación y difusión (comunicación) del patrimonio integral, en el cual se lleven a cabo propuestas de enseñanza y aprendizaje, ofrecimientos de interpretación del patrimonio, ofertas de animación cultural, etc. Y toda esa invitación educativa depende no sólo de las instalaciones o de la tecnología con que cuenta, sino muy especialmente de la formación y la creatividad de sus trabajadores, del contexto paisajístico en que se sitúa, del proceso histórico y territorial en el que se inserta, de la veracidad y penetrabilidad de su *mensaje*, etc.

Si creemos en lo dicho, la calidad de la *visita* no estará relacionada con la cantidad de piezas, de libros, de especies, con la diversidad conservada o la cantidad de público que brindan las estadísticas, sino con *la intensidad del mensaje y la relación con el visitante* que, si sus caracteres son *interacción* y *accesibilidad,* despertará interés y logrará calidad y nivel de concienciación.

Por eso y para eso elegimos *la metodología de investigación-acción* en la que haciendo se aprende y se modifica lo necesario. En palabras de Ángel Pérez Gómez, "se propone salvar el vacío entre la teoría y la práctica, entre la investigación y la acción, formando y transformando el conocimiento y la acción de quienes participan en la relación educativa, experimentando al mismo tiempo que investigando o reflexionando sobre la práctica."

La investigación-acción se presenta como una metodología de investigación orientada hacia el cambio educativo, y se caracteriza, entre otras cuestiones, por ser un proceso que, como señalan Kemmis y Mac Taggart, "se construye desde y para la práctica", pretendiendo mejorarla a través de su transformación, al mismo tiempo que procura comprenderla y demanda la participación de los sujetos implicados en la mejora de la propias prácticas.

Exige una actuación grupal por la que los sujetos implicados colaboran coordinadamente en todas las fases del proceso de investigación. Implica la realización de análisis crítico de las situaciones y se configura como una espiral de ciclos de planificación, acción, observación y reflexión. La reflexión crítica ayuda a crear una argumentación desarrollada, comprobada y examinada críticamente a favor de lo que hacemos.

Según Colás Bravo (1994: 295) las posibilidades formativas de la investigación-acción participativa pueden organizarse en una dimensión social y una dimensión personal.

Dimensión social

- Formación profesional: genera actitudes de crítica y renovación profesional; favorece el cambio y la transformación de la acción; supone la participación y la modificación del entorno.
- Participación social: refuerza la concienciación de los sujetos en el proceso social; insta a los sujetos a la participación en el desarrollo social.

Dimensión personal

- Aspectos formativos: transformación de las actitudes y los comportamientos; aprendizaje activo, construcción del saber; posibilita el desarrollo personal.
- Aspectos cognitivos: adquisición de conocimientos; adquisición de destrezas intelectuales; desarrollo de habilidades de observación y análisis.

El ciclo de la investigación-acción comprende los siguientes momentos: exploración y análisis de la experiencia; planificación de un proyecto; realización de un proyecto; presentación y análisis de los resultados; interpretación-conclusión; toma de decisión.

En el caso que nos ocupa, las preguntas fueron realizadas por las docentes, a modo de ejercicio a través del cual se internalizaría la metodología, y los propios trabajadores de centros patrimoniales participantes del curso desarrollarían sus adecuados ciclos de reflexión-acción. El ciclo de reflexión propuesto a los alumnos se planteó en tres líneas de investigación:

- El contexto social, cultural y patrimonial del centro patrimonial.
- Los criterios de evaluación de la propia institución como centro para la recuperación de la memoria y del patrimonio integral.
- La evaluación de la propuesta de *visita* del propio centro patrimonial.

Los tres recorridos de reflexión-acción propuestos y desarrollados por los alumnos a instancia de la consigna fueron:

A) Planificación: realizar un recorrido por la historia del lugar y su vinculación con las temáticas del centro patrimonial, identificando fuentes de información o miradas de esa historia no contempladas.
Acción: realizar entrevistas de historia oral que rescaten los "silencios" de la historia del lugar.
Observación: análisis de las entrevistas.
Reflexión: ¿qué mensajes deberían estar incluidos en los centros patrimoniales del lugar como verdaderos centros de recuperación de la memoria y el patrimonio integral?

B) Planificación: identificar los hitos patrimoniales del lugar y elaborar criterios de evaluación para los centros patrimoniales.
Acción: aplicar los criterios evaluando los centros.
Observación: análisis de las relaciones entre el centro patrimonial propio y los demás que conforman la red patrimonial del lugar.
Reflexión: ¿cuál es la mejor propuesta de *visita* de acuerdo con el contexto patrimonial?

C) Planificación: propuesta de *visita* y criterios para evaluarla.
Acción: aplicación de la propuesta.
Observación: aplicación de los criterios de evaluación sobre la propuesta existente en el centro.
Reflexión: ¿qué aspectos se deben modificar?

Los trabajos finales realizados por los alumnos resultaron sorprendentes, en cuanto a la acción comprometida que generó esta metodología: investigaciones profundas, entrevistas reveladoras, presentación de proyectos a autoridades, inauguración de muestras fotográficas, entre muchas otras.

Entendemos que la reflexión-acción es una metodología valiosa en cuanto favorece la transformación social, y el cambio de valores culturales asociados a la acción política y ciudadana, desde los centros patrimoniales de cada comunidad, cuando se pone en práctica. Puede (y debe) ser aplicada en la investigación, fundamentación, aplicación y evaluación de toda la acción que se lleve adelante en nuestras instituciones, si las pretendemos interdisciplinarias, participativas y democráticas. Quisimos comunicar esta experiencia, que puede resultar apreciable y aplicable para otros, porque entendemos que "crear es una fiesta" que nos merecemos todos, y si la podemos compartir, mejor.

Bibliografía

Colas Bravo, M. P. (1994), "La investigación-acción", en Colás, E. y Buendía, L., *Investigación Educativa,* Sevilla, Alfar, pp. 391-315.

Colas Bravo, M. P. *et al.* (2009), *Competencias Científicas para la Realización de una Tesis Doctoral,* Barcelona, Da Vinci T.

García Conde, Pilar y Reggio, Pablo (2007), "La Interpretación en los Parques Nacionales. Un aporte para el crecimiento de una disciplina necesaria", en Carlos Fernández Balboa (comp.), *La interpretación del Patrimonio en la Argentina,* Buenos Aires, Editorial APN.

Julia, Raúl (2000), *La Preservación del Patrimonio Natural y Cultural,* Buenos Aires, Gráfica Ayelen.

Kemmis, S. y McTaggart, R. (1988), *Cómo planificar la investigación-acción,* Barcelona, Laertes.

Martini, Yoli (2000), "La conservación del patrimonio integral: concepto e instrumentos", Diario *Puntal,* Corredor Mediterráneo, Río Cuarto, pp. 4-5.

Martini, Yoli (2007), *Teoría y Práctica de un Museo. Balance de una pasión,* Córdoba, Ediciones del Boulevard.

Pérez Gómez, I *et al.* (s/f), Comprender y Transformar la Enseñanza, Madrid, Ediciones Morata.

7.1.7. "Nuestra identidad guaraní". Proyecto para nivel inicial "Un viaje al pasado guaraní". Adaptación del proyecto del taller para no videntes y otras actividades para público especial y sus familias

Prof. Mloga. María De Las Mercedes Vera (Museo de Ciencias Naturales Dr. Amado Bonpland)

La aplicación de este proyecto surge como estrategia para captar nuevos públicos, en especial el nivel inicial. Según estadísticas de nuestro museo, este grupo y las personas con capacidades especiales son los públicos menos asiduos en visitar el museo de ciencias.

Así se realizó un análisis de la currícula de nivel inicial, y de acuerdo a los CBC de la Provincia de Corrientes se proyectó aplicar la temática guaranítica-regional a desarrollarse en la Sala de Arqueología del Museo de Ciencias. Esta sala comparte la exposición permanente con exhibición de ejemplares mamíferos de la región NEA, lo que favorece la ambientación y explicación brindada a los niños sobre la relación del primitivo habitante del litoral con la naturaleza y los animales que lo rodeaban en la época prehispánica, hasta la llegada de los conquistadores españoles a tierras del Taragüí.

Los objetivos de este proyecto son: posibilitar la interacción entre el museo y la escuela (jardín de infantes); ofrecer oportunidades de actividades integradas al desarrollo curricular preescolar; ser puente entre docentes y alumnos, guiando en la selección de contenidos significativos; acercar a los más pequeños al conocimiento del pasado guaraní como base de nuestras raíces e identidad, adaptando la temática a este nivel educativo, partiendo de la idea de que "no se puede querer lo que no se conoce".

El desarrollo del proyecto se realizó en cuatro etapas distribuidas a lo largo del período lectivo, adaptándose el museo a las posibilidades horarias de los jardines de infantes participantes del proyecto.

Primera etapa: conociendo el proyecto. En primer lugar, se dispone el intercambio entre las docentes y el museo: las docentes informan a los padres que se va a realizar un trabajo conjunto, para lo cual se solicita colaboración en las distintas actividades que se realizarán a lo largo del proyecto. Luego se organiza la visita de la responsable del proyecto al jardín, donde tiene lugar el intercambio con los niños y se indagan saberes previos del grupo sobre el tema a tratar.

Segunda etapa: los niños y docentes visitan la sala de Arqueología. En la sala de Arqueología guaraní del museo los niños observan, preguntan, escuchan melodías grabadas en CD en idioma guaraní, de la comunidad Mbya de Misiones, se les enseñan algunos instrumentos musicales empleados por los aborígenes y otros elementos, y se explican las costumbres, cómo obtenían sus alimentos y elementos necesarios para subsistir a través de su relación con el medio natural, resaltando el uso racionado de los recursos naturales.

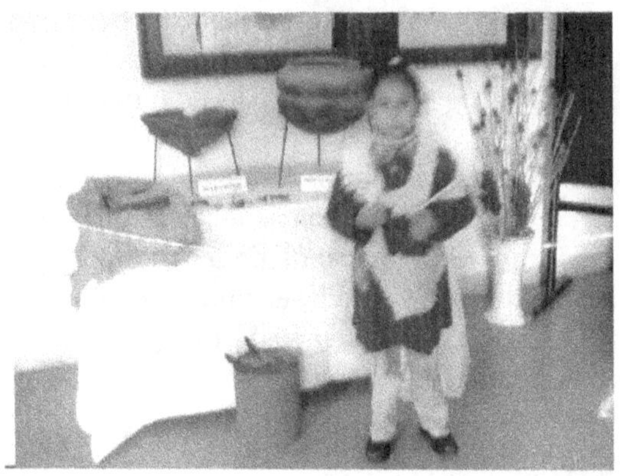

Para esta ocasión los niños deben traer materiales naturales para realizar trabajos de expresión gráfica al finalizar la observación en la sala. En relación con esos materiales se pide a los padres que colaboren con sus hijos en el hogar para la recolección, y a su vez que investiguen sobre la cultura guaraní y traigan desde sus casas escritas en un papel palabras en idioma guaraní, junto con su significado para mostrarlas en esta ocasión y conversar sobre ellas.

Tercera etapa: exposición de trabajos infantiles y función de títeres. Se realiza ya sea en el museo o en el jardín convocando a toda la comunidad educativa, docentes, alumnos, padres y público en general. La obra de títeres puestas en escena es "Vida en la Selva Guaraní", cuyo guión pertenece a la Profesora María Mercedes Vera. Fue transmitida por el programa local para niños "Sueños de Luz", de Alejandra Báez, a cargo de personal del museo, y también por docentes del jardín "La gotita traviesa".

Cuarta etapa: clausura del proyecto. Para esta ocasión son convocados docentes, niños, personal del museo y hasta los padres, para participar en el montaje de escenas y dramatización de leyendas regionales. En una oportunidad fue puesta en escena la leyenda de la Yerba Mate, con docentes y alumnos del jardín "Semillitas del centenario", y en otra se dramatizó la leyenda de Mainumby (Picaflor) con personal del museo y niños.

Entre los resultados obtenidos, cabe mencionar:

- Empezamos a notar mayor afluencia de niños que visitaban el museo con sus padres al salir del colegio y nos comentaban sus apreciaciones al respecto. Por ejemplo, muchos padres decían que por el acercamiento de sus pequeños al museo a través del proyecto, ellos ahora eran invitados por sus hijos a visitar el museo de ciencias.
- Los docentes incorporaron este proyecto al Proyecto Educativo Institucional.
- Las docentes participantes de esta experiencia dieron algunas propuestas que enriquecen el trabajo en conjunto entre el museo y los jardines de infantes.
- Se obtuvo la aprobación del mismo desde el Honorable Consejo de Educación, Resolución n° 358/05, para ser aplicado en todas las instituciones de nivel inicial de la Provincia de Corrientes.

Este proyecto forma parte de un proyecto mayor titulado "Un sitio para aprender: los museos", a través del cual se pretende articular la educación formal con el aprendizaje en los museos. El museo complementa así la educación formal en las instituciones escolares, transformándose en herramienta pedagógica para docentes y alumnos. A través de ello, el museo ofrece y propone variedad de actividades, talleres, visitas guiadas temáticas y otras a todos los niveles educativos, como así también a instituciones de educación especial.

Taller para no videntes a partir de la adaptación del proyecto "Un viaje al pasado guaraní"

De este taller participa el instituto para ciegos y disminuidos visuales "Valentín Haüy", de la capital correntina. Los jóvenes no videntes participantes de este taller vivenciaron distintos aspectos de esta cultura, haciendo referencia a las piezas que se hallan en la sala de Arqueología Guaraní, pero empleando otros materiales naturales que lo aproximen al máximo a la realidad vivida en aquellos tiempos, ya que no se puede acceder a la manipulación directa de estas pieza por razones de conservación del material arqueológico en custodia, lo cual les fue explicado con sutileza para su comprensión y buena aceptación, empleando réplicas de piezas. Durante todo el desarrollo se trató el tema por comparación de los momentos pasado y presente cercano que a estos jóvenes les toca vivir.

Así pudieron percibir por el sentido del tacto texturas de tejidos con fibras vegetales que permitían fabricar algunas prendas, cesterías realizadas por las mujeres aborígenes, plumas de aves que servían de adornos, el uso de la piedra y huesos de animales para distintas aplicaciones, etc. Manipulando réplicas de cerámicas de distintos tamaños se le explicó los usos de las mismas, pasando por vasijas para recolectar frutos, otras para preparado de alimentos, y hasta un tema muy difícil de tratar aún con público especial: la muerte y el uso de las urnas funerarias.

Nuestros visitantes vivenciaron un momento ameno y cordial, ya que incluso se puso en juego el sentido del gusto compartiendo sabrosos mates como lo hacían los antiguos habitantes de nuestra tierra, explicándoles su fabricación y preparado. También se comentó sobre alimentación y en especial el conocido "pororó", su preparación y consumo, enfatizando el uso racionado de los recursos naturales que el aborigen aplicaba ya en aquel entonces, pasando además por otras actividades como la construcción de la vivienda y los tipos de trabajos que eran propios del hombre, y aquellas actividades que les eran atribuidas a la mujer, como la recolección de frutos, la crianza de los hijos y el preparado de alimentos.

Por el sentido de la audición percibieron sonidos de animales y aves de la selva, haciendo referencia al ambiente natural en el cual se desenvolvían los guaraníes. También algunos instrumentos fabricados con materiales naturales (instrumentos sonoros con semillas, maracas, palo de lluvia, tambor, etc.), y se deleitaron con la música (grabación en CD) del coro de niños de la comunidad Mbya de Misiones; les pareció muy agradable y de ritmo contagioso, acotaron que no entendían el idioma Guaraní, y que ellos conocían sólo algunas palabras, casi nada.

Se finalizó el taller con la audición de la "Leyenda de la flor de seibo" y la canción "Anahí", que narra la historia de una valiente muchacha guaraní que da origen a esta leyenda, y es al final transformada en flor de seibo. Se les comentó que por Decreto n° 138.974 del 23 de diciembre de 1942 del Poder Ejecutivo de la Nación fue declarada Flor Nacional Argentina, y pasó a ser símbolo e imagen de nuestra flora nacional, cosa que no conocían. Pudieron palpar sus hojas, flores, vainas con semillas, percibir su fragancia y aprender sus características biológicas.

Durante el mes de las personas con capacidades especiales se desarrolló también el taller "Árboles de mi ciudad" para no videntes, con explicaciones biológicas de especies autóctonas como el palo borracho, el ibirá-pitá, el lapacho, el jacarandá y el seibo. Se pusieron en juego los sentidos del olfato (aroma de las maderas y de las flores de las especies mencionadas), tacto (palpando pétalos de flores, corteza, hojas, frutos, semillas) y audición (escuchando melodías regionales y leyendas de estas especies vegetales).

También tuvo su lugar un taller de lectura para no videntes sobre textos en Braille referentes a especies faunísticas de la región. Y por último la experiencia de poner en escena con personal del museo y para público sordomudo y disminuidos motores, la adaptación del cuento "La abejita haragana" de Horacio Quiroga, realizado con mímicas y a su vez con texto leído y grabado en CD, y con traducción en lengua de señas por profesores especiales del Instituto Helen Keller.

Esto abrió un campo ilimitado de posibilidades que pueden ser explotadas desde las instituciones museísticas, adaptando temáticas a las necesidades de públicos con capacidades especiales, que son compartidas con sus profesores especiales y padres que los apoyan enfatizando lo regional. La Declaración de los Derechos Humanos establece que todos nacemos libres e iguales ante la ley, por lo tanto, con igualdad de oportunidades en todos los aspectos de la vida. Nuestra última reflexión reza:

Las diferencias de edades,
las condiciones sociales
y las discapacidades
no deben ser barreras
que impidan el acceso a la Cultura,
a lo nuestro... a lo propio...
A aquello que nos identifica
y nos hace miembros activos
de una comunidad...

Bibliografía

AA.VV. (1994), Museos abiertos a todos los sentidos, Madrid, Fondation de France-ICOM, Ministerio de Cultura, ONCE, Primera Edición.

AA.VV. (1999), Guaraníes, Serie Gente Americana, Buenos Aires, A-Z Editora SA, Primera edición.

AA.VV. (agosto de 2001), Revista *Salita de Nivel Inicial,* Buenos Aires, Ed. Galerna SRL.

AA.VV., "Por una cultura al alcance de todos. Propuestas de supresión de barreras de comunicación", Asociación Catalana para la integración del ciego (ACIC-2007). Disponible en línea: www.webacic.cat/es/porcultura.

Biloni Santos, José (1990), *Árboles Autóctonos Argentinos,* Buenos Aires, TEA.

Boixados, Roxana E. y Palermo, Miguel A. (1991), *Los Guaraníes,* Buenos Aires, Coqueta Grupo Editor / Libros del Quirquincho.

Domínguez de Oderiz, Elba M. (2000), *Viaje al País Vegetal de los Correntinos,* Buenos Aires, Agencia Agencia Periodística CID.

EDIBA (s/f), Revista *Maestra de I° Ciclo,* Buenos Aires, Ed. Bahiense, con el auspicio del Ministerio de Educación de la Nación Argentina.

Espinosa Ruiz, Antonio (2006), "El Concepto de Inclusión en Programas Interpretativos en Museos", Quintas Jornadas AIP, España.

Espinosa Ruiz, Antonio, "La Accesibilidad al Patrimonio Cultural: cinco tópicos, cinco estrategias", *Polibea.* Disponible en línea: www.minusval2000.com/literatura/articulos.

Godoy Cruz, Florencio (1996), *De Magia y Misterios,* Corrientes, Ed. Vinciguerra.

Ministerio de Educación y Cultura de la Nación Argentina (1996), *C.B.C. para Nivel Inicial,* Buenos Aires, Talleres Gráficos La Ley.

Ministerio de Educación y Cultura de la Nación Argentina (1997), *Orientaciones para Nivel Inicial,* Buenos Aires, Talleres Gráficos La Ley.

Ministerio de Educación y Cultura, Consejo General de Educación, *Diseño Curricular de Nivel Inicial de la Provincia de Corrientes,* Corrientes, Argentina.

Yampey, Girala (2003), *Los Amigos Árboles,* Buenos Aires, Edición Limitada.

Yampey, Girala (2003), *Mitos y Leyendas Guaraníes,* Buenos Aires, Ediciones UNNE.

7.1.8. Aproximación a las visitas familiares en el contexto del Museo de Antropología

Susana Assandri, Profesora Adjunta
Mariela Zabala, Profesora Adjunta
Museo de Antropología. Universidad Nacional de Córdoba.

"Soy la mamá de una alumna de la Escuela Florencio Escardó, es la primera vez que vengo a un museo y me gustó a pesar que no tengo estudio alfabéticamente. Me gustó compartir con mi hija."

(Libro de visitantes ubicado en la Sala "Ancestros, una interpretación de la evolución humana", 17 de septiembre de 2007.)

Introducción

Abordar el estudio de las familias en los museos es un gran desafío por dos razones: la primera, por la diversidad de tipos de familias existentes en estos tiempos; y por otro lado, por el uso y disfrute diferenciado que hace cada miembro de la familia de los museos a partir de las propuesta que le son ofrecidas.

En esta ponencia nos proponemos describir y analizar los distintos tipos de visitas que pueden hacer las familias al Museo de Antropología de la Facultad de Filosofía y Humanidades de la Universidad Nacional de Córdoba, con el fin de aportar a la teoría sobre los estudios de visitantes caracterizando las particularidades de este tipo de públicos colectivos.

El análisis de las visitas familiares al museo lo hacemos a partir de los libros de visitas de los años 2006, 2007 y 2008, y del libro de visitas de una muestra temporal: "Ancestros, una interpretación de la evolución humana". Consideramos que en estos libros los visitantes consignan sus apreciaciones sobre la experiencia vivida en el museo de manera voluntaria, ya que el libro se encuentra ubicado apartado de la recepción del museo.

Las visitas a un museo deben ser significativas, de aprendizaje y ocio para los ciudadanos que buscan acercarse al patrimonio, y en nuestro caso, como museo universitario, deben llevar a los conocimientos más recientes generados sobre el campo disciplinar antropológico en la Facultad de Filosofía y Humanidades de la Universidad Nacional de Córdoba.

En este compromiso universitario, el Museo de Antropología tiene como misión "reunir, conservar, investigar y exhibir la cultura de sociedades pasadas y contemporáneas dentro de un marco científico actualizado y crítico, como una manera de fomentar el respeto hacia otros modos de vida y crear actitudes de preservación del patrimonio cultural en la sociedad."

Los visitantes de museos

En este apartado nos proponemos construir una categoría sobre los visitantes de los museos que nos permita pensar en las particularidades de los mismos. De acuerdo con lo que propone Pastor Homs (2004), los museos hoy plantean la necesidad de elaborar actividades para el aprendizaje continuo y para el desarrollo y utilización de habilidades para las nuevas necesidades emergentes en la sociedad actual.

Esta nueva visión considera:

- Que los museos juegan un papel vital en la promoción del bienestar educativo.
- Que los servicios del museo deberían enfocarse tanto hacia las necesidades de los actuales usuarios como de los potenciales.
- Que los servicios deberían promover la inclusión física y social, así como la diversidad cultural.
- Que el trabajo conjunto y la cooperación con otras instituciones son componentes esenciales del éxito de las empresas y proyectos que se planteen.

Para alcanzar estos propósitos, es necesario que los museos siempre consideren a las personas como centro y norte de su trabajo, y que se abran a la ayuda y al consejo de expertos.

Reconociendo que no todos los visitantes tienen las mismas capacidades cognitivas desarrolladas, los mismos trayectos escolares, ni el mismo acercamiento a los conocimientos, es que se hace necesario diferenciar los mensajes expositivos en los museos, tratando de poner en actividad las distintas inteligencias -la visual, la auditiva y/o la táctil- para llegar a un número mayor de visitantes. Un modo diferenciado de acercar la exhibición a los visitantes es a través de actividades lúdicas, materiales didácticos y visitas guiadas temáticas.

Las familias: un tipo de visitas al museo

Los museos en general tienen una mayor oferta educativa para niños y adolescentes escolarizados. Esta oferta puede estar dirigida a este grupo etario dentro del contexto escolar o fuera de él, ya sea acompañado por adultos o realizando actividades propuestas por el museo en diferentes épocas del año.

Por su parte, Pastor Homs (2004) afirma que en la Europa Occidental los estudios confirman que las familias son una parte importante del público que acude a los museos. Las necesidades del grupo familiar se articulan en torno a las necesidades de los niños, aunque eso no quiere decir que los adultos de la familia no puedan sentirse atraídos por la oferta del museo. En general, pocos museos en Europa han desarrollado programas atractivos para la familia, al contrario de lo que ocurre en los Estados Unidos, puesto que habitualmente las exposiciones se montan pensando exclusivamente en los adultos y en determinados grupos de un cierto nivel cultural. Sin embargo, muchos adultos disfrutan pasando su tiempo de ocio con sus hijos, y la experiencia nos demuestra que los museos que tienen en cuenta esta circunstancia en su oferta educativa tienen una muy buena acogida.

Los estudios realizados sobre público familiar, como visitante de museos, son escasos. Para los museos de ciencias contamos con el estudio que realizan Benlloch y Williams (1998) sobre el comportamiento de las familias. Observan que el éxito de audiencia que han experimentado estos centros en los últimos años se debe, probablemente, a que ofrecen espacios interesantes para la comunicación y el aprendizaje, aunque su objetivo último sea divulgar de modo divertido y sugerente la cultura científica. En este sentido, los museos o centros de ciencia son escenarios de aprendizaje informal, cuyos entornos multisensoriales son cada vez más apreciados y elegidos libremente por las familias para consumir su tiempo libre. Conocer su influencia educativa requiere tener en cuenta tanto el contexto inherente al propio escenario como el rol fundamental que juega la motivación de los visitantes.

Se entiende por *aprendizaje,* en este contexto, no sólo la adquisición de hechos y conceptos científicos, sino también, o más bien, la posibilidad de aplicar las ideas aprendidas en las exposiciones, así como el cambio de algunas actitudes, las experiencias novedosas y también las conversaciones e interacciones socialmente mediadas entre los grupos de amigos o entre miembros de las familias que visitan los museos.

Este último punto lo consideramos especialmente relevante en las visitas familiares. La familia ejerce de mediadora para impulsar este tipo de aprendizajes en muchas y variadas situaciones de más larga tradición; sin embargo, en las ciudades donde hay algún centro de ciencia empieza a ser una práctica familiar, relativamente frecuente, visitarlo durante los fines de semana. Los aprendizajes sostenidos por las familias que visitan los museos presentan características específicas.

Muchas de las investigaciones sobre familias y aprendizaje parten del supuesto de que la experiencia es posible gracias a los mecanismos de socialización y comunicación que tienen lugar en los diferentes escenarios interactivos. Estos mecanismos se ponen de manifiesto mediante conductas que se adoptan como indicadores de aprendizaje. Algunas de las más mencionadas son, entre otras, el tiempo que emplean los adultos observando el módulo, la lectura efectiva de los carteles, su intensidad y la comunicación con los niños.

Un acuerdo bastante generalizado entre los investigadores es que las familias y grupos de adultos difieren en su conducta. En las familias son los adultos quienes seleccionan los recorridos eligiendo dónde detenerse. Muestran a los niños aquello que les parece más interesante o aquello cuya información les resulta más familiar. En esta misma línea, señalan que la conducta de mujeres y hombres difiere. Hay mayor probabilidad de que las mujeres sean más exploratorias cuando van solas que cuando van acompañadas de hombres. Las madres, cuando van con niños, son más sumisas a los niños que los padres, quienes con mayor probabilidad adoptan el papel de líder.

Algunas de las conductas más observadas entre los miembros de los grupos familiares y que han llamado la atención de los investigadores son la comunicación verbal que se establece entre padres e hijos frente a los expositores, la lectura de carteles o gráficos y la manipulación directa sobre los expositores. Estas conductas han sido estudiadas comparando cómo las ejecutan diferentes miembros de los grupos familiares. Se observan diferentes patrones de interacción y exploración entre padres e hijos. Los niños manipulan más que los padres y éstos leen más que los niños. Asimismo se encuentran diferencias en las conductas interactivas de padres e hijos y madres e hijas. Cuando un hijo y su padre se acercan a un módulo, éste puede leer, señalar y comentar o preguntar sobre el contenido del mismo.

La manipulación de los expositores y la lectura de los textos o carteles han sido también objetos de examen. Un hallazgo general es que muchas familias no leen participativamente las instrucciones del expositor. Prefieren comprender primero mediante la manipulación, y si tienen éxito o siguen interesados, entonces leen.

La atención ha sido ampliamente estudiada. El poder de mantenimiento de la atención en el caso de los grupos familiares está íntimamente relacionado con la interacción que se desencadena frente al módulo.

Los procesos de enseñanza son espontáneos y ocurren en la interacción familiar; tienen lugar gracias a una actividad recíproca entre diferentes miembros de la familia: mientras los niños tienden a compartir entre ellos información concreta, por ejemplo, sobre las operaciones que ejecutan los módulos, los adultos tienden a compartir información simbólica recogida a través de la lectura de carteles o de su conocimiento y experiencia previa.

Las interacciones familiares refuerzan la experiencia pasada y la historia familiar, y contribuyen a construir una comprensión compartida entre los miembros de la familia. De este modo, la familia provee a los niños de conexiones entre lo que exhiben los museos y el conocimiento y las experiencias anteriores. La formación de las personas que visitan los museos constituye una variable decisiva sobre los aprendizajes que puedan tener lugar.

Algunas características de la familia en la actualidad

En este apartado nos proponemos analizar qué entendemos o deberíamos entender por *familia*. Esta problematización e historización nos ayudará en el momento de planificar las visitas que le ofreceremos a este tipo particular de público.

A lo largo de la historia de la humanidad han existido distintas sociedades con organizaciones sociopolíticas y estructuras productivas diversas, que han ido conformando organizaciones familiares y de parentesco muy variadas. En este sentido, cada sociedad y cultura transmite generacionalmente modelos de familias "naturalizados", que impregnan discursos y componen deseos.

Para Jelin, las familias son una institución social, creada y transformada por hombres y mujeres en su accionar cotidiano, individual y colectivo. Su universalidad reside en algunas funciones y tareas que deben ser realizadas en toda sociedad. El cómo y el por quién se llevan a cabo estas tareas y funciones han generado distintas formas de organización de los agentes sociales, produciendo entornos y formas de familias múltiples y variables. Desde las últimas décadas del siglo XVIII, en Occidente se ha ido creando, cristalizando e idealizando un modelo de familia nuclear o neolocal caracterizada por la convivencia de un matrimonio monogámico y sus hijos compartiendo un mismo techo, donde la sexualidad, la procreación y la convivencia coinciden con el espacio privado y el ámbito doméstico. El concepto clásico de *familia* parte de un sustrato biológico ligado a la sexualidad y a la procreación. La familia es la institución social que regula, canaliza y confiere significado social y cultural a estas dos necesidades (Jelin 2006: 12-15).

Este tipo de familia se ha impuesto en articulación con dos instituciones sociales muy fuertes, como son el Estado y la Iglesia. Estas últimas instituciones han normatizado y moralizado un único modelo de familia nuclear, que ha ocultado otras formas de familias.

Hoy perdura este tipo de familia nuclear pero se visualizan como legítimas otras formas de familias, porque la realidad cotidiana actual es multidimensional y compleja, caracterizada por una serie de situaciones familiares diferentes: por ejemplo, familias formadas por padres e hijos o por madres e hijos, o por homosexuales. En estos vínculos adscriptos existen obligaciones y derechos, aunque son relativamente limitados. Lo demás entra en el campo de lo elegido, lo opcional. Esto genera la existencia de multiplicidad de tipos de familias, y de convivencias que pueden ser vistas como parte de los procesos de democratización de la vida cotidiana y de la extensión de los "derechos a tener derechos".

Esta multiplicidad de familias llega al museo, y debemos ofrecerle nuestros servicios educativos buscando generar nuevos vínculos a través del derecho a la cultura.

Aspectos diferenciales de la oferta educativa museística en función de las necesidades de las familias

Las motivaciones que generan la visita se basan en curiosidades, conocimientos e intereses previos de alguno o algunos de los miembros de la familia, como por ejemplo que un niño haya visitado el museo con su escuela, que el adulto se interese por la ciencia base de ese museo, que haya sido recomendada la visita al museo, entre otros.

Las familias conforman un colectivo de personas con heterogeneidad de edad, de trayectorias de escolaridad y vivenciales, de orígenes geográficos, temporales y sociales tal vez muy distintos. Frente a las vitrinas es frecuente escuchar que un adulto señale a un niño "¡disfruta! Yo a tu edad no tuve la oportunidad de visitar un museo". Por eso se hace necesario que las áreas de educación de los museos tengan en cuenta al momento de planificar visitas familiares propiciar las relaciones interculturales e intergeneracionales atendiendo la diversidad cultural.

Cuando se planifique se debe focalizar el recorrido del museo y la actividad lúdica teniendo como referencia el interés, el poder atencional y la concentración del niño, no olvidando que son ellos quienes ponen el ritmo a la visita. Otro aspecto a prestar atención es que por más que se proponga que los adultos de la familia sean los mediadores y animadores de las visitas, nada exceptúa la presencia del guía del museo como conocedor del guión museológico y el anfitrión del museo. Él es el especialista y el educador del museo.

A los adultos que acompañan se los debe ayudar con algún material didáctico, para que puedan actuar de animadores guiando a los niños a través de preguntas, consignas y apreciaciones con el fin de orientarlos y motivarlos. En este tipo de visita los adultos son los mediadores entre la exhibición y los niños. Asimismo son los encargados de hacer anclar y contextualizar los aportes de los niños en las conversaciones con sus conocimientos, destrezas y experiencias previas de vida.

Vale remarcar que una de las mayores riquezas de estas visitas es que existe una implicancia emotiva, afectiva y empática entre el o los adultos que guían y el o los niños que aprenden, aunque ambos pueden estar vivenciando el descubrimiento de un espacio y conocimiento nuevo que se construirá conjuntamente. También estas visitas pueden ser generadoras de relatos y memorias familiares.

Diversos tipos de visitas familiares

Los diversos tipos de visitas que realizan las familias al museo están clasificados según los medios educativos que se generan en cada una de ellas; es decir, formal, no formal e informal. Estos medios educativos han sido definidos y desarrollados por Philip H. Coombs desde mediados del siglo XX y debatidos hasta nuestros días.[53]

Hasta principios de los años 1970, el término *educación* era asociado universalmente a escolarización, es decir, educación formal. La educación formal se da en el sistema altamente institucionalizado, cronológicamente graduado y jerárquicamente estructurado que se extiende desde los primeros años de la escuela primaria hasta los últimos años de la universidad.

Las visitas que se realizan al museo desde la educación formal son a través de grupos escolares conformados por docentes, alumnos y familiares. Estas visitas han sido planificadas previamente por los docentes y los miembros

53 Citado en Valdés Sagües, M. (1999)

del área de educación del museo. En esta instancia, que llamamos de "previsita", se seleccionan las salas a visitar, se pauta el tema, la actividad de cierre y la articulación que tiene con la currícula. También todas las tareas administrativas, como el horario, la cantidad de visitantes, el costo; y se ofrecen otros servicios, como tienda y biblioteca. En estas visitas escolares interactúan los guías del museo, los docentes, los familiares y los alumnos.

La riqueza y la diferencia que se generan entre los alumnos que fueron acompañados por un familiar al museo, tienen que ver con que la visita se sigue trabajando en el aula y en la casa. Así es como vemos en el libro de visita los siguientes escritos: "Cribe es una abuela de uno de los alumnos que hizo arqueología y antropología aquí. Me siento muy agradecida. 13 de agosto."

Otro tipo de visita se da en el marco de la educación no formal. Este tipo de educación es toda actividad organizada, sistemática, educativa, realizada fuera del sistema oficial, para facilitar determinadas clases de aprendizajes a subgrupos particulares de la población, tanto niños como adultos. En este caso los adultos son los que tienen el interés de visitar el museo, o los menores que han visitado el museo con su grupo clase y se los ha invitado a una actividad cultural.

El interés generado por las actividades culturales y talleres que tienen como destinatarios a las familias y los niños llega a los adultos por las políticas de comunicación y difusión que los tiene como receptores, y en el caso de los menores es porque cuando visitan el museo con las escuelas se les entrega una postal donde se los invita a volver con amigos y familiares.

Los talleres didácticos se desarrollan durante el período de vacaciones de invierno y verano. En términos generales, a través de ellos se busca complementar y profundizar las temáticas de las visitas guiadas interpretativas que se realizan con los grupos escolares a lo largo del año lectivo. Los talleres buscan por medio de la acción, de la dimensión física y mental de los sujetos, afianzar los conocimientos y transferirlos a otras situaciones similares de la vida. En estos espacios es importante ver cómo los adultos, ante una propuesta lúdica para los niños, comienzan como espectadores y terminan "poniendo manos a la obra" junto con sus hijos.

La educación informal o permanente es un proceso que dura toda la vida y en el que las personas adquieren y acumulan conocimientos, habilidades, actitudes y modos de discernimiento mediante las experiencias diarias y su relación con el medio ambiente. Este tipo de visita se da cuando una familia tiene el hábito de ir a los museos a deleitarse, resolver una duda, buscar información, leer, comprar e instruirse. Como podemos ver, son muchos intereses los que los moviliza a venir en reiteradas oportunidades: "Es la tercera vez que vengo al museo. Siempre que viene alguien de visita a casa lo traigo para que conozca. Muchas gracias por todo. Está bárbaro el museo"; "vengo con mi mamá para que conozca la cueva y la casa pozo. Yo ya vine con el cole".

Toda esta *red de aprendizaje,* como la llama Coombs, hace posible que los sujetos, en nuestro caso los visitantes, aprendan en los museos desde su infancia hasta su adultez según sus necesidades e intereses. Estos aspectos varían a través del tiempo y del espacio.

Apreciaciones finales

A partir de lo expuesto anteriormente podemos enunciar las siguientes consideraciones:

- Los museos deben tener como principal objetivo a sus visitantes, y dentro de ellos, las familias son un tipo especial de público.
- Teniendo en cuenta la diversidad de tipos de familias existentes en la actualidad, los museos deben orientar su trabajo a favorecer la diversidad cultural.

- Los aprendizajes de las familias tienen características específicas: los adultos seleccionan el recorrido y guían la atención y la observación de los niños, los padres leen más que los niños y los niños leen más que los padres; los procesos de enseñanza son espontáneos y los padres tienen un rol fundamental como mediadores en la construcción de nuevos saberes.
- Las exhibiciones de los museos activan los mecanismos de socialización y comunicación entre los miembros de la familia.

Bibliografía

Benlloch, Montse y Williams, Vilma N. (1998), "Influencia educativa de los padres en una visita al museo de ciencias: actividad compartida entre padres e hijos frente a un módulo, *Enseñanza de las Ciencias*, núm. 16 (3), pp. 451-460.

Jelin, Elizabet (1998), *Pan y afectos. La transformación de las familias*, Buenos Aires, Fondo de Cultura Económica.

Libros de visitas del Museo de Antropología, años 2006, 2007 y 2008.

Pastor Homs, María Inmaculada (2004), Capítulo 6, *Pedagogía Museística*, Barcelona, Ariel Patrimonio, pp. 83-154.

Valdés Sagués, M. (1999), *La difusión cultural en el museo: servicios destinados al gran público*, Gijón, TREA.

7.1.9. Proyecto "El museo como expansión del hogar"

Lic. Paula Caballería Aguilera, Santiago de Chile

Familia y educación

La educación y la cultura son las únicas herramientas que pueden humanizar al ser humano. Éstas, si bien son formalmente entregadas por las instituciones educativas (escuelas) y las instituciones culturales (museos) respectivamente, existe una institución social primaria que puede ser usada como mediación entre cultura y educación, me refiero a *la familia*.

La familia, como método de mediación para reforzar la enseñanza y el aprendizaje, es un público que no se ha abordado o al que no se le ha prestado la atención que merece. Los niños aprenden de los relatos en compañía de la mamá, del papá, con los miembros de su familia que van contando la historia, e incluso esa historia se hace presente a través de un objeto, de una fotografía, la historia tiene presencia, y así se aprende, se va aprendiendo el mundo, se viven las relaciones interpersonales, se vive desde la cotidianeidad.

Así, por ejemplo, cuando tenemos niños pequeños y les contamos un cuento o una leyenda, lo primero que hacemos es transformarnos en parte de la historia, nos convertimos en León o en Caperucita, y al niño o niña también los hacemos formar parte de esta historia invitándoles a ser partícipes con algún personaje.

Este recuerdo de cuando yo era niña, o cuando mi hija tenía sus primeros años de edad, me llevó a pensar en que a través de la institución cultural se podría mantener esta convivencia familiar, utilizando al museo como una expansión del hogar, retomando el juego como método de enseñanza, y haciendo así partícipe a la familia de un aprendizaje compartido. Es a través del juego que se inicia el uso simbólico de los objetos, constituyendo el primer paso hacia el pensamiento abstracto, y es a través de la convivencia familiar que se constituye la primera y más significativa enseñanza.

Así nace el proyecto de metodología de educación no formal a partir de la enseñanza compartida entre el museo y la familia, por medio de una experiencia lúdica a través del "juego dramático".

Metodología

Primeramente es necesario mencionar que este proyecto debe ser realizado al menos dos veces al año en forma masiva; así como se hace "el museo de noche", en este caso sería "el museo en familia", para que los visitantes tengan la misma disposición en el recinto. Este método se divide en 5 etapas:

Etapa 1: conocimientos Previos. Esta etapa consiste en entregar a la familia que acompañará a los niños, una pincelada de la muestra que irán a visitar, por medio de un catálogo vía entrega personal o bien a través de la *Web*. La idea es que también esta guía cumpla la función de instrucciones de un juego.

Etapa 2: comienzo del juego dramático. Esta etapa consiste en iniciar el juego dramático, tomando un rol diferente autodesignados cada integrante familiar que se inicia como visitante. Para esto el museo les proveerá de objetos para personificar cada rol. Éstos serán prestados y una vez terminado el recorrido devueltos a la institución.

Etapa 3: la sensibilización. En esta etapa los visitantes familiares se deben conectar con sus sentidos: oler, escuchar, tocar, gustar, para así desarrollarlos. En este caso habrá un rincón donde se invitará a los visitantes a generar esta conexión.

Etapa 4: la creatividad. En esta etapa la familia es invitada a tener una experiencia creativa, construyendo visiones y tal vez versiones diferentes de lo observado. Acá debe surgir un planteamiento de debates, de pensamiento crítico, y de reflexión; para eso la institución tendrá algún monitor que actúe como ente mediador. Así se llegará a una negociación entre el grupo familiar, para así dar paso a la creación colectiva.

Etapa 5: la expresión final. En esta etapa se reúne la síntesis de lo construido, logrando que el grupo familiar genere estrategias de interpretación, de descripción, de crítica y de valoración de lo construido y de lo conocido. Finalmente, como en todo programa, debería entregarse un comentario final de cada visita familiar en cuanto a la valoración e importancia de lo que realizó.

Bibliografía

Giroux, Henry (2006), *La escuela y la lucha por la ciudadanía: pedagogía crítica de la época moderna*, Buenos Aires, Siglo XXI.

Maturana, Humberto (2007), *Amor y juego: fundamentos olvidados de lo humano desde el patriarcado a la democracia*, Barcelona, J. C. Sáez.

Schutz, William (2001), *La cultura de los encuentros*, Buenos Aires, Amorrortu.

7.1.10. ¡Y llegaron los Incas! Reflexiones y propuestas sobre la transmisión de valores patrimoniales a través de actividades educativas para familias

María Jesús Baquero Martín

La palabra *patrimonio* viene del latín, es aquello que proviene de los padres. Según el diccionario, patrimonio son los bienes que poseemos, o los bienes que hemos heredado de nuestros ascendientes. Lógicamente patrimonio es también todo lo que traspasamos en herencia. Entendemos que se trata fundamentalmente de objetos materiales como una casa, unos libros, unos utensilios o un trozo de tierra. De forma parecida podemos referirnos a derechos y a obligaciones, es decir a cosas menos tangibles. Incluso podemos hablar de patrimonio en un sentido menos materialista, más abstracto o más espiritual (Ballart Hernández 2001).

La persona adquiere su identidad cultural a través de los valores, costumbres, tradiciones, hábitos de vida, sistemas de creencias, formas de estímulo y control. Reglas ordenadoras de la existencia en común que, primero y con más impacto que a través de cualquier otra institución o lugar, se adquieren por mediación de la familia. Ser familia implica vínculos afectivos y morales que se mantienen a lo largo de la vida. Representa, por lo tanto, núcleos desde los que se aprehenden y aprenden los patrones culturales, y en los que se establecen los valores morales que nos orientan en nuestro desarrollo como seres humanos (Clavijo Portieles).

Al presentarse como portadores y transmisores de valores culturales positivos y válidos, los grupos familiares representan ejes principales de impulsos. Con ello, son un público en el que los museos deben apoyarse para la transmisión de los valores que contiene el patrimonio. Así se podrá alcanzar un mayor respeto, conservación y riqueza cultural del legado contenido en cada una de estas instituciones museísticas.

"¡Y llegaron los Incas!: unidad en la diversidad" constituyó un proyecto de exposición temporal organizado por la Dirección General de Bellas Artes y Bienes Culturales y la Subdirección de Promoción de las Bellas Artes, del Ministerio de Cultura de España, presentado en el Museo de América en Madrid. Por él tuvimos la posibilidad de acercarnos y comprender el patrimonio de diferentes culturas andinas del período prehispánico.[54] Se seleccionaron piezas que muestran un complejo desarrollo material y

[54] Catálogo de la exposición "¡Y llegaron los Incas!", editado por la Secretaría General Técnica, Subdirección General de Publicaciones, Información y Documentación, Ministerio de Cultura de España, Madrid, 2006. El discurso expositivo abarcaba parte de la historia del Perú prehispánico, desde la cultura de Chavín (900 a.C. a 200 d.C.) hasta el asentamiento de los Incas (1450-1534), pueblo que supo recoger y adaptar diferentes manifestaciones culturales de sus predecesores y constituyó un sistema sólido que resume la tradición andina.

espiritual / religioso, que componen en la actualidad parte del patrimonio conservado en los almacenes del Museo de América, y que no habían sido exhibidas hasta el momento, contando además con los préstamos de obras procedentes de otros museos.[55]

La Subdirección General de Promoción de Bellas Artes viene diseñando, desde hace ya varios años, actividades educativas destinadas a grupos familiares[56] que acompañan a las exposiciones temporales que programan. Estas actividades son un instrumento de transmisión de valores, diálogo y creación entre las familias participantes a través del patrimonio. En esta ocasión, se planteó potenciar las visitas y el trabajo en familia como núcleo portador básico de valores y actitudes, profundizando en la tolerancia, el respeto, la igualdad y la cooperación, ayudados por un acercamiento al patrimonio y con el descubrimiento de las huellas del pasado de otras culturas, participando de su estética y comprensión de su rica simbología.

El fin de semana se presentó como propicio para su desarrollo, puesto que es un tiempo favorable para la reunión de las familias. El museo puede ofrecer, de esta manera, una alternativa de desarrollo cultural y ocio para los núcleos familiares. Fue imprescindible la creación de un

---

55 Contaron con la colaboración del Museo Barbier-Mueller de Barcelona, el Museo de Prehistoria de Barcelona, el Museo de Antropología de Madrid y el Museo Etnológico de Berlín.

56 Quiero agradecer a Pedro Lavado Paradinas, Jefe de Servicio de Difusión y Educación de la Subdirección de Promoción de las Bellas Artes, mi participación en la elaboración y desarrollo en esta actividad. Estas reflexiones provienen, además, de las experiencias profesionales en otras dos exposiciones enmarcadas dentro del mismo ámbito institucional: *Magos y Pastores. Vida y Arte en la América Virreinal* (Museo de América, con actividades educativas realizadas desde el 21 de noviembre de 2006 hasta 29 de abril de 2007) y *Sorolla y la Otra Imagen* (Museo Sorolla, con un programa educativo para familias que transcurrió desde el 18 de febrero de 2007 hasta el 20 de mayo del mismo año).

equipo de trabajo que preparó la actividad y trabajó los fines de semana de forma exclusiva para la realización de estos talleres, siendo contratado por la Subdirección (no por el propio museo, que cuenta con un personal limitado los fines de semana).

La secuencia marcada para el desarrollo de la actividad estaba dividida en dos secciones complementarias que transcurrían a lo largo de dos horas de duración (Lavado Paradinas 2006):

1. Visita guiada a la sala de exposiciones, para entrar en contacto directo con el patrimonio expuesto y como introducción al tema, haciendo alusión a las formas de vida, trabajo, organización social y espiritualidad de las culturas andinas.

2. Taller manual y de creación en el que las familias podían elegir los trabajos en los que estaban más motivadas a participar:

2.1. Modelado con arcilla de la figura de una llama, como uno de los animales más característicos de los Andes.

2.2. Trabajo de indumentaria con la elaboración de un "unku" o poncho inca, soporte para reflejar la concepción tripartita del mundo para esta cultura.[57] Para su decoración utilizamos siluetas que contenían motivos decorativos extraídos de los diferentes textiles expuestos en la muestra, y que nos ayudarían a presentar y entender la cosmovisión del mundo inca (Bravo 2001; Makowsky s/f).

A lo largo de los fines de semana de duración de esta actividad educativa, pudimos extraer algunas características

---

[57] Durante la realización del taller, los participantes conocieron y representaron la concepción tripartita de los incas: *Hanan Pacha*, cielo o mundo superior, representado por el cóndor, mensajero de los dioses y espíritus; *Kay Pacha*, el suelo o mundo medio, representado por el puma, que simboliza la sabiduría, la fuerza y la inteligencia; *Uk'u Pacha*, suelo de adentro, representado por la serpiente, simbolizando el mundo de los muertos.

generales de las familias que nos visitaron: principalmente eran representantes de familias nucleares conyugales, o también denominadas "círculos familiares", conformados por los padres y los hijos; también participaron familias formadas por uno de los cónyuges más los hijos y familiares cercanos en edad infantil, como los primos. Su origen era de nacionalidad española con un nivel económico, cultural y/o académico medio alto.

Las motivaciones centrales que acercaron a estas familias a participar en la actividad las podemos resumir en los siguientes puntos:

- Culturales: a través de estas actividades tienen la posibilidad de conocer parte de su patrimonio.
- Educativas: son padres interesados en ofrecer a sus hijos una educación de carácter integral, sintiendo y comprendiendo que los museos son instituciones culturales que aportan con su patrimonio y actividades un complemento educativo y de disfrute imprescindible para la educación de sus hijos y de ellos mismos.
- Económicas: eran actividades gratuitas y voluntarias que aprovechaban los fines de semana para disfrutar en familia
- Satisfacción: un alto porcentaje ya había asistido a otras actividades similares, o bien en otros museos o dentro de las diferentes actividades programadas desde la Subdirección realizados en años anteriores.

El equipo de trabajo experimentó algunas dificultades en las diferentes sesiones de la actividad, que lejos de plantear un problema, resultaron satisfactorias como aprendizaje personal y educativo:

- Introducir a algunos padres, sobre todo a los hombres, en la actividad, ya que la visión que traían era la de una actividad orientada de forma exclusiva a los niños.

- Disparidad de edades que conforman estos núcleos. En los grupos se juntaban varias generaciones, teniendo que pensar y plantear una metodología específica para las visitas y talleres de forma que resultara satisfactoria a todos los miembros. Optamos por una metodología participativa, facilitando el diálogo entre los miembros de cada familia y de las diferentes familias entre sí. Una de las facetas más importantes fue la de incentivar el trabajo en equipo familiar, fomentando una organización interna propia para llevar a cabo el taller plástico. En muchos casos pudimos observar, a través de estos talleres, cómo dejaban traslucir los roles cotidianos ejercidos por cada uno de sus miembros. Pretendimos lograr un aprendizaje conjunto por la unión de experiencias educativas comunes entre los diferentes miembros de la familia.

Con la participación en esta actividad, intentamos que nuestro Patrimonio brindara a las familias resortes positivos. Debemos aceptar que cada cultura se manifiesta a través de formas de pensar, sentir y revelarse diferentes a las demás. De esta manera aceptaremos que todas las culturas son igualmente dignas y merecedoras de respeto. Esto significa, también, que una de las formas de comprenderlas correctamente es interpretar sus manifestaciones de acuerdo con sus propios criterios culturales y estéticos, haciendo un esfuerzo por entender la complejidad simbólica de muchas de sus prácticas culturales y sociales.

Uno de los valores principales que quisimos transmitir fue el de la sensibilidad, vista como una facultad con la que percibimos sensaciones y experimentamos sentimientos, queriendo con ello despertar en nuestros visitantes la curiosidad por otras culturas y construir, con su conocimiento e interés, actitudes positivas hacia lo que se nos presenta como diferente. A través del acercamiento a otras culturas y el rico legado del patrimonio pretendimos alcanzar una educación para el encuentro actual entre culturas y el respeto hacia las personas que las formamos. Preservando este legado del pasado y su continuidad en el presente, proponemos mejorar las relaciones en nuestra actual convivencia de una sociedad cada día más plural.[58]

Bibliografía

Ballart Hernández, Tresseras (2001), *Gestión del patrimonio cultural,* Barcelona, Ariel 2001.

Bravo, Concepción (1991), "Creencias y Ritos Incaicos", en *Incas y el Antiguo Perú, 300 años de Historia,* Vol. I, Quinto Centenario, Madrid.

Clavijo Portieles, A. (en línea), "La educación en valores desde la familia", en *Conocimiento, Educación y Valores.* Disponible en línea: http://acosoescolar.es/valores/ConferenciaM/Clavijo_P_A-ISCMCMG-ConferenciaM.pdf

Lavado Paradinas, Pedro (2006), *Informe de Evaluación del Taller de la Exposición ¡Y Llegaron los Incas!,* Servicio de Difusión y Educación de la Subdirección General de Promoción de las Bellas Artes, Ministerio de Cultura, Madrid.

Makowsky, K (s/f), *Los Dioses del Antiguo Perú,* Banco de Crédito de Perú, Lima.

[58] Debemos tener presente la realidad de la inmigración en Madrid, y en general en España, de personas provenientes de países Hispanoamericanos, y en especial de Perú, Bolivia o Colombia. La Comunidad de Madrid cuenta, en la actualidad, con un 20,8% de población extranjera, ya que es una de las áreas de mayor nivel de atracción para las personas inmigrantes.

7.1.11. La relación entre los museos y las familias no convencionales

Sofía Seperiza, Museo Histórico de Armstrong, Provincia de Santa Fe[59]

La relación entre los museos y las familias no convencionales

A partir del siglo XX, los museos se convirtieron en un servicio público a disposición de los intereses culturales, educativos y recreativos de la sociedad, lo que nos permite atribuirles el derecho y la obligación de contar con el acondicionamiento más idóneo para que todos los miembros de la sociedad puedan acceder a los conocimientos que encierran.

Sin embargo, son muy pocos los que han tenido en cuenta esta perspectiva en el momento de su creación, y tampoco demasiado numerosos los que han modificado sus proyectos originales para ampliar el número potencial de sus visitantes, poniendo los medios para su aprovechamiento por las personas que no reúnen rigurosamente todas las características de lo que se considera el tipo de ciudadano medio. Y ello a pesar de que cada vez está más asumido por los poderes públicos el derecho de las personas con necesidades especiales a recibir igualdad de atención que el resto de ciudadanos.

Por otra parte, hay que tener en cuenta que el grupo de personas a las que beneficiaría esta medida es más numeroso de lo que en un principio podría suponerse, puesto que comprende también a lo que llamo "familias no convencionales".

La mayoría de los museos del mundo dicen en sus folletos o páginas *web* que sus exposiciones son aptas "para

---

59 Esta ponencia extractada fue publicada en la *Revista de ADIMRA* (Asociación de Directores de Museos de la República Argentina) núm. 6, 2009.

todo público" o "para público en general", pero ¿cuál de ellos podría realmente jactarse de serlo? ¿Están los museos preparados para recibir y lograr que "todo tipo de público" pueda visitarlos y retirarse del mismo con la sensación de que sus necesidades fueron bien atendidas?

El título de la ponencia hace referencia a las familias no convencionales ¿A qué nos referimos cuando hablamos de ellas? ¿En qué tipo de familia pensamos? Probablemente en aquellas en las cuales uno o más de sus miembros tienen alguna imposibilidad física o mental. Podría ser... ¿Y cuáles son estas imposibilidades, nos preguntamos entonces? Pensamos en la ceguera, en alguien hipoacúsico, en personas con un impedimento para desplazarse sin ayuda, o con problemas neurológicos. Esas son las primeras ocurrencias que nos vienen a la mente.

En realidad esas no son las únicas familias no convencionales, sino todas aquellas que posean:

- Algún miembro menor de cinco años: ellos no se desplazan correctamente o por sí mismos y no entienden fácilmente las reglas básicas de comportamiento en un museo o lo que en él se exhibe, lo cual los haría integrantes del grupo con imposibilidades físicas o mentales.
- Un miembro analfabeto: podría ser un menor de seis años o una persona de cualquier edad. Si bien puede ver lo que el museo presenta, es incapaz de leer la información que el mismo provee en carteleras o panelería y folletería, por lo cual el mensaje le llega de forma incompleta.
- Adultos mayores: este grupo puede presentar una o varias de las siguientes características: disminución de la vista, problemas motrices y auditivos.
- Disminuidos visuales: cualquier persona que necesite anteojos para ver, de la edad que sea.

O sea que hablamos de estas familias cuando alguno de sus miembros no disfruta en plenitud de todas sus facultades físicas, psíquicas y sensoriales, ya sea por cuestiones permanentes, temporarias o simplemente por razones de madurez evolutiva.

Cuando lo pensamos en profundidad, nos damos cuenta de que todas las familias son, en algún momento, no convencionales. Y aunque los museos crean que son aptos para todo público, no cubren lo básico para que cualquier tipo de familia con necesidades especiales los visite. No basta con la instalación de ascensores o rampas, o que los guías adapten el discurso según el interlocutor. Las exposiciones permanentes de los museos deberían adaptarse a la gente, y no la gente a los museos. Y las familias que son "no convencionales" no deberían tener que dejar de visitar museos por temor a sentirse diferentes o una molestia para el personal, porque alguno de sus miembros requiere alguna atención extra.

Voy a referir a continuación la anécdota que me inspiró esta reflexión. Se trata de la experiencia de un niño ciego, pero podría ser la de cualquier niño (por qué no un adulto) que visite un museo:

Aprendí la palabra museo a los seis o siete años de edad, la primera vez que, siendo ciego, hicimos una visita cultural con el colegio. Un museo era un edificio antiguo donde no se podía hablar en alto ni hacer comentarios, había que moverse con muchísimo cuidado y no podía tocarse nada. Los que veían algo lo pasaban peor, intentando acercarse a las cosas o enfocar mejor los objetos para verlos a pesar de que lo tenían terminantemente prohibido. La persona que nos lo enseñaba nos hacía ir de pasillo en pasillo, y nos obligaba a detenernos delante de vitrinas, donde nos dirigía con voz monótona un pequeño monólogo relacionado con los materiales que se exhibían. Recuerdo que al salir, respirábamos relajados como si llevásemos mucho tiempo reteniendo el aire, y empezábamos a temer que el profesor quisiera comprobar lo que habíamos aprendido allí dentro. No nos habíamos enterado de nada.

Muy diferente fue cuando visitamos unos meses más tarde un museo arqueológico, y tuvimos la oportunidad de tocar muchas de las piezas que guardaba. Todavía conservo en la memoria el tacto de una Maternidad esculpida en piedra toscamente trabajada, un menir de considerables dimensiones, o la estatua de un guerrero yacente sobre un túmulo con su cabeza separada del cuerpo y una espada en la mano. La diferencia consistía en que en esa ocasión se trataba de una visita concertada previamente, y que los guías habían recibido orientaciones precisas para facilitarles su labor con nosotros. (Relato testimonial de Eutiquio Cabrerizo)

En algunos casos, se han abierto exposiciones temporales accesibles o se han adaptado para personas con necesidades especiales algunas partes de un museo, pero son numerosas las personas sin necesidades especiales que reclaman su derecho a tocar los objetos, escuchar las explicaciones pregrabadas y examinar los fondos expuestos valiéndose de accesorios ópticos adicionales. Podría decirse que la observación visual crea una idea insuficiente de las cosas, y que las personas necesitan completar su primera impresión utilizando el resto de los sentidos: tocándolas para confirmar su textura, su volumen y su forma; golpeándolas suavemente para percibir los mil matices de su sonido; tal vez, incluso oliéndolas o gustándolas, según la materia de que se trate, para disfrutar también de las gratísimas sensaciones de estos dos últimos sentidos, que suelen considerarse como menores.

La importancia de un museo no depende de la cantidad de personas que recibe diariamente, ni tampoco del número de tesoros que custodia o los metros cuadrados de sus instalaciones. Lo más valioso de un museo es el procedimiento utilizado para comunicar con la sociedad y la posibilidad real de contribuir positivamente en la experiencia vital del visitante. Los sistemas de adaptación empleados en estos centros de cultura enriquecen al museo y facilitan la comprensión y la sensibilización social.

Finalmente, conviene dejar claras dos cosas. La primera de ellas es la situación mínima en que se encuentra la accesibilidad de museos y centros de interés cultural para que puedan ser utilizados por personas que sean parte de las anteriormente llamadas "familias no convencionales". La segunda tiene que ver con que no se dispone de un canal estable para conocer los lugares con accesibilidad, para que los pocos que existen puedan ser conocidos y visitados con mayor frecuencia por todos los que lo deseen. El día que hayamos superado estas dos barreras, habremos logrado una sociedad más madura y más justa. Habremos logrado crear una nueva conciencia capaz de abrir los museos a todos los sentidos y supeditar el resto de intereses a la igualdad de todas las sensibilidades de los ciudadanos del mundo.

A esta altura, todos nos estamos diciendo y preguntando: "Qué interesante todo lo expuesto anteriormente, pero ¿cómo lo llevo a cabo? ¿Cómo adapto mi museo? ¿De qué manera integro a toda una familia?

Principalmente debemos pensar en los objetivos que guiarán nuestras acciones, que pueden ser los siguientes:

- *Crear* puentes concretos para que estos sectores de la comunidad, habitualmente excluidos de la oferta cultural, accedan a los bienes materiales y simbólicos de su propia cultura.
- *Fomentar* la integración de las personas con necesidades particulares al proceso cultural y educativo en iguales condiciones de calidad, derechos y oportunidades

que el resto de los ciudadanos, incluyendo accesibilidad al espacio físico.

- *Ofrecer* un espacio de formación y educación para la población, a través de técnicas multisensoriales, y la interacción con objetos de la colección.

Una vez que tengamos en claro nuestros objetivos, que pueden variar según la tipología de cada museo, veremos qué tipo de sistema de adaptación se adecua mejor a la exposición o al espacio que poseemos. Son los siguientes:

- *Rotulación especial de textos* o indicadores de obras en lenguaje Braille (para no videntes) y macrotipo (letras grandes para disminuidos visuales).
- Diferentes sistemas de apoyo *audiovisual* (subtitulado) e informático.
- *Audio y signo-guías.*
- Elaboración de *materiales en relieve,* confección de maquetas, o realización a escala de esculturas.
- *Eliminar las barreras arquitectónicas y ambientales,* por seguridad de los objetos expuestos y los visitantes; habilitar bandas de textura rugosa en el piso para indicar trayectos.
- Facilitar al visitante el contacto directo con los objetos de la colección permanente para poder descubrir por el tacto la diversidad de las formas, texturas, movimientos y diferentes materialidades. Estas superficies, al ser acariciadas, transforman sus contornos en lectura interpretativa. Se puede concretar a través de *valijas didácticas* con objetos de similares materialidades que los originales, en el caso de que éstos no puedan ser tocados.
- Contar con guías formados adecuadamente para comunicar y relacionarse con personas que presentan diferentes tipos de necesidades. En el caso del visitante no vidente, el guía debe ser capaz de describir al visitante aquello que nunca vio, y debe imaginarse. Los

beneficios de estas *descripciones auditivas* son: ganar conocimiento sobre el mundo visual, sensación de independencia, experimentar una conexión social y sensación de igualdad. Esta guía de descripción auditiva proporciona información adicional sobre los objetos expuestos y la forma en que están exhibidos.

- Promover *actividades puntuales* para los diferentes grupos, como por ejemplo, el "Mes del adulto mayor" o el "Domingos en familia". En dichas actividades se comparten experiencias alrededor de las piezas expuestas en el museo, y las mismas pueden realizarse a través de juegos, explicaciones, anécdotas, historias y talleres referidos a la composición o colección del museo.
- Organizar *charlas de sensibilización* en las cuales las personas que cuentan con todos sus sentidos y movilidad puedan experimentar las sensaciones de aquellas otras que carecen de uno o varios de ellos.
- Colocar en las salas taburetes para que los niños puedan ver el interior de las vitrinas cómodamente, y sillas para el descanso de los adultos mayores si el recorrido fuese extenso.
- En el caso de reciclar o diseñar nuevas vitrinas para el museo, prever de antemano su altura, y que las mismas sean aptas para la observación con sillas de ruedas.

Estos sistemas de ningún modo van en perjuicio de los fines fundamentales del museo, sino todo lo contrario, y este mismo argumento permite exigir su adaptación inmediata, puesto que aun cuando el número de visitantes con necesidades especiales o de familias "no convencionales" fuese muy bajo, se beneficiarían directamente todas las personas que recorriesen las instalaciones. De hecho, tal y como prueban las experiencias desarrolladas en este sentido, disponer de guías idóneos, maquetas a escala de monumentos o de esculturas inaccesibles en su totalidad por su tamaño o por el lugar de ubicación, permite que todos los visitantes capten una imagen global del valor artístico imposible de alcanzar por otro procedimiento, lo que demuestra las enormes ventajas que aporta la accesibilidad de los museos a todas las personas y a todos los sentidos.

Por último, quisiera mencionar tres ejemplos a seguir consultando las páginas *web*: Museo Municipal de Villa Joyosa, British Museum y Museo Tiflológico de Madrid.

7.1.12. Actividades para la familia

Ana María Monte, Jefa del Departamento de Formación e Instrucción Cultural del Centro Cultural Recoleta

El Centro Cultural Recoleta, dependiente del Ministerio de Cultura del Gobierno de la Ciudad de Buenos Aires, es una de las instituciones culturales de mayor relevancia de nuestra ciudad, con destacada proyección tanto a nivel nacional como internacional. El promedio de público que asiste anualmente es de 1.300.000 visitantes. Su sede ocupa un complejo edilicio que data del siglo XVIII; albergaba originalmente al Convento de los Monjes Recoletos y fue declarado Monumento Histórico en el año 1948. Tiene una superficie de 20.000 m2 y 8.000 m2 de calles interiores, patios, terrazas, jardines, etc.

El Departamento de Formación e Instrucción Cultural es el área específica para el desarrollo educativo, y se constituye en el elemento fundamental de mediación entre el espacio cultural, la obra de arte, el artista y el público. Sus objetivos apuntan a impulsar el acceso de todos los sectores de la comunidad al arte y a la cultura, mediante propuestas que facilitan su valoración e interpretación; propiciar los medios que promueven la práctica de dichas manifestaciones; contribuir al desarrollo de competencias que integren tanto aspectos teórico-prácticos como éticos y estéticos; facilitar la expresión creativa, el despliegue de la imaginación y el desarrollo del pensamiento reflexivo y crítico como disparadores de una mayor compresión del mundo actual.

La tarea de dicho departamento se desarrolla a través de las áreas "Cursos y talleres", "Programas educativos y visitas participativas", y "Eventos y actividades especiales". Actualmente este departamento ha logrado afianzar su estructura organizativa, lo que le permite seguir estrechando vínculos con el público usuario y ampliar cada vez más el conocimiento y la participación de nuevos públicos.

Área "Cursos y talleres"

El área "Cursos y talleres" ofrece diferentes propuestas formativas destinadas a público amplio (jóvenes, adultos, personas con necesidades especiales, etc.), integrando diferentes áreas artísticas, como artes visuales (dibujo, pintura, escultura, fotografía), artes escénicas (actuación, escenografía), letras y comunicación (creación literaria), música (especialmente relacionadas con la música electroacústica), etc., a cargo de destacados docentes y artistas. La programación de verano (febrero / marzo) incluye cursos y talleres intensivos, con el fin de dar la oportunidad de asistir a las personas interesadas del Interior del país. A partir de abril tienen lugar cursos y talleres con una frecuencia de dos horas y otros de tres horas semanales, con una duración de uno o dos cuatrimestres, contando también con propuestas bimestrales y trimestrales. Además, se realizan diferentes seminarios, jornadas y clínicas relacionados con diferentes disciplinas artísticas. En total tienen lugar un promedio de veinticinco propuestas formativas mensualmente. Al finalizar cada temporada se realizan muestras de los talleres de artes visuales y de los talleres de artes escénicas.

Cabe señalar que este departamento ha implementado una encuesta dirigida a los alumnos que asisten a los cursos y talleres, con el fin de obtener mayor conocimiento sobre sus inquietudes y necesidades para poder ofrecer respuestas oportunas y de calidad a los mismos.

Una particularidad que se evidenció notablemente en algunos de los cursos y talleres, durante estos dos últimos años, es la incorporación de alumnos extranjeros que están en forma temporaria en la Ciudad de Buenos Aires, procedentes de México, Colombia, Perú, España e Inglaterra, entre otros países.

Programas educativos y visitas participativas

Este departamento organiza visitas de grupos de estudiantes, mediante la acción del programa educativo "Los chicos con el arte", destinado a grupos escolares del nivel inicial y primario, y del programa educativo "Jóvenes al arte", para grupos de estudiantes de los niveles secundario, terciario y universitario. Dichos programas mantienen relaciones de interacción cultural con diferentes instituciones educativas, entre otras, las escuelas de nivel inicial, primario y secundario, estatales y privadas de la Ciudad de Buenos Aires, de la Provincia de Buenos Aires, como así también con instituciones de educación superior y en reiteradas ocasiones con escuelas y universidades del resto de las provincias argentinas, mediante propuestas de visitas al Arte Contemporáneo y a la Historia y Arquitectura del Centro Cultural Recoleta. Se ha implementado una encuesta dirigida a los docentes que visitan el Centro con grupos escolares, con el fin de evaluar los beneficios logrados y detectar fortalezas y debilidades. Su resultado es muy satisfactorio por las manifestaciones de reconocimiento y mucho entusiasmo de la amplia mayoría de los docentes encuestados. Asimismo, cabe destacar que dichos programas educativos se extienden a grupos de niños y jóvenes con necesidades especiales.

Por otra parte, en relación con el objetivo propuesto de acercar nuevos públicos, se consideran de fundamental importancia las actividades organizadas por este departamento que se realizan los fines de semana para las *familias.* En este caso, dicha actividad también tiene lugar en el marco del programa educativo "Los chicos con el arte", mediante su propuesta *"Visitas participativas a la Historia y Arquitectura del CCR y al Arte Contemporáneo para los chicos y su familia".*

Para público adulto en general se ofrece el *recorrido a la Historia y Arquitectura del CCR.* También se llevan a cabo numerosas *visitas participativas al Arte Contemporáneo,* a las que asisten tanto el público general como grupos organizados de centros de jubilados, centros de gestión y participación e instituciones varias. Por otra parte, se realizan propuestas de visitas destinadas a turistas, en idioma inglés, francés e italiano.

Tanto los programas educativos como las visitas participativas para adultos son gratuitos para escuelas estatales y grupos de público en general, y aranceladas para colegios e instituciones privadas.

Asimismo, este departamento colabora en la capacitación de estudiantes de instituciones educativas del nivel superior y posibilita la realización de prácticas de sus alumnos en el CCR. Participaron, entre otras instituciones, el Instituto Universitario Nacional de Arte (IUNA) y la carrera de Arte de la Facultad de Filosofía y Letras de la UBA. Estas prácticas se han extendido a nivel internacional, contando con estudiantes extranjeros de la Universidad Autónoma de Madrid, España (Carrera de Historia del Arte), de la Universidad Villa Arson de Niza, Francia (Carrera de Arte); y de la Universidad Niederrhein, Moenchengladbach, Alemania (carrera de Pedagogía Cultural).

En el año 2006, mediante una iniciativa de intercambio, realizaron una pasantía en el CCR los integrantes del Departamento de Educación del Museo MACRo de Rosario, y en el 2007 viajaron a dicha ciudad con el mismo fin cuatro integrantes del departamento homónimo del CCR. Esta propuesta resultó muy enriquecedora para ambas áreas educativas por la posibilidad que ofreció a los participantes de ponerse en contacto con la realidad educativa en los diferentes contextos.

Cabe señalar que este departamento incluyó como propuesta mejorar la práctica cotidiana de los controles de sala con el público, concibiendo en esta particular relación la posibilidad de un cambio para incrementar la comprensión de la obra de arte contemporánea y del proceso de creación del artista, y la comunicación efectiva de dicho personal con los visitantes. Su intención es generar una transposición pedagógica adecuada, con forma y contenido, a partir de la propuesta del propio artista.

Eventos y actividades especiales

Entre las realizaciones especiales que produce el Centro Cultural Recoleta, destinadas a variados públicos, se destacan especialmente las propuestas lúdico-creativas, de carácter multitudinario, dirigidas a chicos y adolescentes, en el marco de los programas educativos "Los chicos con el arte" y "Jóvenes al arte". Tienen como finalidad realizar variadas actividades, siempre con el propósito de acercar al arte y promover valores a través del mismo. Entre estas realizaciones del año 2007 se destacan "La danza y el museo educador: la noche estrellada", con la coordinación de Anabella St. Peter, del *Santa Fe Children's Museum*, de Nueva México, USA, dirigida a niños desde los cinco a los ocho años. La propuesta en celebración del Día del Niño "Transfigurando el planeta" tuvo como fin reflexionar acerca de los valores -tanto universales como individuales- que sustentan una cultura de paz; luego los niños participaron de un taller de artes plásticas, inspirados en esta temática. También se realizó la actividad "Pintando descubrimos nuevos caminos", como festejo del Día de la Primavera y del Arte, donde los chicos de cinco a catorce años pudieron expresarse creativamente pintando remeras. Para adolescentes y jóvenes tuvo lugar el recital didáctico "*Rock'n tea*", con el propósito de generar un espacio libre e informal de música y debate, con la participación de tres bandas de distintos estilos musicales, que presentaron sus canciones y brindaron información sobre sus historias y sus propuestas artísticas; se finalizó con la apertura de un diálogo con el público mientras todos degustaban té y galletitas. Asimismo, cada año durante las vacaciones de invierno se organiza una serie de actividades creativas gratuitas para los chicos y la familia.

Cabe destacar una actividad especial que representa un hito en la trayectoria educativa del CCR: se trata de "Pintando con los chicos". Tiene lugar una vez por año y se inició en 1998. En cada edición diez relevantes artistas plásticos pintan con cien chicos de cuatro a doce años obras de grandes dimensiones en el Centro Cultural Recoleta, utilizando los mismos materiales que los artistas: telas en bastidor, pinceles de cabo largo chatos y redondos, pinceletas y rodillos, pintura acrílica, entre otros. Cada edición es una verdadera fiesta, en la que disfrutan mucho tanto los chicos como los artistas expresando toda su creatividad. Todos los años se realiza la exposición de los trabajos de la edición que corresponda.

Con respecto a los eventos organizados por el Departamento de Formación e Instrucción Cultural, han sido relevantes las Primeras Jornadas Internacionales "La dimensión educativa de los museos de arte y centros culturales", que dieron apertura en nuestro país a este tipo de propuestas relacionadas con la educación en museos de arte a nivel internacional. El proyecto comenzó a elaborarse a principios del año 2006, y tuvo lugar los días 27, 28 y 29 de junio de 2007, contando con el auspicio de la Comisión Nacional Argentina para la UNESCO y del Ministerio de Educación del Gobierno de la Ciudad Autónoma de Buenos Aires, como así también fueron declaradas de Interés Cultural por la Legislatura de la Ciudad Autónoma de Buenos Aires. Estas jornadas tuvieron como objetivo estrechar vínculos para favorecer la integración, y promover el diálogo y el intercambio, con el fin de impulsar en las instituciones culturales el desarrollo de una política educativa integral, que posibilite un mayor acercamiento al patrimonio cultural y una mejor comprensión del mundo multicultural. La convocatoria a numerosos museos y centros culturales de Argentina y de diferentes países del mundo, como así también a especialistas nacionales e internacionales, tuvo una amplia respuesta: se contó con la presencia de 326 personas conformadas por oradores, talleristas y asistentes.

Entre las instituciones culturales participantes figuran el Museo Nacional Centro de Arte Contemporáneo Reina Sofía, de Madrid; el Instituto Valenciano de Arte Moderno -IVAM- de Valencia; el Museo Metropolitano de Nueva York; el Palais de Tokyo, de París; el Museo de Arte Contemporáneo -MARCO- de Monterrey, México; el Museo de Arte Contemporáneo de Ponce, Puerto Rico; la Pinacoteca del Estado de San Pablo, Brasil; el Museo de Arte Precolombino e Indígena -MAPI- de Montevideo; el Centro Cultural de España en Montevideo; el Centro Cultural Palacio de la Moneda, de Santiago de Chile; el Museo Castagnino y Museo de Arte Contemporáneo -MACRo- de Rosario; el Museo de Arte Contemporáneo -MAC- de Salta; el Museo de Artes Plásticas Eduardo Sívori, de Buenos Aires; la Pinacoteca del Ministerio de Educación, Ciencia y Técnica de la Nación; el Espacio Fundación Telefónica, de Buenos Aires, entre muchas otras.

7.1.13. Don Troncoso

Vilma Oriti Tizio

Esta ponencia por animación no ha sido escrita.

7.2. Segundo Encuentro CECA Argentina - Séptimo Encuentro CECA LAC Realizado los días 14, 15 y 16 de agosto de 2009 en la ciudad de Corrientes, Argentina, bajo el título "Museos, educación y virtualidad"

7.2.1. Palabras de la Dra. Colette Dufresne-Tassé, Presidente de CECA Internacional

Presentadas por la Lic. Sonia Guarita do Amaral[60]

Aunque comprenda la razón y la considere totalmente justificada, siento infinitamente el cambio de fechas de este encuentro, pues me lleva a faltar a la promesa hecha a la organizadora, Cristina Holguin, de participar en él. No es una razón frívola la que me ha llevada a renunciar a estar hoy con vosotros. Es que desde el mes de julio y durante todo verano tengo que enseñar algunos días por semana. Imagino que ustedes comprenden que la primera obligación de un profesor es dar sus cursos, y excusan mi ausencia.

Sin embargo, les ruego que crean que estoy con vosotros en pensamiento, que siento no escuchar sus ponencias, y sobre todo, los resultados del trabajo hecho en cada parte de su país. En efecto, se trata de una iniciativa única dentro del CECA. La considero de gran valor y llena de promesas. Cuando hablé de ella a los miembros del Consejo se mostraron tan admirativos como yo, cuando en el otoño pasado en Santiago de los Caballeros Cristina Holguin me describió los temas sobre los que ustedes estaban trabajando.

Les deseo una conferencia fructífera. Espero tener el placer de lanzar la publicación que resultará de la

---

60 Museóloga. Master Science in Education / Museum Leadership, New York University. Bank Street College of Education, New York, 1989. Coordinadora para América Latina y Caribe del Comité de Acción Cultural y Educación, CECA / ICOM / UNESCO, 2000-2006. Coordinadora para Asuntos Regionales del mismo Comité desde el año 2007.

conferencia durante el próximo encuentro internacional del CECA. Mi aspiración es que los miembros de otras partes del mundo puedan aprovechar los resultados de sus estudios y rendir homenaje a la inteligencia, al dinamismo y a la determinación de Cristina Holguin que, como representante nacional, ha hecho posible esta conferencia y la ha preparado.

7.2.2. Conferencia Magistral. "Todo lo que nos gusta se evapora: museos, juventud y educación en la era digital"

Daniel Castro[61]
Contacto: dcastroben@yahoo.es

La presente ponencia pretende indagar sobre las relaciones y las tensiones que tienen lugar entre los museos, la juventud y las nuevas tecnologías de la era digital en contextos de globalización y de regionalización. Esta reflexión se realiza en el marco del encuentro regional para América Latina y el Caribe del Comité de Acción Educativa y Cultural del ICOM en Corrientes, Argentina, en julio de 2009.

La presentación se llevará a cabo a partir de cuatro ventanas (para realizar una paráfrasis de las herramientas que utilizan hoy las plataformas digitales), en las que se presentarán los temas inscriptos en el título de la ponencia.

61 Coordinador Regional para América Latina y el Caribe de CECA. Artista, músico y pedagogo. Director de la Casa Museo Quinta de Bolívar de Bogotá. Director de la Casa Museo del 20 de julio de 1810 / Museo de la Independencia. Asesor educativo de Colciencias en 1989 y Consultor en el área de Educación. Maloka. Centro Interactivo de Ciencia y Tecnología / Asociación Colombiana para el Avance de la Ciencia. ACAC en 1998-1999. Fue elegido secretario de la Junta Directiva de la Asociación Colombiana de Museos / ICOM COLOMBIA para el período 2001-2006, representante del sector de museos para el Consejo Nacional de Cultura de Colombia y por el sector de producción de bienes y servicios culturales en el Consejo Distrital de Cultura, Bogotá.

La primera ventana explorará la relación entre los museos y el mundo digital, y lo que pareciera haber sido desde los inicios de la relación un vínculo de incompatibilidad, que día a día empieza a transformarse. La segunda ventana tiene como eje la relación entre la juventud y los museos, donde se hace evidente una desconexión cada día más profunda, de la cual se intenta plantear algunas de las causas y de las soluciones. La tercera ventana indagará sobre el debate entre educación y comunicación, y qué tanto dicho debate está inmerso en el quehacer de las instituciones museales, examinando sus públicos y las nuevas plataformas de trabajo e interacción. Por último, una serie de conclusiones de la reflexión en torno al título mismo de la ponencia: "Todo lo que nos gusta se evapora"

Intro (*Enter*)

La máquina se encuentra apagada y hace más de diez años le causaba profundo pavor a quien escribe. Uno de los detalles que más le intrigaba era que, a diferencia de las máquinas de escribir con las que se acostumbró a hacer los trabajos de los últimos años del bachillerato o los escasos años en su formación como maestro en Bellas Artes, en esta máquina existía -existe- la posibilidad en los teclados de insertarse entre una letra y otra, para corregir la puntuación o la ortografía.

La transformación que se estaba llevando a cabo se introducía lentamente, y es sólo en este momento, casi treinta años después, que es posible analizar estos fenómenos con una perspectiva histórica. Primero que todo, en relación con las enormes máquinas que habían comenzado a inventarse desde 1945, como computadoras con memoria única, sin que esté claro todavía quién fue su verdadero inventor (aunque se le atribuye parte de la tarea a un matemático estadounidense de origen húngaro, llamado John von Neumann).

Más adelante, las computadoras para uso personal aparecieron en 1977. De ellas, las Comodore PET y Tandy TRS 80 están casi olvidadas, no así la Apple II, una máquina con su propio monitor y tarjetas de expansión conectables. Ello se debió a la dedicación de los promotores y diseñadores de Apple, los estadounidenses Steve Jobs y Stephen Wozniak. Parte de esa dedicación cambiaría la manera de procesar la información, y más adelante de realizar procesos de comunicación y de interacción entre los seres humanos.

De los museos tal vez sabemos un poco más que de la historia misma de las computadoras y de la revolución digital, y más adelante será necesario esbozar algunos aspectos de esa historia compartida. Sin embargo, es el mismo museo el que nos convoca una vez más actuando como telón de fondo -o para seguir en la metáfora de las computadoras como pantalla de escritorio-, y permitiéndonos reflexionar sobre la relación harto compleja entre la institución misma, las plataformas digitales y la juventud.

La pequeña tecla o botón de acceso es unas veces una flecha que va de izquierda a derecha, o tiene en su superficie la palabra *intro* o *enter*. Es tan elemental hoy en día realizar esa acción que olvidamos la larga ruta transitada para llegar hasta ese punto, a que esa máquina nos abra las puertas, o mejor dicho, las ventanas de un universo ancho y tal vez ya no tan ajeno, sólo con el *click* del ratón, que devino de animal de biblioteca a animal de teclado o de computadora, e incluso su larga cola se ha cercenado en algunos casos para convertirse en una lucecita roja que nos recuerda que esa cola de ratón no existe porque es inalámbrica.

Por otro lado, y junto a estas innovaciones, los museos. Su umbral, su *enter,* su intro, es tan variado como la tipología que de ellos existe en nuestro continente, y en el mundo entero. Los umbrales, tal como nos lo ha dicho Lauro Zavala, pueden variar, dependiendo no sólo de la tipología del museo, sino también del espíritu que anime a la institución misma, y ello nos recuerda ciertas características que son parte del origen mismo de estos lugares que albergan patrimonio cultural de variado tipo.

El simple acto de cruzar el umbral de un museo -nos recuerda Zavala- coloca al visitante en un tiempo diferente, cuyo efecto habrá de persistir más allá de la puerta de salida. El museo cumple una función religiosa dentro del ámbito de la vida cotidiana. Sin embargo, cuando el ámbito museográfico y el propiamente religioso se superponen, el resultado es la generación de *actos rituales,* como al convertir un centro ceremonial en museo -Stonehenge- o al incorporar un espacio museográfico en un ámbito religioso (la Basílica de Guadalupe).

Adicionalmente, y en un ejercicio que hace este investigador mexicano, hay museos clásicos para los cuales el umbral está constituido por un ejercicio narrativo que va del plano general al plano cerrado. Por otra parte, el museo moderno es descriptivo y parte del primer plano para abrir el espectro a un plano general. Por último, el museo posmoderno alterna tanto a la narrativa como la descripción. Zavala termina diciendo que para el primero (el clásico), la intriga de la predestinación es la estrategia de comunicación que permite reconocer la manera en que la exposición es diseñada secuencialmente, o que nos posibilita preveer la conclusión; en el museo moderno hay ausencia de esa intriga de predestinación, y en el posmoderno lo que se plantea es un simulacro de esa misma estrategia.

Nos sirven entonces estas sugestivas interpretaciones para iniciar nuestra reflexión: el *enter* del computador es tan veloz y se ha automatizado tanto que casi no nos percatamos de lo que sucede en ese lapso brevísimo. Por otra parte, el museo desea siempre que reconozcamos que hemos entrado a una especie de lugar sagrado, en el que cambia el tiempo de manera sorprendente. Ya no a la velocidad del *click* del computador, sino precisamente con la lentitud de un ejercicio de rememoración que la mayoría de las veces tiende a invocar el pasado.

Parte de estos procesos son los que precisamente han distanciado a la enorme franja de adolescentes, jóvenes o *young adults* -como se les ha comenzado a denominar en los países anglosajones-, y es por lo tanto esa inquietud la que nos obliga a indagar sobre las razones de que eso suceda, y en lo posible a proponer maneras en las que al menos el *enter* del museo, demande el mismo grado de atención y de interés que el *click* del computador.

Primera ventana: museos y cultura digital

Todo parece indicar que los caminos de uno y otro de estos conceptos apenas parecieran comenzar a cruzarse a finales del siglo XX e inicios del nuevo milenio. Ya se comentaba en la introducción que el hombre se dispone a innovar sobre las posibilidades de acumular información desde comienzos de la segunda mitad del siglo XX, avances que sólo empiezan a concretarse en la década de 1970. Debemos reconocer que es por esas mismas épocas cuando inquietos museólogos deciden darle un vuelco a lo que por entonces era visto como un lugar anclado en tradiciones obsoletas, y que se había creado una fama de espacio muerto de saberes que habían caducado y que yacían entre la penumbra y el polvo de las vitrinas.

Tal como describe Ross Parry, si uno necesita encontrar un punto de partida para la "automatización" de los museos, éste puede ser muy seguramente el año de 1963, y el lugar Washington DC. Aunque otras iniciativas estaban comenzando por el mismo momento, esta fecha y este lugar conducen al Museo de Historia Natural del Instituto Smithsonian, y a su director, quien cita a un comité científico dirigido por Donald Squires, para desarrollar en una serie de reuniones, consultas y cursos de entrenamiento una "comprensión general del potencial del procesamiento de datos para la comunidad museal." (Ross 2007: 15).

Más adelante, una firma privada se embarcó en un proyecto que preveía el uso potencial de computadores en esa institución, y el reporte final produjo una serie de recomendaciones específicas sobre el desarrollo de procesamiento de datos en el Museo de Historia Natural. Seguidamente, en 1967, el museo se embarcó en un programa de investigación que tenía como fin la automatización de la información. Sin embargo, Parry comenta cómo la museología ha sido reticente -o eso parece- a escribir una historia de la computación en los museos (una historia del cambio tecnológico y profesional), muy al contrario de lo que ha sucedido con otras prácticas dentro de nuestras instituciones, que sí han tenido la atención académica requerida. Él añade que ello se debe tal vez a la poca "distancia histórica" que el fenómeno produce, y que por eso no permite un abordaje lo suficientemente aplomado y cuidadoso. A esto cabe anotar que, si esta es la posición del ámbito europeo o anglosajón, tendríamos que indagar igualmente si la situación es similar en nuestra región, no sólo desde el punto de vista de la implementación de nuevas tecnologías en los museos -sus usos, efectos e impacto en los visitantes, y muy particularmente en el grupo que ahora nos ocupa, los jóvenes-, sino también de la manera como estamos historiando o investigando estas transformaciones.

Desde 1973, una serie de autores se han dedicado a revisar ese fenómeno, pero en especial cabe destacar un estudio titulado "The Wired Museum", que podría ser traducido libremente como "el museo cableado", en el cual se revisan treinta años de computación en los museos. Lo singular de este estudio es que fue editado durante la segunda mitad de la década de 1990, justo antes de la explosión del ".com", y cuando todavía no se preveía el crecimiento exponencial y el uso de la red mundial de información, tal como la vivimos hoy en día.

La relación entre museos y era digital indiscutiblemente va a tener su inicio y primeras implementaciones en el campo del registro de colecciones y sistematización de información. Es decir, antes de que los mismos museos entraran a formar parte de la oferta que la red comenzaba a ofrecer a los no poco temerosos usuarios que se dedicaban a bucear, literalmente, en ese océano de información que comenzaba a desplegar sus nodos en el ciberespacio. También antes de que los servicios educativos o los diseñadores museográficos empezaran a explorar estas nuevas tecnologías en las salas de exhibición. Aquí es importante hacer una pequeña llamada de atención sobre lo que sucedía paralelamente en el campo de la museología por los mismos años. Matemáticos e ingenieros -y particularmente, hacia 1990, Tim Vernier Lee, físico inglés que acaba de ganar el premio Príncipe de Asturias por desarrollo tecnológico- desarrollaban la plataforma por medio de la cual los científicos del Centro Europeo de Investigación Nuclear, con sede en Suiza, necesitaban obtener la información diseminada en computadoras en todo el mundo.

Es también precisamente entre los años 1970 y los 1990 que los museos, cansados de seguir lidiando con un pasado anquilosado, deciden renovar sus procesos, y esto conduce a los postulados de la nueva museología. Sin embargo, uno y otro proceso (el de la nueva tecnología, así como el de la revisión de la acción museal) apenas comienzan a cruzar sus rutas a finales del siglo XX.

De la museología podemos decir igualmente que existen dos vertientes que implican y confirman la existencia de orientaciones específicas: la primera, restrictiva y lineal; la segunda, abierta y multidisciplinar. Estos cambios están inscriptos en los enfoques antropológicos y socioculturales que permitieron una redefinición del concepto de *cultura,* y por ende de los espacios que, como los museos, habían sido tradicionalmente reconocidos como receptores y custodios del patrimonio de grupos humanos en cualquier lugar del mundo.

Si hoy en día, gracias a esa mirada revisionista de la última parte del siglo XX, impera una reivindicación de la memoria colectiva como eje de los proyectos políticos y culturales, el museo y su función, en ese modelo de novedad, deberían garantizar las interconexiones entre esa memoria tradicional y las múltiples memorias individuales y colectivas que conforman, no sólo a quienes están representados en esas mismas colecciones, sino más aun a quienes el museo desea interpelar.[62] Por otra parte, esa nueva museología -que tuvo sus orígenes en las décadas mencionadas anteriormente- tiene una responsabilidad ética en la que el museo debe ser conducido desde el ideal desusado y anticuado de la conservación como eje exclusivo, hacia la función lógica de la inter o transdisciplinariedad.

Esta nueva museología es, entonces, tal como lo define Marc Maure, un fenómeno histórico redimensionado, un sistema de valores y una práctica en acción que puede explicitarse en los siguientes enunciados:

- La democracia cultural: ninguna "cultura" será la dominante o ensalzada por uno u otro atributo. Se tendrá que valorar por consiguiente la cultura de cada grupo social.
- Un nuevo y triple paradigma: de la monodisciplinariedad a la transdisciplinariedad, del público a la comunidad, y del edificio al territorio.
- La concientización de la comunidad con respecto a la existencia y valor de su propia cultura.
- Un sistema abierto e interactivo que rompa los encasillamientos y valore lo educativo-comunicativo como elemento cohesionador.
- Y por último, y casi el más determinante para efectos de las presentes reflexiones, un diálogo entre sujetos. (Fernández 2003: 82).

---

62 Fernández Luis Alonso (2003). En este breve tratado se resumen los lineamientos de lo que se considera la transformación de las prácticas museológicas a partir de una revisión de los autores que se han ocupado de esta tarea en lo últimos cincuenta años.

Esto nos conduce igualmente a recordar cómo esa fase de renovación museal está basada en la tarea que emprendieran personas como Duncan Cameron, Stephen Weil y Peter van Mensch, entre otros, quienes desplazaron la idea de *museo templo* a la de *museo foro*. Además, sintetizaron las tareas de los museos a partir de la definición del ICOM de coleccionar, investigar, conservar, comunicar y exhibir en tres grandes campos, que son la investigación, la conservación y la comunicación (Anderson 2004). En particular lo que propusiera Stephen Weil en su ya clásico texto de repensar el museo.

Luego de haber repasado someramente esta relación entre museos y cultura digital, llegamos al punto en el que, con un nuevo *enter*, ingresamos al análisis del grupo al que queremos vincular en la dupla museos / virtualidad: los jóvenes adultos, como los llamaremos de ahora en adelante.

Segunda ventana: juventud y museos

Este segmento se basa, principalmente, en el panel titulado "Audiencias en los museos: la perspectiva del educador", presentado en la reunión anual de la Asociación Americana de Museos (AAM por su sigla en inglés) en 1981. También en algunas de las reflexiones producidas en el Quinto Encuentro Regional del CECA, llevado a cabo en octubre de 2007 en Bogotá, y cuyo tema fue "Museos, educación y juventud".

El primer abordaje está referido a las teorías del desarrollo y a su vínculo con audiencias en los museos (Hooper 1996). Con este referente no podemos olvidar que hoy en día los programas de los museos deben relacionarse con las experiencias de vida de las audiencias, y que deseamos motivar y comunicar recíprocamente. En la medida en que los miembros de un equipo de trabajo museal y educativo comprendan a sus audiencias más profundamente, podrán crear programas que sean más relevantes para estos últimos.

Al igual que en el caso de los niños, las teorías del desarrollo juegan un papel importante para comprender la experiencia de los adolescentes en el museo. Estas experiencias son modificadas necesariamente por los contextos en los cuales los adolescentes se encuentran a sí mismos, su contexto familiar, sus visiones, además de los amplios aspectos de nuestras sociedades contemporáneas. Las razones por las cuales los adolescentes visitan los museos son diferentes a las razones de adultos y niños, si es que toman esta decisión por cuenta propia. Los jóvenes adultos se encuentran en un punto volátil del desarrollo emocional. Los adolescentes son particularmente sensibles a lo que es considerado como condescendencia, y para nuestras instituciones actuar de manera condescendiente termina por confirmar que el museo no es "un lugar para ellos". Preocupados por su propia independencia y comenzando a separarse de sus familias, rechazan las visitas a los museos porque las relacionan con los valores familiares, con la tradición o sencillamente con el control y la restricción.

Los adolescentes son, físicamente hablando, adultos. Capaces de dar a luz o de cargar un arma, ellos son al mismo tiempo económica e intelectualmente dependientes de sus familias. Viven, entonces, con la contradicción constante de que aunque tienen la capacidad de sobrevivir por su cuenta, apartados de sus familias, la mayoría de hecho vive con ellas, aunque este es un caso que está más referido al ámbito anglosajón que a nuestra región. El tener que estar de acuerdo con los puntos de vista de las familias a cambio de una retribución económica también representa conflicto y alienación para los adolescentes.

Es en sus grupos que los adolescentes comienzan a autopercibirse como individuos. Para la mayoría de los adolescentes, la vida social en la escuela es tan importante como la académica. Los museos, por lo tanto, deberían ser vistos también como lugares de socialización con los amigos. De hecho, visitar museos sin la compañía de los amigos representa algo de muy poco o nulo interés.

Los grupos juegan un rol importante en la vida de los adolescentes, quienes invierten grandes cantidades de tiempo en ellos. Para buscar audiencias adolescentes, los museos deben volcarse en esos grupos, tanto en el espacio escolar como en el espacio exterior a él. Por otra parte, los adolescentes de hoy tienen una perspectiva práctica de la vida. La escuela además tiene como significado el final: entrando al bachillerato e intentando conseguir un buen trabajo de cara a los altos índices de desempleo y a la inestabilidad económica. Su experiencia de vida es muy estrecha. Los educadores en los museos tenemos el reto de presentar programas que se enfoquen en la experiencia humana, y que enseñen las herramientas o estructuras con las cuales pensar o percibir.

Debemos además ayudarlos a comprender que el arte y la historia pueden ser conectados con los pensamientos y sentimientos de otros. En la medida en que aprendan cuál es la manera en que los artistas han expresado sentimientos sobre poder, conflicto, guerra, justicia y amor, ellos podrán entender éstos y otros temas en relación con su propia vida.

A pesar de su aparente falta de curiosidad, los adolescentes tienen la capacidad creativa para pensarse a sí mismos en la vida de otros. Ellos necesitan oportunidades para expresarse y para adquirir conocimiento creativo. En un estudio llevado a cabo en el Museo de Brooklyn en Nueva York, así como en otro liderado por el Museo de las Escuelas en Buenos Aires, Argentina, los jóvenes comentaron que los museos les daban oportunidades para "conversar sobre temas importantes", de "absorber ideas de otras culturas en nuestros propios pensamientos", e inclusive esperan que el museo les ofrezca la posibilidad de explorar libremente sus colecciones sin demasiados condicionamientos. Es sólo a partir de esas estrategias que se da un primer paso para la posibilidad de diálogo con esos grupos.

Quizá, más que otra cosa, los adolescentes quieren y necesitan oportunidades para aprender en formas que apoyen su autoestima y su independencia. Habiendo desarrollado su habilidad para pensar por lo menos analítica y abstractamente, ellos necesitan saber que sus ideas serán escuchadas y respetadas en el espacio del museo.

Y es precisamente este último punto el que traen a colación Silvia Alderoqui, del Museo de la Escuelas de Buenos Aires, y Ricardo Rubiales, del Museo de Arte y Ciencia de la Universidad Autónoma de México. Ellos nos recuerdan que a partir de las posibilidades de diálogo la institución es capaz de escuchar atentamente a estos grupos y establecer un genuino canal de comunicación con ellos, antes que agobiarlos con discursos unidireccionales y controladores. El objetivo es suscitar conversaciones que apelen a sus emociones, a sus deseos, a sus necesidades, e inclusive a lo que rechazan abiertamente: lo políticamente correcto o incorrecto, las ciudadanías vulneradas, la transgresión o las creencias que desbordan lo tradicional, entre otras aspectos.

Tercera ventana: la virtualidad como proceso educativo o comunicativo

Con tres ventanas abiertas, contando ésta en la que acabamos de activar el intro, es como podemos comenzar a establecer nexos y comparaciones entre los temas propuestos para la presente reflexión, así como a plantear algunos interrogantes con relación al tema que nos ocupa.

El primer punto para avanzar es recordar el hecho de que en el último tiempo, la actividad que se encuentra vinculada con el concepto educativo ha trascendido a un nivel en el que la necesidad de "aprender" está más relacionada con las posibilidades de compartir conocimiento, saberes y experiencias, antes que con la obligatoriedad a la que se veían abocadas las instituciones educativas y culturales de tener que entregar una información específica sobre aspectos asociados con el arte, la ciencia, la historia o cualquier otra disciplina que se encontraba contenida o relacionada con estos mismos espacios.

En ese proceso de diálogo (museográfico o escolarizado) la verdad absoluta -nos recuerda Zavala- y la validez universal son desplazadas o deben coexistir con verdades contextuales, y con la convicción perspectivista que sostiene que todo universalismo es contingente y que las verdades más significativas son de carácter conceptual. En pocas palabras, hoy en día los museos y los espacios escolarizados deben plantear no verdades absolutas sino verdades negociadas.

Por lo tanto, la misión educativa en los museos comienza a alcanzar una nueva e importante dimensión de gran responsabilidad, porque primero que todo debe permear otras instancias internas de la institución museística, para luego comprometerse a reconocer el diálogo y la interacción -esta última no siempre emparentada con los avances tecnológicos- como estrategias reales y efectivas de participación no ligadas a un determinado grupo humano o a determinados contextos institucionales, sino a la sociedad en su conjunto. La educación vista como un proceso de vida, a largo plazo, directamente vinculado con la curiosidad natural que todos y cada uno poseemos acerca de nuestra vida y nuestros entornos.

Por otra parte, y para todos los propósitos de esta misión, la función básica de comunicar es vital en la medida en que implica ser entendida actualmente fuera del revaluado esquema unidireccional de emisor-receptor, esquema en el cual y durante mucho tiempo el museo fue visto como el "agente activo" o emisor de información, y el visitante como un agente pasivo, fuera de los procesos de creación, reflexión, interpretación y cuestionamiento de ideas y conceptos presentados en los espacios de exhibición.

Bajo este nuevo paradigma, el visitante y la institución museística deben verse a la luz de un proceso de redes homogéneas, sin jerarquías ni escalas de valor, a partir de cada experiencia de vida y de cada historia particular y bajo el concepto de *nodos*, en el cual cada uno de los agentes participantes recibe y emite simultáneamente conocimiento y experiencias desde y hacia todas las direcciones.

No debemos olvidar que los procesos de comunicación masiva se mueven cada vez más cerca de los procesos de comunicación interpersonal en campos comunicativos integrales, y esto se refleja automáticamente en los museos. Cuando las exposiciones eran entendidas como actos de comunicación unidireccionales en las cuales lo único que primaba era su razón científica y estética, ello parecía suficiente como una parte de la labor divulgativa y educativa del museo. Ahora la comunicación está conceptualizada como un hecho más activo, que necesita del conocimiento de diversos estilos de aprendizaje, ver cómo responden los públicos, y cómo se aprende en diferentes edades del desarrollo, cómo procesan la información los diferentes grupos humanos, y con qué tipo de intereses vienen a los museos, así como la manera en que otros factores sociales, culturales, e incluso políticos podrían inhibir o estimular el aprendizaje y la percepción.

Lo anterior nos lleva considerar que gran parte de estos procesos de comunicación en los que queremos poner en contacto a nuestras instituciones con la población juvenil, están directamente relacionados con las plataformas que hoy en día se pueden definir como soportes digitales, virtualidad, o interactividad.

Sin embargo, antes de entrar a revisar este punto, es importante tener en cuenta una advertencia que hace Eilean Hooper Greenhill en la apertura a un simposio organizado por la Universidad de Leicester, centrado precisamente en el tema de museos, medios y mensaje en el año 1995, y en el que ya se comenzaba a prefigurar la transformación comunicativa basada en los nuevos medios. Ella comenta que existe un riesgo en la implementación de nuevas tecnologías o nuevas prácticas sin entender los principios que las sustentan.

Con esa misma advertencia es importante reconocer que ya hemos ofrecido en parte una justificación al hecho de que las maneras de comunicar, hoy en día, son reconocidas como procesos de red y de intercambio de información y experiencia, y que debemos tener definidas y diferenciadas nuestras audiencias. Pues es a partir de esa diferenciación que podemos saber en dónde residen sus intereses y necesidades específicas. Por una parte podemos resumir que, en términos generales, la necesidad de un joven con respecto al museo es que este último apele a su afectividad, a sus necesidades de independencia y a su forma de intercambiar experiencia lejos de moldes autoritarios y restrictivos, y que además encaje con la manera en que el joven se apoya en su idea de colectividad, que tiene que ver, básicamente, con sus pares de edad, gustos e intereses. Por otra parte, la manera de procesar información de un joven se encuentra vinculada con un "consumo de la imagen", que circula por teléfonos celulares, redes sociales, *blogs* o páginas de Internet; y con lo textual, que está asimilado a nuevos usos del lenguaje, ya que se abrevia y se codifica para apelar a la rapidez, se utiliza el hipertexto como una parte fundamental del mundo cibernético. Dicho fenómeno señala, según Lauro Zavala, diversos niveles de indagación, lo cual conlleva a que sea posible acceder a cierta información de acuerdo con los intereses propios y con las necesidades personales de los individuos.

El hipertexto permite al usuario, por consiguiente, tener un control de la información y de sus niveles de complejidad. Esto último es lo que se ha evidenciado -según lo expresa un reciente artículo de prensa-, en cómo Google considera a buscadores de Facebook como rivales, pues los usuarios de Internet buscan cada vez más respuestas a sus preguntas y no quieren simplemente una lista de enlaces. También esperan recibir algo personal de Internet, y cada vez más acuden a ella para recibir respuestas a preguntas personales. Esto es lo que según intuimos esperarían igualmente los jóvenes, no sólo de las plataformas informáticas y virtuales, sino también de los espacios físicos como los museos.

Sin embargo, siguiendo el consejo de Hooper Greenhill, no está de más revisar brevemente algunos de los principios de la virtualidad, para establecer más adelante una serie de relaciones entre uno y otro tema, y llegar a las conclusiones o a los interrogantes que permitan seguir avanzando sobre los temas que nos ocupan.

Primero que todo debemos reconocer que la realidad virtual está estrechamente ligada con la representación. Asimismo, esta representación ha dejado de ser una realidad en tres dimensiones para volver a ser un espacio "superficial" en el que se anclan las dos dimensiones. Esto pareciera competir con la razón de ser de los museos tradicionales, que se sustentan en la materialidad de sus colecciones, y en muchos de los casos aducen que esta es su ventaja frente a otras formas de espacios culturales.

Por otro lado, la virtualidad ha sido definida por varios autores (Ross, Lister y Lev Manovich) como una contraparte del mundo "real", pero no se debe olvidar su raíz etimológica. Del latín *virtus*, que significa 'virtud', 'excelencia', 'fuerza' y 'poder', a su vez es sinónimo de obras grandiosas como de modos de participación y potencialidad, que pueden de una u otra forma vincularse con las categorías de *tangibles*, *intangibles* y *e-tangibles* (estos últimos inscritos en la *e* de lo virtual y lo digital, lo que acomoda materialidad e inmaterialidad en el ámbito de un computador).

Complementariamente a ello, debemos tener en cuenta que los medios digitales son la plataforma de la virtualidad, y con ellos hay una serie de características que nos ayudan a complementar estas reflexiones. Primero que todo, estos medios se identifican con lo manipulable, están basados en su facultad y facilidad de adaptación. Por otra parte, se ligan a su condición de red, es decir que pueden ser fácilmente compartidos. Otra de sus características es su densidad, en la medida en que existen cada vez más opciones de compresión de información en formatos cada vez más reducidos. Por último hay que señalar su imparcialidad.

Lev Manovich determina que los nuevos medios digitales son numéricos, modulares, automatizados, variables y transcodificados. Una breve explicación de estos conceptos: *numéricos*, porque han reducido nuestro mundo corpóreo y tridimensional en entidades digitalizadas que van de 1 a 0; *modulares*, porque están compuestos de "discretos objetos lógicos con identidades separadas"; *automatizados*, pues a diferencia de otros medios procesan información y a su vez pueden acometer ciertas acciones asignadas; *variables*, porque tienen una característica de mutabilidad y una cualidad "líquida"; y el último, el concepto que parece ser el que presenta más retos para ser asimilado es su posibilidad de *transcodificación*, pues los computadores han sido moldeados por la sociedad y el hombre, pero se ha llegado al punto en el que la sociedad se ha moldeado de manera vertiginosa a la presencia de los computadores, y con ellos a sus maneras de procesar información y de crear nuevas dinámicas de intercambio de la misma.

Con este panorama ya es momento de llegar a plantear una serie de conclusiones, que espero sirvan de referencia así como de complemento a las ideas que igualmente compartirán con ustedes los profesionales de museos de nuestra región en este encuentro en la ciudad de Corrientes.

Cuarta ventana: todo lo que nos gusta se evapora

El título de esta ponencia no es propio. Se lo he pedido prestado a una parte del estudio que realizara un grupo de investigadores colombianos entre los años 1993 y 1995, con el interés de indagar sobre la relación entre adolescencia y escuela. Parte del éxito de esa tarea tuvo que ver con el hecho de que un grupo de esos investigadores eran precisamente los mismos "protagonistas". Es decir, jóvenes de diversos estratos sociales que entraron en diálogo con sus mismos compañeros y de esa manera lograron sacar a flote una serie de aspectos basados en la "tentación de explorar continentes sumergidos". Por ello, el proyecto en su conjunto tomó el nombre de "Atlántida".

La segunda parte del estudio tomó la frase dicha por una joven colombiana, y que resume una parte del estudio mismo en el que se constata que los adolescentes actualmente son producto de un acelerado y violento desarrollo de la sociedad. Muchas veces ellos no tienen la opción de ser reflexivos ante los acontecimientos nacionales e internacionales, pues no han alcanzado a asimilar un fenómeno cuando otro lo desplaza. No han alcanzado a "dominar" los pasos de un baile o de un ritmo cuando ya otro se ha impuesto. Por eso afirman "todo lo que nos gusta se evapora", y ello se convierte en una muy contundente y verdadera realidad. Por eso ellos -para el caso del estudio- determinaron que no valía la pena detenerse a pensar sobre los hechos que suceden a su alrededor, pues si lo hacen corren el riesgo de quedarse rezagados del resto de sus pares. Además, la sociedad de adultos se ha encargado de mostrarle al adolescente un mundo irreal pero que lo satisface, lleno de música, moda, alcohol, para luego reclamarle por su irresponsabilidad ante la vida.

La circulación de conocimiento parece ser lo menos importante para los adolescentes, pues saben que en el contexto de la escuela, obtener el título de bachiller les abre la puerta de la universidad, adonde supuestamente sí se va a aprender, de tal manera que los contenidos de la educación media poco o nada tienen que ver con sus intereses. Argumentan que los saberes de los colegios son repetitivos, automatizados, y por eso no revisten ningún encanto. Lo único que reivindican del entorno escolar es precisamente que allí encuentran a sus pares, pues la tarea de estudiar es para complacer a "otros", y no para encontrar una motivación vital suficiente.

Mirando con distancia estos resultados, podemos pensar que hay aspectos que no han variado de esa percepción de los jóvenes sobre entornos de aprendizaje. Sin embargo, se planeta una duda que tiene que ver con aquello de la circulación de conocimiento. Podemos reconocer que el panorama de la década de 1990 ha cambiado vertiginosamente, al cerrarse la primera década del siglo XXI. Y ello, aunque parece crear una distancia entre lo que sucedía en uno u otro momento, hace más evidente la frase de que todo lo que les gusta se evapora.

La virtualidad, con su carácter de *e-tangibilidad*, ha volatilizado la información, pero por otra parte se ha materializado en dispositivos cada vez más sofisticados, que se convierten en materia de consumo por parte de los jóvenes. Es como si el joven se debatiera precisamente entre dos mundos: el de la materialidad de los objetos electrónicos y el del vértigo de la información y de los mensajes e imágenes que circulan por celulares, *ipods* o redes sociales.

Por ello deseo, para concluir, realizar una interpretación de los escenarios que hemos explorado anteriormente, sin que esté muy seguro de que puedan surgir conclusiones precisas, sino más bien otra larga serie de interrogantes. Para tal fin elaboraré una matriz en la que seleccionaré los tres temas de nuestra reflexión, a saber, museos, educación y juventud, para cruzarlos con las coordenadas de la virtualidad basadas en el modelo de Manovich. De ello trataremos de obtener las tensiones o los vacíos y las conclusiones o los interrogantes:

Medios digitales (según Manovich)	Museos	Educación	Juventud
Numéricos	A pesar de introducir nuevas herramientas digitales en sus procesos, los museos tienden a seguir insistiendo en el valor de su materialidad a través de sus colecciones.	La educación se ha convertido en un campo un poco más flexible de comprensión de la materialidad y la inmaterialidad del conocimiento.	La juventud se encuentra entre la materialidad de los soportes digitales y las formas de inmaterialidad que de ellos surgen.
Modulares	Los museos están compuestos por objetos lógicos, con identidades similares.	La escuela se compone de objetos lógicos con identidades similares.	Los jóvenes basan su razón de ser en objetos lógicos de identificación, pero con diferentes identidades.
Automatizados	El museo procesa información. Tiene una inherente funcionalidad y una cualidad operacional.	La escuela ídem al museo.	La juventud procesa información, pero ve en ello no tanto una cualidad operacional como sí una inherente funcionalidad. Comunicar con sus pares.
Variables	Los museos tienen aún un largo camino por recorrer para pasar de su estado sólido (de discursos unívocos y mensajes condensados) a un estado de fluidez líquida.	La educación igualmente requiere de nuevas maneras de interpretar la realidad sin que ella sea vista como una verdad absoluta y universal.	La juventud tiene precisamente como una de esas características su mutabilidad elemental. Puede ser tan inabordable como una roca, pero a su vez tan vulnerable y fluida como el agua o el aceite.
Transcodificados	La sociedad ha moldeado a los museos, pero ellos no han intentado moldear a la sociedad.	La sociedad ha moldeado a la escuela, y esta última ha intentado moldear a la sociedad.	La juventud ha sido moldeada por la sociedad, pero la sociedad no ha hecho intentos por moldearse según la juventud.

Bajo este modelo propuesto y sin que haya tiempo de profundizar en muchos aspectos, considero que más que soluciones a una circunstancia que día a día abre más posibilidades, y explora nuevas opciones de comunicación, lo que se plantea son enormes retos que podrían resumirse en los siguientes aspectos.

Paradójicamente, el concepto más "estable" de los tres presentados (museos, educación y juventud), es precisamente este último. La juventud, a lo largo de la historia, ha comenzado a ser estudiada apenas en 1904 por Stanley Hall, tal como nos lo recuerda Silvia Alderoqui. Se pone en evidencia que ese momento del desarrollo humano es sinónimo de períodos de revolución biológica, de tempestad y de tormenta. Por el contrario, los museos y la educación, cada uno en su momento, si bien han sido sinónimos de estabilidad y permanencia a lo largo del tiempo, han debido modificar tarde o temprano sus maneras de comunicar, sus estrategias y prácticas, en aras de una sintonía con otros desarrollos culturales, sociales o tecnológicos.

Por otra parte, y a medida que avanza el siglo XXI, día a día el desarrollo de las nuevas tecnologías nos sigue sorprendiendo. En el momento de terminar esta conferencia, la prensa comenta sobre un revolucionario sistema que libera la información de su "cárcel impresa o digital y la saca al mundo integrando la interfase de la información con la realidad".[63] Dicho descubrimiento ha sido llamado WUW (*Wear ur World*), pero está siendo más reconocido como *SIXth Sense* (sexto sentido digital).

Vemos que en la paradoja de la "permanencia del concepto de juventud con el de cambio y transformación", enfrentado a la obligatoriedad de cambio y transformación a la que se han visto obligadas instancias de permanencia y tradición como los museos y las escuelas, lo que una vez

---

63 "Lecturas Dominicales", *El Tiempo*, julio de 2009, p. 20.

más y de manera paradójica se identifica con la juventud en su "permanencia" es esta volatilidad de los nuevos medios digitales, y por ende de la misma virtualidad. Es por ello que las categorías presentadas anteriormente son identificables con mayor facilidad en relación con la juventud, antes que con las instancias de permanencia y tradición que son los museos y la escuela. Y ello es perfectamente comprobable hoy en día, cuando vemos que es la juventud la que más uso hace de dichas plataformas, y más identificada y adaptable se siente con la velocidad y la complejidad de esos mismo procesos y formas de comunicación.

Podemos concluir que más que exigirle a la juventud comportamientos aconductados, y más que insistir en una alineación de su manera de comprender los fenómenos de sus entornos sociales y culturales con los elementos de la permanencia y la tradición, somos precisamente los museos y las escuelas, por medio de un proceso educativo dialógico y verdaderamente interactivo, los que debemos conducir a la comprensión de estas etapas de tormenta y transformación. Por lo tanto, quienes debemos seguir modificando y adaptando nuestras prácticas a la "permanencia del cambio y la transformación de los jóvenes" somos los lugares que pretenciosamente hemos querido ser depositarios de la permanencia y la tradición.

Pero hay un riesgo que prevalece, y que se resume en una conversación sostenida entre Borges y Sábato (que además nos sirve de homenaje al país que nos acoge tan amablemente en esta oportunidad): "La noticia cotidiana, en general -decía Sábato-, se la lleva el viento. Lo más nuevo es el diario, pero al día siguiente es lo más viejo". Borges agregó: "Nadie piensa que debe recordarse lo leído en un diario, que se escribe deliberadamente para el olvido". Sábato añadió: "Sería mejor publicar un periódico cada año o siglo o cuando sucede algo muy significativo. *El señor Cristóbal Colón descubrió América* daría para ocho columnas". Y Borges remató: "Nadie puede anticiparse a los hechos trascendentales de cada día. La crucifixión de Cristo fue importante después, no cuando ocurrió".

Lo anterior vuelve y se resume en la frase de la joven colombiana que dio título a la presente conferencia: en una u otra plataforma, en la del medio impreso o en las que nos ofrecen los medios digitales por medio de la virtualidad, todo lo que nos gusta se evapora.

Lo que nos lleva a pensar en la manera de darle peso a lo volátil, por lo cual los museos y las escuelas volverían a argumentar su validez como entes de permanencia, pues en esos sitios parecería que la vida se encuentra anclada a valores de materialidad tanto conceptual como objetual. Pero creo que ése es un debate que ya no cabe en el alcance de la presente reflexión. Queda abierta entonces la posibilidad de que en futuras oportunidades toquemos el tema de la memoria, la historia y el olvido en los museos, aunado en el vértigo de la virtualidad. Porque lo que también se ha evaporado es el tiempo en el que este texto ha sido escrito, y de la misma manera ha sido leído para ustedes. Efectivamente, todo lo que nos gusta se evapora.

Bibliografía

AA.VV. (1999), "Museos e Internet", Revista *Museum*, núm. 204, vol. 4, UNESCO.

AA.VV. (6 de octubre de 2004), *Digital Heritage and Future Museums*, Sesión Conjunta, ICOM, Seul.

AA.VV. (octubre de 2007), *Museos, Educación y Juventud*, Quinto Encuentro Regional para Latinoamérica y el Caribe del Comité de Acción Educativa y Cultural Bogotá. Memorias disponibles en línea: http://museoscolombianos.javeriana.edu.co.

Anderson, Gail (ed.) (2004), *Reinventing the Museum. Historical and Contemporary Perspectives on the Paradigm Shift*, Oxford, Altamira Press.

Fernández, Luis Alonso (2003), *Introducción a la nueva museología*, Madrid, Alianza Editorial.

Hooper Greenhill, Eilean (1996), *The Educational Role of the Museum*, Londres-Nueva York, Routledge.

Hooper Greenhill, Eilean (ed.) (1995), *Museum, media, message*, Londres-Nueva York, Routledge.

Parry, Ross (2007), *Recoding the museum. Digital Heritage and the technologies of change*, Londres-Nueva York, Routledge.

Universidad Javeriana *et al.* (1995), *Proyecto Atlántida. Adolescencia y Escuela. Todo lo que nos gusta se evapora*, vol. 2, Fundación FES, Colciencias, Bogotá, TM Editores.

7.2.3. La interactividad como ejercicio intelectual

Mgter. Patricia Raffellini[64]
Contacto: patrimuseo@yahoo.com.ar
CECA LAC, Corrientes, Argentina. Agosto de 2009

Quisiera ingresar en el tema que nos convoca con la invitación a iniciar un diálogo reflexivo con esta "conferencia", titulada "la interactividad como ejercicio intelectual", que se presenta como un juego de palabras. No pretende, desde mi aporte, ser una "fórmula" que nos permita una nueva manera de abordar la relación entre enseñanza y aprendizaje. Más bien está conformada solamente por un manojo de llaves que fueron "surgiendo" o fuimos construyendo

[64] Licenciada en Museología. Magíster en Planificación y Gestión Cultural por la UMSA. Especialista en Reconocimientos de Textiles Históricos por Fundación Antorchas -CIETA- Lyon. Francia. Manejo de Colecciones y Conservación Preventiva por Fundación Antorchas, Comisión Fullbright. Investigadora, ha sido distinguida con premios y becas en el país y en el exterior. Actualmente se desempeña como docente en la Universidad Argentina de la Empresa, UADE.

con nuestro amor y con el desempeño en el ámbito de los museos, en cuanto comunicadores, "educadores no formales", que anhelamos con nuestras prácticas contribuir a la construcción de nuestras identidades, nuestra memoria, el reconocernos y el conocernos.

Muchas de esas prácticas van tomando forma de manera aleatoria, "informal" y casuística. Los estudios científicos y metodológicos de estas últimas décadas no sólo las fueron sistematizando y otorgándoles rigor científico, sino también fueron construyendo metodologías y abordajes posibles. Comenzaron a tomar forma y a aparecer esas llaves que mencioné en un principio.

Por esos mismos cuestionamientos, la práctica educativa fue transformando su hacer, su teoría didáctica, generando escuelas como el conductismo o el constructivismo, abriendo las fronteras académicas que le dieron sustento, enriqueciéndola con miradas, aportes y estudios de otras disciplinas y/o ciencias: neurociencia, psicología, genética.

Esta conferencia apunta, entonces, a estimular nuestra "interactividad" desde lo intelectual, buscando y presentando preguntas e inquietudes que nos movilizan y nos llevan a plantearnos una gran duda ante el hecho del hacer, del comunicar, del enseñar en este siglo XXI. Empecemos a interactuar nosotros mismos con nuestros saberes.

Utilizaré la llave que me conduce a la afirmación de que se aprende a través de la percepción y no de la memoria, ya que retenemos sólo el 10% de lo que leemos, el 20% de los que oímos, el 30% de lo que vemos y el 90% de lo que hacemos. Esta realidad me conduce a una nueva sala: el ámbito de las teorías educativas constructivistas donde aprender es transformar el conocimiento, en un proceso dialéctico donde el individuo contrasta su propio punto de vista con los otros que se le ofrecen, ganando en relevancia el contexto donde éste se produce y cuáles son sus características. Todo lo que el entorno posee y genere, consciente o inconscientemente, el agente lo recibe y hace que ese estímulo se transforme en experiencia vivida, y el conocimiento y los contenidos recibidos siempre sean diferentes.

Nunca se repite la confluencia de un mismo tiempo con un mismo espacio

En cada acción hay múltiples espacios que *interactúan en un mismo tiempo, que es el tiempo del presente en el cual recibimos esa vivencia-práctica.* Hablamos de interactividad, es decir, buscar integrar múltiples conexiones, uniéndolas en un único e irrepetible momento. El prefijo *inter* nos posiciona ante una ruptura del tradicional anclaje espacio y tiempo. El *inter* penetra fronteras, y por eso su binomio de interacción desde la unidad básica se modifica y transforma.

En las fiestas y ritos, como señala Mircea Eliade, se manifiesta un tiempo circular, un eterno retorno; el mito con la práctica del rito regresa a un tiempo primigenio, originario, el cual es claramente manifiesto y vivido por sus protagonistas. Pero, ¿cómo vivirlo hoy, en nuestras prácticas, sin morir en nuestra personalidad por la excesiva fragmentación? ¿*Cómo* construir un mensaje claro, preciso, certero, utilizando múltiples caminos de llegada, necesarios para favorecer la profundidad del mensaje?

Sigo sumando problemáticas a esta situación: ¿*cómo* poder integrar los diferentes escenarios de interacción de conocimientos con otros escenarios estructurados por una misión y objetivos específicos? El museo es un escenario caracterizado por un entorno de aprendizaje no formal, donde el "conocimiento situado" aporta numerosas fortalezas para la construcción de saberes, para la experiencia, para ser asimilado en forma significativa; puede servir de escenario asimismo para la experimentación de diferentes paradigmas de acción educativa, como los que están descriptos en algunos trabajos de este encuentro. Pues bien, la respuesta es una enseñanza que tome un currículum establecido, y una escolaridad pautada biológicamente.

En la actual sociedad del conocimiento en que estamos viviendo, entre estos dos grandes escenarios se producen y generan estímulos entre los cuales se presenta la necesidad de interactuar sincronizadamente como un todo conceptual, de transitar un sendero que facilite la permeabilidad de experiencias y saberes para un enriquecimiento mutuo del individuo.

Hay otras llaves además de las ya citadas, surgidas en ámbitos disciplinares foráneos, que abrieron otros territorios y escenarios y que posibilitaron y facilitaron esta necesidad de generar herramientas y productos didácticos *interactivos,* desde lo intelectual. Me estoy refiriendo específicamente a la neurociencia. Sus aportes brindan y satisfacen interrogantes en dimensiones y cualidades biológicas; en las investigaciones vinculadas a los procesos neuronales en los sistemas nerviosos simpático y parasimpático; en las particularidades de la bilateralidad de sus funciones; y en cómo estas funciones del sistema neurológico -sus estímulos diferenciados, eléctricos y magnéticos- son fundamentales en tratamientos específicos para "borrar sensaciones, dolores y traumas" que pueden transformarse en enfermedades físicas. Y aun más específicamente, la investigación en neurociencias aplicadas a la educación focaliza sus estudios para comprender el funcionamiento del cerebro humano y poner de manifiesto los mecanismos que generan los procesos cognitivos fundamentales para la educación: aprendizaje, memoria, inteligencia y emoción.

Un aporte que se suma al precedente, y que disparó una nueva dimensión en el trabajo de investigación de las prácticas educativas, es el de Howard Garder y las inteligencias múltiples, que generó el Proyecto ZERO de

Harvard, dedicado a las implicancias educativas de las múltiples inteligencias.

Este autor, incluso, remarca en sus ensayos sobre la escuela ideal que no se deben perder de vista las modalidades de los museos para niños, que utilizan un método fresco y estimulante. Recordemos sintéticamente las "inteligencias" enunciadas por este autor: según la teoría de H. Gardner de las inteligencias múltiples (1M), el conocimiento de estas puede ser empleado asimismo como contenido de la enseñanza o como medio / estrategia para comunicar ese contenido.

Una inteligencia debe ser susceptible de codificarse en un sistema simbólico: "Un sistema de significado, producto de la cultura, que capture y transmita formas importantes de información." (Gardner 2004: 34). Una inteligencia implica la habilidad necesaria para resolver problemas o para elaborar productos que son de importancia en un contexto cultural o en una comunidad determinada. Todas las inteligencias tienen su vinculación con la predisposición biológica del individuo. Ciertas partes desempeñan papeles importantes en la producción y percepción de cada inteligencia.

Estas múltiples aptitudes humanas son independientes en un grado significativo. Esta independencia de inteligencias contrasta radicalmente con las medidas tradicionales del CI conocido hasta el presente. Las tipologías desarrolladas son:

- *Inteligencia musical.* Gran influencia en el hemisferio derecho del cerebro.
- *Inteligencia cinético-corporal.* Control del movimiento corporal, coherencia, plasticidad.
- *Inteligencia lógico-matemática.* Conocida como "la inteligencia" en singular hasta esta teoría.
- *Inteligencia lingüística.* Cerebro: área de Brocca, responsable de la producción de oraciones gramaticales (hemisferio izquierdo). El don del lenguaje es universal.

- Inteligencia espacial. Ver objetos de ángulos diferentes. La habilidad de la navegación, de dominio del espacio (hemisferio derecho de cerebro).
- *Inteligencia interpersonal.* Se construye a partir de una capacidad nuclear para sentir distinciones entre los demás: estados de ánimo, motivaciones e intenciones.
- *Inteligencia intrapersonal.* Conocimiento de los aspectos internos de una persona, sentido de uno mismo (cerebro: los lóbulos frontales desempeñan un papel central en el cambio de la personalidad). El niño autista es un caso prototipo de un individuo con la inteligencia interpersonal dañada.

Partimos por lo tanto de la aceptación, desde la necrósico-educación, de que la inteligencia es un conjunto de habilidades que permiten crear nuevos productos, incluyendo, por ende, la estimulación de ambos hemisferios cerebrales o bilateralidad. ¿Cómo genero una actividad didáctica que produzca un *aprendizaje significativo* utilizando los términos generados por Ausubell? Aún no he trascendido el espacio físico de la interacción en nuestros saberes, sólo estoy transitando por el universo del espacio intelectual, del pensamiento.

Gardner nos recuerda que "siguiendo el espíritu de los aprendices tradicionales, se promueve el esfuerzo en los estudiantes para la realización de sus proyectos personales." Los estudiantes y los maestros colaboran en un entorno *a la vez,* sin restricciones, por ende predispuestos al surgimiento de la creatividad, pero con objetivos y metas claras.

Si a esta microrrealidad -o microcosmos- la ubicamos en el plano de la interrelación con otros, el tema del espacio y una nueva dimensión temporal se suman a las cualidades de la interacción. Aquí, en este presente podemos hacer uso de la llave construida por Castell, cuando trató de definir la sociedad del presente. El autor la definió como *la sociedad del conocimiento.* La misma se posiciona en una nueva realidad de transmisión de la información, sostenida por las nuevas tecnologías que facilitan ese proceso de interacción.

Cuando hablamos de la sociedad del conocimiento, como Castell la denomina, no nos estamos refiriendo solamente a un nuevo paradigma tecnológico que tiene dos expresiones fundamentales: Internet como autopista de la información y la capacidad de recodificar la materia viva. Internet no es una tecnología sino una producción cultural; en todas las sociedades históricamente conocidas, la información y el conocimiento han sido absolutamente decisivos: la tecnología siempre se desarrolla en relación con contextos sociales, institucionales, económicos, culturales, etc.

Pero lo distintivo de lo que está pasando en los últimos diez a quince años es realmente un paso de paradigmas, ya que "las personas muy alejadas en el espacio social pueden encontrarse, entrar en interacción, por lo menos en forma breve e intermitente en un nuevo tipo de *espacio* físico. A las interacciones, que procuran una satisfacción inmediata a las disposiciones empiristas, se las puede filmar, tocar, y esconden las estructuras que en ellas se realizan, el universo de saberes que diferencia a un individuo de otro." Es uno de los casos donde lo visible, lo que es inmediatamente dado, esconde lo invisible que lo determina. Se olvida así que la verdad de la interacción no está nunca toda entera en la interacción, tal como ella se ofrece en la observación.

Ya el deseo de "trascender espacios" y vivir espacios no tangibles pero reales con todos nuestros sentidos, espacios que han sido construidos en base a *bits,* en este presente, implica, claro está, el uso de tecnologías que ya llevan desarrolladas en su aplicación estudios cognitivos y del ámbito de las neurociencias para poder generar "simuladores" de otras situaciones espaciales de los seres vivos.

Los simuladores que se usan para entrenar pilotos y astronautas son los más conocidos, porque incluso se utilizan para analizar los cambios metabólicos que se producen en el organismo vivo, estudiando los tiempos necesarios de adaptación para poder realizar la práctica con idoneidad y consecuencias posteriores a la práctica realizada.

Pero en nuestra realidad, en este presente, la "tecnología" no llega a este nivel de complejidad. La tecnología vinculada a estos nuevos soportes de información y estimulación, sólo se usa o se "explota" con objetivos y recursos generados del tipo de la didáctica conductista, como un gran libro electrónico. Muchas veces el contexto de uso tampoco colabora a su empleo idóneo, y en algunos casos lo que suele generar es la necesidad de reencontrarse con los antiguos soportes, como un libro. Una muy buena novela, en formato papel, leída en su tiempo y modo adecuado, nos puede transportar y hacer vivir realidades inimaginadas.

¿Alguien de los presentes se acuerda de su primera lectura de *Alicia en el país de las maravillas*? ¿Se acuerdan cuándo la leyeron o dónde? ¿Cuál era el color del cuarto? ¿Qué sonidos había? El libro fue escrito a finales del siglo XIX, y muchas generaciones lo han leído en muchos tiempos y espacios diferentes, sin mencionar los ritos ancestrales, y las actuales misas cristianas, que nos transportan a otro tiempo y espacio. En ninguno de estos dos casos las nuevas tecnologías intervienen.

Por eso, colegas, esta conferencia en el inicio de estas jornadas, es una invitación a abrir nuestras propias estructuras y formas "naturales de hacer". Abrirnos al diálogo, a la libre expresión, espontánea, quizás incoherente, con ideas que bordean el caos. Pero lo ilógico es un universo increado de prácticas, necesario para que un segundo paso, que es la manifestación de la creación, se genere, y un nuevo horizonte de tiempo y espacio se manifieste. Esto creará nuevas reglas, otros aportes, otra forma de construir nuestra memoria del ser humano.

El museo es una nueva experiencia de aprendizaje. Única, irrepetible, aunque se transiten "aparentemente" las mismas galerías y nos encontremos nuevamente con "ese objeto". El espacio físico es el mismo, pero no el temporal y por ende una nueva dimensión de la percepción se construye.

El hombre es un ser interactivo, cada vez más consciente de esta capacidad, del nivel de su interacción cotidiana con su medio, y en este caso, con el ámbito expositivo y su mensaje. La interactividad es un proceso que nutre sus raíces en el mundo subjetivo, y por eso se habla de desafiar estrategias y complementos que faciliten esa interacción y la enriquezcan. En museografía expeditivamente se diseña pensando en la interactividad manual, en la interactividad mental y en la interactividad emocional.

Apuntar a la interactividad de los entornos de aprendizaje es nuestro objetivo. La interactividad intensifica el recuerdo, alimenta los procesos cognitivos vinculados a la memoria. Son diferentes llaves que nos dan acceso a la generación de diferentes instrumentos, los cuales nos deben permitir articular los tiempos y los nuevos espacios con las emergentes modalidades de comunicación y de apropiación del saber. Una nueva dimensión de nuestra conciencia relacional. Este es el gran desafío de este siglo que iniciamos.

Los materiales educativos que se desafíen para que enriquezcan y faciliten la construcción de significados, promoviendo la interactividad, empleando los diferentes marcos teóricos desarrollados según la necesidad y los objetivo propuestos (es decir, cognitivo, constructivista, conductista, etc.), no necesariamente deben ser informatizados. La informatización y los recursos tecnologizados brindan otras alternativas que enriquecen las ya existentes. Pero cualquiera sea el soporte elegido para el recurso didáctico empleado, los objetivos que el mismo debe cumplir, las inteligencias y contenidos curriculares, y las competencias de las que debe promover, desarrollar y facilitar su accionar, deben estar muy bien desafiados y coordinados, impulsando el desarrollo integral del individuo. En estos productos, los procesos cognitivos que generan deben estar muy bien analizados, para que el recurso y/o producto interactivo sea pertinente. Prat Gray afirma que el cerebro en el aula es un gigante dormido. Nuestras siete inteligencias deben ponerse en funcionamiento y ser estimuladas para iniciar un nuevo camino que construya saberes; incluso el movimiento, la emoción, generan una acción que enriquece el acto intelectual.

Algo muy parecido ocurrió cuando se constituyó la sociedad industrial (no me refiero simplemente a la máquina de vapor primero, y a la electricidad después). La sociedad en su interacción constituye un paradigma de un nuevo tipo en el que todos los procesos de la sociedad, de la política, de la guerra, de la economía pasan a verse afectados por la capacidad de procesar y distribuir energía de forma distinta, y en la dimensión cultural se articula y construye otro sistema de valores, creencias y formas de constituir mentalmente una sociedad que se transforma ante esa nueva red de relaciones que es decisiva en la producción y en las formas de estas nuevas tecnologías clave de la acción de los paradigmas emergentes. Es un nuevo modo de ver y hacer, de sentir, de vivir.

Retomando nuestro punto de partida, recordemos ante este nuevo presente relacional que "el visitante entra en el museo, no para humanizarse reapropiándose de los símbolos de su identidad patrimonial, sino para recibir percepciones sensibles y, si es realmente receptivo, descubre algo distinto de lo que había ido a buscar. Hay que recordar que la recepción es una función elemental de los vivos en su relación transaccional con el medio." Tomando una frase de Andre Malraux, "el museo es un enfrentamiento de metamorfosis."

En el *Exploratorium* de San Francisco, los recursos didácticos y soportes museográficos son pensados y diseñados como "herramientas de aprendizaje". El contacto y la manipulación con ellos se deben facilitar, se debe permitir apreciar visiones y cualidades de la naturaleza, y estimular procesos metacognitivos que conduzcan a comprenderla. Como afirma Goerv Delacote, "son instrumentos de iniciación que destacan el carácter social del aprendizaje." La interacción está focalizada uniendo múltiples dimensiones, uniendo el microuniverso del individuo y su propio proceso de metacognición con su entorno físico y humano relacional.

Asumir una nueva visión del alumno / visitante y del proceso de aprendizaje en su conjuntos, es nuestro desafío en este presente: dinamizar el ámbito de las metodologías empleadas, incorporar al currículo actividades formativas extracurriculares "de experiencias", vivir algo y que ese algo llegue a implicarse en todas sus dimensiones (intelectual, afectiva, social, etc.).

Según Deleuze, la cultura sustituye la solución natural por un medio artificial, "es decir, todo en la cultura es sustitución de una cosa natural por unos artefactos. La hominización se realiza, en definitiva, por vitalización, mediante la interposición de prótesis entre el hombre y la naturaleza." Las palabras *vitalización* e *interacción* son dos mecanismos inherentes a este proceso que hace a nuestra culturalización.

El museo tampoco escapa a la norma, se interpone como un lugar del ver entre el hombre y lo percibido facilitando la interacción de saberes y estímulos. Colegas: los invito a abrir el juego de lo posible, a buscar el deseo de aprehender lo *ya* conocido, utilizando nuevos caminos. Con objetivos claros, estimulando la construcción de múltiples opciones de llegada, utilizando las diversas propuestas que ofrece este presente, atreviéndonos a jugar, a explorar nuevas combinaciones de lo posible. Nunca sabremos el efecto, el posible resultado, si no nos atrevemos a experimentar en lo posible, a ingresar a la nebulosa del no saber. Construyamos nuevas llaves, que nos habiliten nuevos universos. En nosotros, como animales relacionales, está la posibilidad de que nuestra *conciencia interrelacionar* construya un presente que permita transformar los errores y horrores vividos.

Bibliografía

Gardner, Howard (2003), *Inteligencias múltiples: la teoría en la práctica,* Buenos Aires, primera edición, Paidós.

7.2.4. Todos los museos son interactivos. La interacción como dispositivo de comunicación

Jorge Salas[65]
Contacto: jorgemartinsalas@yahoo.com.ar

Desde una perspectiva tradicional, los museos como instituciones son, básicamente, un espacio para la vivencia de sensaciones estéticas, para mostrar objetos, reconocer evidencias históricas o científicas, organizar investigaciones o construir una plataforma de conocimiento a partir de sus colecciones. Desde este punto de vista, lo más representativo de ellos son sus muestras permanentes, un espacio

[65] Diseñador Gráfico. Prof. en Artes Visuales. Lic. en Gestión del Arte y la Cultura. Actualmente cursando la Maestría en Comunicación y Creación Cultural en la Fundación Walter Benjamin. Durante los últimos años se dedicó a la investigación de las problemáticas sobre la comunicación en museos e imagen institucional. Colaborador del Museo Interactivo de Ciencia, Tecnología y Sociedad de la Universidad de General Sarmiento.

para apreciar el patrimonio pero casi nunca un espacio de interacción.

¿A qué llamamos interactividad? A una acción recíproca entre dos o más entidades con una o más propiedades homólogas; por lo tanto, nos estamos refiriendo a un dispositivo de comunicación.

La etimología de *comunicación* tiene que ver precisamente con la palabra *comunidad*: *communico* en latín quiere decir 'poner o tener en común', 'compartir' es un verbo que a su vez deriva del adjetivo *communis*, 'común', 'que pertenece al mismo tiempo'. En esta noción de *actuar en común* estaría también presente la idea de tener códigos comunes; dicho muy esquemáticamente, sistemas de convenciones comunes, dispositivos conocidos por todos los miembros y usados para entenderse entre sí. La lengua constituye un código común a todos los hablantes, también los gestos, las miradas, los movimientos corporales ya codificados espontáneamente, cuya significación resulta patrimonio de una comunidad.

Integra también el concepto de *comunicación* la idea de que tanto el actuar en común como los códigos comunes están en permanente transformación, son históricos. Como señala Umberto Eco en *La estructura ausente* (1972: 143), "el código no es una condición natural del Universo semántico Global ni una estructura subyacente, de una manera estable, al complejo de vínculos y ramificaciones que constituyen el funcionamiento de toda asociación de signos."

La presencia de cosificaciones remite, a su vez, a otra cara del concepto de *comunicación*: las mediaciones. Siempre que nos comunicamos, por más directa o lineal que parezca, actúan imperceptiblemente una cantidad de mediaciones, desde el aparato fonético hasta las terminales nerviosas en la piel, la memoria de otros actos similares, las peculiaridades culturales e históricas presentes en la construcción de la emisión y de la recepción.

Por lo tanto, la interactividad es una forma de experimentar, una forma de reconocer el mundo que nos rodea. Una actividad inherente a los humanos desde que nacemos, un aprendizaje continuo a lo largo de toda la vida. Esa serie de experiencias nos llevarán, en la madurez, a la posibilidad de disfrutar de sensaciones frente a una pieza, sin quedar atado a la adquisición de una información significativa que ayude a su contextualización: ambos conocimientos son complementarios. Nada impide, por otra parte, que la interactividad pueda plantearse sobre una lógica de experimentación científica. Hoy en día la interactividad inaugura un género enraizado en el audiovisual: el cine, la televisión, la música, en lo que concierne a su despliegue en el tiempo, pero con una diferencia importante: las obras, vía la computadora, no se contemplan, sino que se exploran. Por otra parte, el museo tradicional basado en colecciones de piezas ya no es el único modelo, existen nuevas instalaciones e instituciones: espacios de presentación, centros de interpretación, de visitantes, que no pueden centrarse exclusivamente en el patrimonio porque simplemente no lo poseen, por lo que necesitan acercarse a sus públicos mediante diferentes recursos.

Existen determinadas obras, monumentos, espacios o paisajes del pasado que requieren una gran abstracción para ser imaginados en sus condiciones originales; una interactividad de tipo experimental puede permitir entender y contextualizar por medio del uso ampliado de medios como videos, maquetas, intervenciones lúdicas y/o didácticas, ya que si sólo nos centramos en la interactividad como una sucesión de botones o palancas, desembocaremos en planteos conductistas de acción-reacción. En definitiva, ni el museo es un espacio de enseñanza-aprendizaje, ni la interactividad facilita necesariamente un contexto instructivo de adquisición de conocimientos, pero sí amplían la dimensión con el público.

Es preciso recordar que el museo no debe ser, en absoluto, una continuación de la escuela, ni tiene que subordinarse a una lógica curricular, porque los problemas educativos los debe resolver el propio sistema escolar. Los museos no pueden substituir a la escuela, como tampoco los interactivos pueden suplantar al docente para impartir contenidos y método científico. Por lo tanto, los museos no deberían tener propuestas exclusivamente escolares, ya que todos aprendemos de la misma manera. Un objeto de conocimiento para un escolar con conceptos previos limitados será útil a cualquier otra persona adulta, contribuyendo a que ambos adquieran nuevos conocimientos de manera significativa.

Lo que define la viabilidad de toda propuesta museográfica aplicada sobre una determinada institución científica, artística, cultural o ambiental, es el rigor con que se trabajan los contenidos y la eficacia para que se conviertan en significativos para los visitantes. Por lo tanto, la aplicación de recursos lúdicos deberá adecuarse y aportar significados científico-culturales.

Actualmente, la posibilidad de acceso a las tecnologías de la información aumentan los recursos disponibles para un museo: las audioguías que se pueden bajar en formato MP3 en varios idiomas con diferentes recorridos permiten la organización de la visita previamente. Otro ejemplo son unos pequeños dispositivos inalámbricos con una pantalla que, basados en tecnologías IP, permiten ampliar la información personalizando los contenidos que son relevantes para cada visitante, suministrando información personalizada de texto y gráfica de acuerdo a los intereses de cada visitante.

Los recursos interactivos no se centran únicamente en las periferias *on line* de los museos. Pueden existir espacios interactivos singulares o incluso desarrollarse estrategias para dotar a las salas de exposiciones permanentes o temporales con diferentes módulos o propuestas con mayor o menor grado de interactividad. Así, determinados tipos de audiovisuales o propuestas multimedia, aplicaciones informáticas o incluso las más diversas propuestas de artefactos mecánicos, réplicas de piezas o maquetas, pueden funcionar como instalación interactiva. Los elementos de mediación entre los visitantes y la colección permiten situar una pieza descontextualizada, y hasta a veces incomprensible, en sus justas coordenadas espaciales, temporales y funcionales. Al mismo tiempo, los museos deberían garantizar que la relación entre pieza y público pueda ser libre y sin condicionamientos, con el derecho a gozar e interpretar la obra sin intermediaciones. Es por eso que la interactividad fracasó sobre todo en los museos de arte, donde la relación entre el público y la obra es básicamente emocional.

Otro argumento tradicional acostumbra a liquidar, minimizar o neutralizar al guía frente a los potenciales lúdicos de lo interactivo, haciendo que el visitante sea el protagonista de su propio descubrimiento. Hoy en día, un guía también debe ser un animador de sala, un interactivo humano, un auténtico organizador del espacio frente a los grupos heterogéneos que acostumbran recibir los museos.

Esto nos lleva a pensar que más allá de posturas a favor o en contra de la interactividad como recurso, inevitablemente ya se encuentra inserta en los museos, sea como recurso lúdico-didáctico o en su más global mediación, la comunicación. Por lo tanto, podemos decir que todos los museos son interactivos.

El siguiente gráfico intenta reconocer las diferentes mediaciones de la interactividad en el museo: como factor humano y como factor lúdico-didáctico, destacándose el factor humano al mediar tanto como factor interno y externo, es decir, toda la información previa que tienen los visitantes antes de realizar la visita. El factor interno es la visita en sí. La interacción lúdica se relaciona directamente con la experiencia con los objetos y su amplio espectro de posibilidades

La interactividad es una opción más dentro de las propuestas museográficas, y abarca un amplio campo de oportunidades posibles. Pueden existir propuestas correctas y rigurosas, pero también otras que pueden fracasar más allá de su solidez. La calidad, el rigor y la mesura van a marcar los avances. En cualquier caso, la interactividad como forma de dar protagonismo y oportunidad a los individuos en su diálogo con la cultura y con la ciencia, a partir de obras, restos, máquinas, espacios, ruinas, paisajes, ambientes, no puede ser, por definición, un enemigo ni del conocimiento ni de su democratización.

Bibliografía

Eco, Umberto (1972), *La estructura ausente,* Barcelona, Lumen.

7.2.5. Presentación de la revista virtual *Museos y Educación*

Lic. María Ángela Botero[66]

Como directora de la revista virtual *Museos y Educación,* María Ángela Botero realizó una presentación acerca de los objetivos de la revista, su contenido, sus secciones y quiénes conforman el Comité Editorial. La dirección del sitio en Internet es www.museosyeducacion.com.

¿Quiénes somos?

Somos una revista especializada en el tema de la educación en los museos, que busca servir de medio de comunicación para la comunidad museal: educadores, directores, administradores y todos aquellos interesados en reflexionar sobre el tema.

Asimismo es un mecanismo de consulta para educadores que planeen realizar una visita al museo, una forma de presentarles las estrategias diseñadas por el museo para el máximo aprovechamiento de las visitas educativas.

Museos y Educación es una revista de divulgación con algunos contenidos académicos, ámbito de opinión y discusión sobre un tema que es más que una función del museo. Somos un espacio de encuentro e intercambio de experiencias de dos instituciones que tienen un fin en común, razón por la cual los invitamos a dar a conocer sus actividades, sus investigaciones y sus reflexiones a toda la comunidad interesada.

---

66 Psicóloga con profundización en educación. Ha desarrollado estudios independientes sobre Formación de Guías en Museos y Estrategias de Comunicación-Educación en Museos Interactivos. Se desempeñó como directora del Preescolar Artístico Botticelli. Actualmente se encuentra realizando la Maestría de Gestión Educativa de la Universidad Nacional de San Martín en Argentina y es directora de la Revista *Museos y Educación.*

Para publicar en la revista solicitamos enviar un correo electrónico a info@museosyeducacion.com, y consultar por el formato para cada sección de la revista: "La educación en el museo"; "La escuela va al museo"; "Columnistas"; "Personajes"; "Museos del mundo"; "Zona, guías, animadores, educadores"; "Novedades" (eventos, capacitación, noticias, reseñas, entre otros).

7.2.6. Antecedentes del tema en ICOM Argentina. "Los medios de comunicación y las nuevas tecnologías aplicadas a los centros culturales: el rol de los museos"

Lic. María del Carmen Maza[67]
Contacto: mmaza@icomargentina.org.ar

ICOM Argentina. Día Internacional de los Museos. 2008

El 14 de mayo ICOM Argentina, en el marco de las actividades por el Día Internacional de Museos, organizó en el Museo Isaac Fernández Blanco una mesa Debate sobre "Los medios de comunicación y las nuevas tecnologías aplicadas a los centros culturales: el rol de los museos".

67 Conservadora de museos. Egresada del Instituto Argentino de Museología. Licenciada en Museología. Egresada de la Universidad del Museo Social Argentino (UMSA). Su experiencia profesional se centra en el diseño y montaje de exposiciones. Ha desempeñado sus tareas en diversos museos como el Museo Histórico "Brig. Gral. J. M. de Pueyrredón", el Museo Nacional de Inmigraciones, el Museo Notarial Argentino y en el Museo de la Emigración Gallega. Dentro del ámbito de la Universidad de Buenos Aires, en el Museo de Ciencia y Técnica de la Facultad de Ingeniería y en el Archivo y Museo Histórico de la Facultad de Derecho. Realizó estudios de Gestión Cultural y codiseñó y desarrolló proyectos socioculturales destinados a niños y jóvenes en situación de pobreza. Ha realizado numerosas investigaciones y ha participado de la organización de numerosos seminarios organizados por ICOM Argentina. Fue jefa de gabinete, en la Dirección General de Museos de la Ciudad de Buenos Aires, y en la actualidad es asesora en la Comisión del Bicentenario de la Facultad de Derecho. Presidente de ICOM Argentina y miembro del ICOFOM.

La mesa debate, que contó con la coordinación de la Lic. Mónica Garrido, se inició con la presentación de Ana María Cousillas, Directora del Museo de Arte Popular José Hernández, quien historió la experiencia de diez años de estar el Museo en Internet. Recordó que el *blog* de esta institución es el primero en el ámbito de los museos argentinos y uno de los cuatro que hay en la región. Al mismo tiempo, instó a los museos a esforzarse por capitalizar su presencia en la red con una estrategia de conjunto, asumiéndola como un espacio social de interactividad y reciprocidad.

A continuación, Guillermo Lutzky, Director del Campus Virtual de ORT, ejemplificó la forma en que las instituciones educativas afrontan los desafíos de este nuevo estadio, que filósofos y sociólogos llaman la *sociedad de la información* o la *sociedad del conocimiento,* a partir del desarrollo de nuevos usos de Internet y de los medios de comunicación (entre ellos, los mensajes de texto, la mensajería instantánea, el crecimiento de la conectividad a Internet en hogares, locutorios, vía dispositivos inalámbricos). También se refirió a cómo este cambio de paradigma, que responde a la interacción de diferentes procesos de orden tecnológico, económico y cultural, repercute en nuestro modo de aprender y enseñar.

Carlos Guyot, director de Arte en el diario *La Nación,* se refirió a los alcances de la revolución digital -de la sociedad de la información a la sociedad del conocimiento y al desarrollo de la Web 2.0-, al cambio que se produjo de una audiencia pasiva a una comunidad cocreadora, y a la implicancia de esta situación para los medios y para los museos.

Seguidamente, Fernando García, periodista y editor de la sección Cultura del diario *Clarín,* presentó una animación multimedia realizada para la presentación de su libro *Los ojos, vida y pasión de Antonio Berni,* en el que muestra la intensa vida del artista repartida en escenarios de Buenos Aires, Rosario y París.

Para cerrar la mesa, Rosanna Manfredi, presidente y directora de la productora Argentina Encuadre SA, especialista en animación 2 y 3D, tras un breve análisis sobre la constante información mediática publicitaria que reciben las personas a diario, concluyó que quizá debamos rediseñar el camino para transmitir los mensajes de la cultura y que los museos tienen que repensarse como algo más interactivo que permita llegar a los jóvenes de hoy. Sólo analizando las diferencias nos podremos comunicar, para lo cual -concluyo Manfredi- necesitamos conocer algo de los códigos de esos jóvenes y llegar a ellos con nuevas herramientas multimediales.

Las preguntas y comentarios suscitados por el panel pusieron en evidencia la necesidad de abordar y adaptar la comunicación de las instituciones culturales mediante la aplicación de las nuevas tecnologías de la información y comunicación en sus diversas formas.

7.2.7. Travesías por la colección

Evelina Pereyra, Florencia Bello, Florencia Cardú y Alejandra Moreno[68]
Contacto: educacion@museocastagnino.org.ar

El objetivo de esta ponencia es compartir una experiencia que resultó gratificante y constructiva. Para el desarrollo de la misma haremos hincapié en "Educación y virtualidad".

Una propuesta para reflexionar en conjunto

En el Departamento de Educación del Museo Municipal de Bellas Artes "Juan B. Castagnino", nos reconocemos como mediadores entre el museo y "los públicos", con la finalidad

[68] Educadoras. Depto. de educación Museo Municipal de Artes "Juan B. Castagnino" Rosario. Argentina.

de promover el conocimiento y el disfrute del patrimonio que alberga la institución.

Nos proponemos establecer lazos interinstitucionales, intercambios que se prolonguen en el tiempo para difundir y democratizar el acceso al arte y al patrimonio cultural de la ciudad de Rosario. Así, nuestra gestión educativa apunta a promover la puesta en valor del patrimonio cultural ante la sociedad.

En el mismo sentido, el Departamento de Educación se siente comprometido con un museo de puertas abiertas, integrador; un lugar lleno de vida que invita a indagar y recuperar el terreno sensible como recurso pedagógico más allá de la palabra. Es decir, articular escenarios de aprendizaje, que promuevan "disfrute y educación", apelando a percepciones, sensaciones, emociones, ideas y conceptos en pos de la construcción de conocimientos significativos.

Con dicha finalidad hemos elaborado distintos dispositivos didácticos atendiendo a intereses de quienes los solicitan y a las propuestas que el museo tiene para ofrecer. El equipo de trabajo ha creado un programa denominado "Travesías por la colección", con el fin de poner en valor el patrimonio del museo y brindar a los diferentes públicos una herramienta metodológica pertinente para abordar la obra de arte.

El material se encuentra especialmente diseñado para distintos niveles escolares, que brindan desde un primer acercamiento a las obras hasta la profundización en aspectos específicos del arte, pensando en la transversalidad de la enseñanza. El mencionado material se concibe como una herramienta para el aula que puede y debe ser repensada por cada docente de acuerdo con sus intereses particulares. Se compone de información sobre los artistas y las obras seleccionadas, y algunos temas propuestos para abordar o "explorar" cada obra.

Para el desarrollo de la propuesta se diseñaron tres “Travesías por la colección”, de acuerdo con los distintos niveles escolares de la educación formal. El material puede utilizarse respetando los temas o reorganizándolo de diversas maneras. Asimismo se incentiva al docente para que genere actividades de producción y reflexión distintas a las sugeridas.

¿Cómo es nuestro museo?

El museo Castagnino fue inaugurado el 7 de diciembre de 1937, surgido de una colaboración entre el gobierno municipal y la iniciativa privada. El edificio, donado a la ciudad por Rosa Tiscornia de Castagnino en memoria de su hijo Juan Bautista, coleccionista de arte de principios del siglo XX, consta de 31 salas de exhibición, auditorio, biblioteca, tienda, instalaciones de restauración, depósitos de conservación de obras y servicios para el público.

Es una de las instituciones artísticas más importantes de Argentina, tanto por su acervo como por la proyección de sus actividades. Cuenta con obras que se han ido coleccionando desde hace más de setenta años, y un patrimonio en permanente crecimiento: pinturas, esculturas, grabados, piezas europeas de diversas épocas, instalaciones, fotografías. En 2004 se amplía el museo inaugurando la sede de arte contemporáneo (MACRo), logrando constituir la colección de arte argentino contemporáneo más importante del país.

Dedicado tanto a realizar muestras históricas como de la producción actual, y retomando una política funcional que las vicisitudes de los años habían borrado, actualmente volvió a poner énfasis en coleccionar arte contemporáneo; también ha enriquecido su acervo histórico trabajando en su difusión, contribuye a situar el patrimonio artístico en el campo de la educación, generando una mayor comprensión del arte y de sus procesos. En los últimos años, una política realizada en forma conjunta con la Fundación Castagnino le permitió incorporar más de trescientas obras de arte argentino contemporáneo, de las más diversas regiones del país, ubicando nuevamente a la institución en el centro de la escena nacional y continuando con el protagonismo que siempre tuvo la ciudad en el arte del país y en generar movimientos de trascendencia nacional e internacional. Esta entidad busca tanto preservar, investigar y difundir su colección como dar a conocer y promover la producción argentina.

7.2.8. Aprendizaje a través de la interactividad. Tres experiencias en los museos del INAH

Patricia Herrera Lazarini,[69]
Instituto Nacional de Antropología e Historia

Justificación

La Subdirección de Comunicación Educativa (SCE), adscrita a la Dirección Técnica de la Coordinación Nacional de Museos y Exposiciones (CNMYE) del Instituto Nacional de Antropología e Historia (INAH), es un área que coordina y brinda apoyo a 59 departamentos de servicios educativos de los 115 museos del instituto para el fortalecimiento de proyectos educativos en diferentes ámbitos: individual, local, regional y nacional. Asimismo, elabora proyectos propios derivados de la coordinación nacional.

Nuestra misión es fortalecer la identidad cultural y la memoria histórica de la sociedad, así como la educación integral a través del desarrollo de estrategias novedosas, para atender de manera diversificada a los públicos y propiciar experiencias enriquecedoras y participativas, que

[69] Licenciada en Pedagogía. Facultad de Filosofía y Letras de la Universidad Nacional Autónoma de México. Desde el 2003 forma parte de la Subdirección de Comunicación Educativa. Contacto: hezzatri@gmail.com.

les permitan desarrollar vínculos significativos con las colecciones del museo.

Quienes trabajamos en la SCE[70] consideramos al museo como un espacio potente para la promoción de procesos educativos integrales centrados en el sujeto, que brindan posibilidades para el diálogo, la experimentación, la imaginación, el ejercicio libre de la interpretación, la reflexión, la capacidad de asombro, la exploración y también para la apropiación de la historia, del arte, y en definitiva, de la cultura.

Para propiciar dichas experiencias, es necesario considerar a la educación como un aprendizaje compartido en un ambiente social como el museo, y a la comunicación como diálogo, reflexión e interpretación que realizan los visitantes en y/o con este espacio y lo que en él se encuentra, así como con los otros públicos que comparten la experiencia de visita.

A partir de estas definiciones, en la administración pasada (2000-2006) se elaboró el "Proyecto innovador", un documento que concentra las líneas de trabajo de la subdirección y que esboza una serie de acciones encaminadas a fortalecer los aspectos comunicativos y educativos dentro de los museos del INAH. Asimismo, plantea que la mayor parte de sus proyectos y estrategias sean autogestivos para ser utilizados por la red de museos del instituto. Esto significa que, con base en los materiales producidos desde esta óptica, los visitantes puedan planear su recorrido a partir de su interés y tiempo disponible.

Líneas de acción

El trabajo educativo que desde el año 2000 se ha desarrollado en la subdirección se concentra en ocho líneas de acción:

---

70 Diego Martín Medrano, subdirector; Citlalli Hernández Delgado, jefa de investigación; Monserrat Navarro Herrera, asistente ejecutiva, y Patricia Herrera Lazarini, ejecutiva de enlace.

1. Lineamientos generales para las áreas educativas.
2. Materiales de divulgación, información e intercambio.
3. Eventos académicos.
4. Proyectos didácticos para apoyar exposiciones temporales y reestructuraciones.
5. Publicaciones educativas.
6. Proyectos educativos con otras instituciones.
7. Programa de capacitación.
8. Asesorías.

Hablar de cada una de ellas brindaría una visión integral de la labor educativa de la subdirección, sin embrago, para los fines que nos reúnen, me centraré en la cuarta línea de acción: desarrollo de *proyectos didácticos para apoyar exposiciones temporales y reestructuraciones.*

Estos proyectos educativos integrales se caracterizan por ser curadurías lúdicas, conceptualizadas a partir de la temática de la exposición de la que forman parte, y que en definitiva, hacen posible convertir el propio museo en un escenario innovador de aprendizaje creativo y significativo. Nuestro propósito ha sido modificar las prácticas tradicionales que consisten en reproducir los contenidos temáticos de manera mecánica, para dar paso al desarrollo de proyectos que toman en cuenta aspectos emotivos, perceptuales, sociales, culturales, cognitivos y psicomotores del visitante. La finalidad es favorecer situaciones educativas mediadas, no sólo por equipamientos electrónicos, sino también por otro tipo de recursos que además promuevan la interactividad, ya que el visitante, al establecer una relación con ellos, obtiene la oportunidad de descubrir, analizar, relacionarse, interactuar, inferir y transformar el objeto de conocimiento para otorgarle múltiples significados.

A la fecha, hemos elaborado hojas de sala o tabloides, libros museográficos, montajes museográficos, salas de reflexión y espacios lúdicos.

Interactividad sin medios electrónicos

Existe un creciente consenso acerca de que los museos contemporáneos ya no deben concebirse y organizarse como lugares para la contemplación por parte de sus visitantes, sino como escenarios para su desarrollo educativo por medio de situaciones comunicativas que propicien una interacción lúdica, una exploración creativa y una experimentación dirigida.

Entender el museo de esta manera implica una serie de desafíos arquitectónicos, estéticos, comunicativos, y sobre todo, educativos. Supone delinear un diseño que sustente el aspecto pedagógico, y a la vez dote de un sentido educativo a los diferentes objetos, imágenes, tecnologías, instrumentos, espacios, módulos y exposiciones que lo constituyen.

Podríamos suponer que la "actividad" o "interacción" sólo se produce a través de plataformas interactivas, medios electrónicos, juegos o recursos mecánicos, donde se logra el involucramiento físico y explícito con las colecciones de los museos. Así ocurre en los museos de ciencias, donde las tecnologías de la información son el soporte para la participación; sin embargo, la "actividad" o "interacción", también son promovidas en los museos de historia, antropología y arqueología.

Esperar que el público, en los museos de historia, "haga algo con" la colección, considera replantear el propósito educativo de estos recintos y la creación de escenarios ideales para la interacción social. Implica transformar o traducir la información temática en contenidos procedimentales (saber hacer), declarativos (saber qué) y actitudinales (saber ser), que motiven a los visitantes física, cognitiva y emocionalmente, para presentarla a través de plataformas, dispositivos museográficos o medios que conecten lo racional con lo emocional, la curiosidad con la motivación por conocer, la comunicación con la acción y ésta con la reflexión, ya que "para que exista una interactividad real es necesario que el visitante de una exposición active, no únicamente sus esquemas físicos, sino también sus esquemas mentales y emocionales para poder comprender y acercarse al mensaje expositivo de una forma plena." (Santacana 2005: 258).

Si logramos lo anterior, entonces nuestros museos, independientemente de su tipología, serán espacios donde tenga lugar el asombro, la curiosidad, la sorpresa, la espontaneidad, en los cuales haya cabida para juicios estéticos, apreciaciones subjetivas o comentarios, que no necesariamente tienen que ser "correctos" en el sentido estricto de la información científica.

Habilidades de pensamiento

Las habilidades de pensamiento son aquellas capacidades que se presentan espontáneamente y no se aprenden de memoria. La habilidad de pensar depende del uso de diversas competencias que el hombre pone en juego para construir conocimientos nuevos; se expresan como conductas en cualquier momento del acto educativo, gracias al uso de determinados procesos cognitivos, ya que se desarrollan a través de la práctica y no son restrictivas por la edad o género.

Los procesos para pensar son susceptibles de ser enseñados y se adquieren por medio de la interacción social a través de la relación que se establece entre sujeto-sujeto, sujeto-objeto-sujeto y por las experiencias que se obtienen de esta interrelación. Las estructuras cognitivas en las que se basan los procesos para pensar se adquieren de manera progresiva dentro de un marco cultural y social.

El proceso de pensamiento puede dar lugar a tres niveles de funcionamiento mental consciente (Villarimi, en línea): *automático*, cuando actuamos respondemos a partir de las respuestas aprendidas y de modo inmediato ante los estímulos del mundo; *sistemático,* cuando recurrimos a conceptos, destrezas y actitudes que tenemos a nuestro alcance para dar nuevas respuestas a las situaciones que se nos presenten, y finalmente, el pensamiento *metacognitivo,* cuando nos dedicamos a examinar críticamente la actividad del pensamiento, al evaluar nuestras operaciones, conceptos y actitudes.

Conceptualizar estrategias educativas y de comunicación en los museos que favorezcan el desarrollo del *pensamiento sistemático* por parte de los visitantes, puede dar pie a la trasformación de la visita en una experiencia didáctica y significativa, "sobre todo cuando la interacción con el conocimiento involucre la acción y se produzca vía la interactividad física o virtual." (Duart 2000).

En la medida en que los objetos, la mirada, el espacio y los dispositivos museográficos se configuren pedagógicamente, se abrirá la posibilidad para que la interacción con el público del museo fructifique en aprendizajes significativos.

Proyectos didácticos para apoyar exposiciones temporales y reestructuraciones

Esta línea de acción tiene por objetivo producir curadurías lúdicas conceptualizadas a partir de la temática de la exposición para favorecer en los visitantes de los museos de historia la apropiación de su patrimonio, a través del uso de habilidades de pensamiento, capacidades que no sólo las desarrollan los estudiantes de educación básica -mayoritarios en nuestros museos-, sino que también son parte del repertorio cultural de los adultos.

Estos proyectos trascienden los límites de edad o de lo que se podría llamar "apropiado". A través de formas lúdicas, creativas, emotivas y colectivas, niños y niñas leen, actúan y piensan, los adultos juegan, y viceversa. No hay prácticas apropiadas o exclusivas para uno u otro grupo de edad. A continuación se presentan tres experiencias de la SCE en la conceptualización y puesta en marcha de curadurías lúdicas.

a. Espacio lúdico

Los espacios lúdicos son aquellos ambientes que apoyan o complementan los contenidos de la exposición, a través de montajes museográficos que invitan al público a interactuar, socializar y aprender a través del juego.

En años recientes, en algunos museos de México como es el caso de los del INBA[71] y privados, han aparecido espacios lúdicos que afortunadamente aumentan en número. Han resultado ser un espléndido medio para acercar al público infantil, juvenil y adulto al conocimiento y disfrute de los contenidos que los museos difunden, ya que tienen la posibilidad de interactuar, contrastar y reflexionar con respecto a lo que se propone en cada equipamiento.

Las exposiciones del INAH no han sido la excepción en el desarrollo de estos espacios, ya que la subdirección ha generado proyectos para exposiciones temporales, y ha formalizado las características con las que deben contar estos proyectos para orientar el trabajo de los equipos educativos de los museos del INAH interesados en incursionar en este ámbito.

"¿Qué hay detrás de las máscaras?" fue creado en el año 2003[72] para la exposición "Rostros Mayas. Linaje y Poder", que exhibió máscaras de piedra verde (jade) y diversos objetos relacionados con la élite gobernante de la cultura maya del período clásico.

---

71 Instituto Nacional de Bellas Artes. Es la institución encargada de la protección, conservación, investigación y exhibición del patrimonio artístico de México. El INBA y el INAH dependen del Consejo Nacional para la Cultura y las Artes.

72 La exposición "Rostros Mayas. Linaje y poder", fue una muestra que itineró por la República Mexicana del 2003 al 2007; el espacio lúdico se presentó en cada una de sus sedes.

El espacio se caracterizó por ser itinerante y autogestivo; tuvo como objetivo que los visitantes se acercaran al conocimiento de cuatro disciplinas relacionadas con la investigación arqueológica: la antropología física, la epigrafía, la arqueología y la restauración, a partir de la conceptualización de módulos didácticos integrales que presentaron información en dos secciones: teórica y vivencial.

La sección teórica ofreció a los visitantes información conceptual de las cuatro disciplinas con el objeto de explicar de manera breve y concisa qué hacen los especialistas, dónde y cómo lo hacen. En la sección vivencial, se buscó que los participantes conocieran el campo y objeto de estudio de cada disciplina, a partir de montajes y módulos didácticos.

Por ejemplo, el módulo de restauración contó con una mampara con información conceptual e instrucciones, donde se le indicaba al usuario el uso del módulo, además de nueve cubos que en cada cara llevaban impresos fragmentos de seis diferentes máscaras mayas que estaban en la exhibición.

La correcta colocación de los cubos le permitió al usuario formar la imagen completa de cada máscara. La estrategia educativa fomentó las habilidades de *observación* de pequeños detalles, al tiempo de llevar implícito el cuidado que requiere el trabajo de restauración. Asimismo, propició que los visitantes lograran la *comparación* de las formas, colores y texturas.

Observar en el museo es la primera forma de entrar en contacto con la obra o colección, sin requerir otra mediación externa. Es una forma de participar; no es una actitud pasiva, puede considerarse una actividad en tanto que la mirada remite a los significados. Es un acto cultural que se inscribe en un contexto histórico-social e individual desde el cual se prioriza, selecciona, comprende e interpreta aquello que se mira. Gracias a la observación, podemos llegar a analizar globalmente el objeto, para llegar a la descripción de sus partes y detalles.

La observación promueve el desarrollo de otras habilidades de pensamiento, como la comparación, el análisis, la síntesis, la interpretación y la transferencia de la información. Es una habilidad para atender, notar, percibir, identificar, encontrar y discriminar. En cualquier ámbito social como el museo, para lograr la *comparación* se requiere destacar explícitamente los criterios que deseamos que los visitantes confronten.

La comparación nos permite explorar objetos, situaciones o ideas y reconocer semejanzas y diferencias entre lo que observamos. Esta habilidad fortalece la identificación de elementos; mientras más se favorezca la comparación, más se amplían las bases para juzgar, debido a que éstas se sustentan en un rico repertorio de referencias, y así, se inducen las analogías.

Esta habilidad de pensamiento es el antecedente para lograr la ordenación y el análisis de hechos, ideas, objetos y situaciones. Nos ayuda a distinguir, confrontar, verificar, reconocer, identificar y establecer relaciones.

Una característica sobresaliente de este espacio lúdico es que fue diseñado para formar parte del recorrido de la exposición arqueológica en lugar de instalarlo en el área educativa fuera de la exhibición. Las sedes en las que se presentó "¿Qué hay detrás de las máscaras?" fueron el Museo de Arte de San Pedro en Puebla, el Museo Nacional de Antropología de la Ciudad de México, el Ex Templo de San José en Campeche y el Museo Arqueológico de Palenque en Chiapas.

b. Espacio de reflexión

Se caracteriza por ser ambientado o contextualizado para que favorezca la reflexión, la apreciación estética, la socialización y la evocación de conocimientos previos a partir de la presentación de la información. Su cualidad más sobresaliente es la presentación de temas alternos o complementarios que no forman parte del discurso museográfico de la exposición o que se tratan de manera superficial.

"El pabellón blanco" formó parte de la exposición temporal "Persia: fragmentos del paraíso", organizada por el Museo Arqueológico de Irán y la Coordinación Nacional de Museos y Exposiciones, y se presentó en el Museo Nacional de Antropología en el año 2006.

Esta sala estuvo especialmente dirigida al público juvenil y adulto, y consistió en una sala ambientada con motivos arquitectónicos y ornamentales a la manera de un salón palaciego oriental. En el fondo de la sala se colocó una ampliación fotográfica de seis metros de largo por dos de alto de una miniatura persa con una escena que representaba a una princesa del pabellón blanco, que le narró una historia al rey cazador Bahram-e-Gur. La miniatura, que se exhibió en una vitrina especial a la entrada del espacio de reflexión, nos sirvió como motivo central para la ambientación.

La sala contó con la sonorización dramatizada del texto de "El pabellón blanco", relato que forma parte del libro *Las siete bellezas,* de Nizami, un gran literato persa del siglo XII.

Con la finalidad de ofrecer a los visitantes una muestra de la literatura persa, se editaron cuatro libros museográficos en los que se reunieron textos representativos de la literatura persa para que pudieran leerlos en un espacio propicio para dichos fines. No fue raro observar a los visitantes llevar los libros al interior de la sala de reflexión, que al contar con cómodos cojines, fue el espacio ideal para leer.

La integración de los elementos que conformaron la sala -gráfica, audio, ambientación y libros museográficos- favoreció las habilidades de *análisis, síntesis e interpretación*, de las cuales me centraré en explicar la última.

Hablamos de *interpretación* cuando elaboramos nuestras propias conclusiones en lugar de traducir la información que se nos presenta. Para poder interpretar hechos o cosas primero las tenemos que describir y explicar. Esta habilidad nos permite elaborar un significado personal al tratamiento de la información mediante la conexión de los conocimientos previos; asimismo, la interacción que se establece con los otros nos da la oportunidad de reelaborar nuestras ideas, confrontarlas y expresarlas.

La gráfica de la "dama" y la sonorización contribuyeron para crear un ambiente propicio para que los visitantes se adentraran en la historia del *Pabellón*; conectaran la información presentada en las cédulas temáticas anteriores al espacio de reflexión, ya que éstas abordaban el tema de artes; y descubrieran la miniatura que hacía referencia a la sala de reflexión para que elaboraran historias alternas propias.

En cuanto al uso del libro museográfico que contenía la historia del rey cazador Bahram-e-Gur, me parece interesante mencionar que invitaba al visitante a identificar textualmente los hechos que escuchaba, adelantarse a la historia contada y sacar conclusiones, elementos presentes en la habilidad de interpretación, ya que ésta nos ayuda a identificar los puntos claves a partir de los cuales vamos a discutir y conocer los aspectos a profundizar.

Al establecer correspondencias entre los elementos museográficos dentro de la sala de reflexión, los visitantes lograron organizar sus ideas, dar explicaciones y ordenar sus argumentos.

c. Materiales autogestivos

Las *hojas de sala o tabloides,* al ser materiales de mano para usarse dentro de la sala y realizar un recorrido alterno observando piezas seleccionadas, les permitieron a los usuarios recorrer la exposición de manera autogestiva, ya que funcionaron como propuestas de recorridos de acuerdo con los intereses, necesidades, tiempo y preferencias estéticas.

Para la exposición "Zares. Arte y cultura del imperio ruso. Colecciones del Museo del Ermitage", que se expuso en el Museo Nacional de Antropología en 2008, se elaboraron hojas de sala para realizar dos diferentes recorridos: familiar y anecdótico. Presentamos información temática, complementaria y anecdótica, piezas de la colección, ilustraciones, líneas del tiempo, preguntas de observación y reflexión, así como mapas conceptuales para guiar a los visitantes a través de los diferentes temas de la exposición.

Las actividades de aprendizaje se organizaron para estimular en los públicos la observación, la reflexión, el pensamiento crítico, la socialización; asimismo, sus conocimientos previos, el *análisis, la síntesis y la transferencia de información.*

Trabajamos el aspecto *analítico,* al pedirle al visitante que buscara la pieza mencionada en el tabloide para que observara la obra de manera general, y así discriminara las unidades que consideramos irrelevantes para el ejercicio. La estrategia que nos propusimos fue que aplicara su razonamiento deductivo, ya que éste se basa en dividir el todo en sus partes. Cuando analizamos objetos, situaciones o ideas, tomamos en cuenta sus cualidades, funciones, relaciones y usos.

Una vez que el visitante ha identificado la obra y los elementos que la constituyen, se le induce a partir de preguntas para que a través de sus sentidos logre integrar los elementos al todo, es decir, favorecemos la *síntesis* que se traduce como la habilidad para fortalecer el pensamiento crítico e inductivo.

El análisis y la síntesis se potencian cuando separamos, distinguimos, unimos, generalizamos, innovamos, reconstruimos y creamos ideas. Para fines educativos en los museos, se requiere plantear situaciones en las que los visitantes establezcan generalidades y características particulares de ciertos hechos u objetos.

Otra habilidad que fomentó esta estrategia fue la *transferencia de información*, ya que estamos invitando al público a aplicar sus destrezas y conceptos en una situación nueva y en un contexto diferente al que fueron aprendidos. *Transferir* se convierte en una herramienta importante para darle significado a nuestros conocimientos previos. Al sugerirle al visitante que comente sus respuestas, provocamos que socialice sus conclusiones; el lenguaje y la aplicación de la transferencia están estrechamente vinculados, ya que el lenguaje es el instrumento que le da sentido a nuestra forma de pensar.

A través de explicaciones, experimentaciones y resolución de problemas, fomentamos nuestra habilidad de transferencia. Para potenciar el uso de la transferencia de la información en el museo, podemos elaborar ítems o indicadores que lleven a los públicos a analizar, formular conclusiones y argumentar.

Consideraciones finales

Pensar el museo como un espacio de comunicación interactiva consciente de las necesidades educativas de sus públicos y de las demandas culturales de la sociedad, implica reelaborar su misión educativa para otorgarles a sus visitantes un papel preponderante, donde la interacción con las colecciones traspase la barrera entre el objeto sacralizado y el sujeto contemplativo, para elaborar herramientas educativas que fomenten el desarrollo y la promoción de habilidades cognitivas.

Independientemente de la estrategia que se conceptualice dentro del museo, que involucre la interactividad física o virtual del visitante, la labor educativa y pedagógica debe ser planeada. La planeación es la actividad que nos ayuda a organizar coherentemente las metas y los medios para alcanzar los fines que nos proponemos. Las preguntas generadoras que nos ayudan en la planeación son:

a. *Proyecto*: ¿Qué queremos hacer?

b. *Propósito*: ¿Por qué? ¿Para qué? Aspecto de la planeación que requiere precisión, ya que nombra las intenciones específicas que tendrá dicho proyecto. Se requiere diferenciar entre los propósitos del participante -actividades de aprendizaje- y del asesor educativo (estrategias de enseñanza, de mediación o de acercamiento).

c. *Destinatario*: ¿A quién? Tipo de público al que se dirige el proyecto. En caso de ser estudiantes de educación básica, se requiere especificar el grado escolar. Educación básica: preescolar, primaria, secundaria. Educación media y superior: bachillerato y universidad. Familiar. Tercera edad. Grupos vulnerables. Necesidades educativas especiales: auditiva, visual, motora o mental.

d. *Recursos*: ¿Con qué? Aspecto que prevé los recursos humanos y materiales necesarios para la realización del proyecto.

e. *Tiempo*: ¿Cuándo? Se refiere a la calendarización y duración de las actividades. Es decir, los días y el horario específico en que se llevarán a cabo. No debemos confundirla con vigencia.

f. *Desarrollo*: ¿Cómo? Descripción detallada de cómo se llevará a cabo el proyecto: inicio, ejecución y cierre. Uso de estrategias y elaboración de materiales.

Los objetos museísticos son fuentes históricas, portadores de significados y elementos constitutivos de un sistema de comunicación no verbal; nos hablan de relaciones sociales, culturales y económicas. Al considerarlos detonantes de experiencias educativas, le daremos al visitante la posibilidad de identificarse con su historia, cultura y patrimonio.

Al idear prácticas educativas creativas que faciliten el acercamiento y la concientización sobre el patrimonio cultural, estaremos haciendo de la visita al museo una experiencia participativa, reflexiva y sensible "que tienda a conocer, respetar e insertarse en las expresiones culturales del pueblo y a partir de allí estimular un proceso de transformación colectiva, que impulse la generación y desarrollo de nuevas formas de pensar, actuar y sentir a partir de la realidad existente."(Vallejo Bernal 2002: 20).

Si ayudamos a nuestros visitantes a descifrar el mensaje que encierran los objetos y la relación entre ellos (su uso, función, razón de ser en un tiempo y espacio determinados), entonces seremos copartícipes en el proceso de construcción de su conocimiento, que implica alcanzar el desarrollo de habilidades, acrecentar la imaginación y la actitud crítica que permiten al individuo observar, analizar, interpretar, reflexionar e inferir nuevos significados.

En este sentido, la capacidad de significación e interpretación de cada persona está en relación estrecha con el contexto, sin embargo, lo que ve, destaca, analiza y resignifica cada persona puede variar de manera considerable, pues cada visitante posee un repertorio de conocimientos personales que lo lleva a establecer diferentes conexiones con las colecciones.

Las estrategias comunicativas y educativas planificadas que le ofrezcan a los visitantes contenidos procedimentales, declarativos y actitudinales, serán las más exitosas, ya que de esta manera, estaremos privilegiando las habilidades de pensamiento, traducidas o expresadas a través de la interactividad física, cognitiva y emocional.

Bibliografía

Duart, Joseph y Sagrá, Albert (2000), *Aprender en la virtualidad,* Madrid, Gedisa.

Santacana Mestre, Joan y Núria Serrat Antolí (coords.) (2005), *Museografía didáctica,* Barcelona, Ariel.

Vallejo Bernal, María Engracia (coord.) (2002), "Comunicación educativa: analizar para transformar", *Educación y Museos,* México, INAH.

Villarimi Jusino, Ángel R. (en línea), "Teoría y pedagogía del pensamiento sistemático y crítico", *Proyecto para el Desarrollo de Destrezas de Pensamiento.* Disponible en línea: http://www.pddpupr.org/docs [consulta: 8 de mayo de 2009]

7.2.9. Antiguos y nuevos lenguajes en la didáctica del museo

Dra. Sandra Murriello[73]
Contacto: sdrnnano@gmail.com

La primera pregunta que me surgió al recibir la convocatoria para esta charla fue ¿Qué es *antiguo*? ¿Qué es *nuevo*? En verdad, ¿qué es *antiguo* en un museo? ¿Y qué es *nuevo*? En principios, este dilema es antagónico y parece no admitir términos medios. Como siempre, hay primeras impresiones. En este contexto, *antiguo* nos remite rápidamente a diorama, animales embalsamados, penumbras, silencio;

[73] Licenciada en Biología, Doctorada en Ciencias, Educación en Geociencias y Posdoctorada por la Universidade Estadual de Campinas. Se desempeña en Educación y Comunicación en Ciencia y Tecnología, Estudios de público en museos. Evaluación de exposiciones y Educación ambiental. Actualmente ejerce como investigadora y docente en la Sede Andina de la Universidad Nacional de Río Negro, Argentina. Laboratório de Estudos Avançados em Jornalismo, Universidade Estadual de Campinas, Brasil. San Pablo.

por su parte, *nuevo* a pantalla, computador, tecnología, videoconferencias, interactividad, luces, sonidos y colores. Dos estilos, dos expografías, dos modelos de museos. En esencia, dos lenguajes, dos códigos.

Ahora bien, si usamos un código hay dos operaciones que están implícitas: la codificación y la decodificación. Si nos posicionamos como idealizadores de exposiciones, como emisores, precisamos pensar en quién será nuestro receptor. ¿Qué competencias tiene el destinatario de nuestro mensaje? ¿Cómo decodificará? Entonces, la elección de un lenguaje depende no sólo de lo que queremos comunicar sino también de a quién está dirigido. Si colocamos el foco en el receptor, el proceso se complejiza y tendremos que considerar que habrá negociación de significados.

Otra cuestión que quiero considerar aquí, porque está también íntimamente relacionada con los lenguajes posibles, es el papel que les cabe a los museos como espacios culturales. ¿Cómo se posicionan los museos para captar público? ¿Qué le ofrecen al visitante para atraerlo? Cines, teatros, *shoppings*, clubes son, al igual que los museos, espacios donde ocupar el tiempo libre. Otras opciones caseras como el uso de Internet, la televisión, los DVD o el disfrute de los *home theater*, con sus múltiples opciones, son propuestas de ocio y también de instrucción ¿Por qué, entonces, visitar un museo? Esto nos lleva a la necesidad de entender las motivaciones de la visita, un campo aún poco explorado en nuestros países latinoamericanos. Sin embargo, hay estudios de público que muestran que los visitantes de museos buscan hacer un paseo didáctico, esperan aprender "algo" (Almeida 2009). O sea que los museos son vistos como espacios educativos por la comunidad en general. Es decir que es el mal llamado "público en general" el que espera aprender algo en su visita y no sólo los escolares, ese público -casi- cautivo de las instituciones museológicas. ¿O es a la inversa? ¿No será que los museos se han convertido en cautivos de las visitas escolares? No propongo aquí desvalorizar la relación de los museos y las escuelas, sino de "desescolarizarlos", tal como planteara Margaret Lopes (1997) hace ya más de diez años. Colocar el foco de las propuestas educativas y expositivas en este sector del público puede llevar a que los museos olviden su papel de centros culturales para todo público, y en consecuencia, olviden posicionarse como opción atractiva, en pie de igualdad con otras ofertas culturales. ¿Qué lenguajes circulan? ¿Qué lenguajes atraen al público? ¿Por qué?

Y aquí, en el contexto de esta charla, cabe reflexionar qué lenguaje utilizamos en los museos de acuerdo con lo que queremos mostrar y a quién está destinada nuestra acción comunicativa. El lenguaje debe ser siempre el vehículo de nuestras ideas, teniendo en cuenta que serán reinterpretadas por nuestros visitantes. Es nuestra responsabilidad como idealizadores evaluar si nuestras exposiciones logran decir lo que pretendíamos.

De los dinosaurios a los átomos

Pretendo mostrar aquí dos casos, dos museos que tratan temas distintos y que recurren a lenguajes diferentes para poder pensar con ejemplos concretos algunos de los desafíos de los lenguajes "antiguos" y de los "nuevos". Son dos espacios que, en inicio, pueden ser pensados como antagónicos en el esquema antigüedad-modernidad. He investigado sobre ambos y quisiera aprovechar esta oportunidad para reflexionar sobre la relación que se establece entre el lenguaje y el público.

Uno de ellos es un museo emblemático en Argentina, el Museo de La Plata, situado en la ciudad homónima, capital de la Provincia de Buenos Aires. Fundado en 1884 es un museo de historia natural altamente visitado y que cuenta con colecciones valiosas y diversas. Una de sus áreas más reconocida es la sección de Paleontología, poseedora de una vasta colección de fauna sudamericana. Según el estudio de público que hice como parte de mi tesis doctoral (Murriello 2006) hace pocos años atrás, el público va al museo, entre otras cosas, a ver fósiles, especialmente dinosaurios. Y quiere ver huesos, esqueletos, no sólo fotos, o películas, o simulaciones.

Aquí hay una expectativa del público que no podemos desconocer para una muestra de Paleontología: el público quiere un objeto real y cuanto más completo esté, mejor. Esta demanda no es nueva, es la misma que ya aparecía a fines del siglo XIX donde las pautas expográficas innovadoras destacaban la importancia de mostrar objetos completos y no fragmentos. Los fundamentos de esa demanda han cambiado, la forma en que entendemos que se aprende hoy es diferente. En ese momento se pensaba que los objetos eran elocuentes en sí mismos, y hoy, en general, ya no aceptamos esta idea libremente. Sin embargo, la consecuencia expográfica más inmediata es la misma: en una muestra de Paleontología podremos incorporar muchos elementos comunicativos modernos, podremos utilizar nuevos lenguajes para propiciar una experiencia multimedia, pero lo que *no* podremos dejar de lado es el más tradicional de los objetos de un museo de historia natural: un esqueleto real montado. El esqueleto impresiona, impacta, da idea de la dimensión, materializa el tiempo pasado; el esqueleto queda en la foto de recuerdo y en la memoria del visitante.

Pero el esqueleto solo no basta. Y no sólo no basta, también puede llevar a errores conceptuales. La ambientación, la información clara y contundente que contextualice el objeto es sustancial. En el Museo de La Plata, el público visitante autónomo manifiesta gustar de dinosaurios que en verdad son mamíferos fósiles. Esto es más que un problema taxonómico, ya que altera la narrativa evolutiva que el museo pretende presentar. Todos los recursos expográficos que ayuden a evitar ese error precisan ser utilizados porque lo que hay que "romper" es la imagen preconcebida de que todo esqueleto antiguo y grande es un dinosaurio. La resignificación del visitante será hecha en función de la información previa que tiene, de su imaginario. Si algo diferente pretendemos mostrar tendremos que dar a los "nuevos" lenguajes su lugar sin desplazar al objeto, rey absoluto de las exposiciones más tradicionales.

El encuentro con un objeto real es algo que aún hoy en día los museos pueden ofrecernos, y es aquí desde donde muchos autores defienden la ventaja que estas instituciones tienen frente a opciones culturales sumamente interesantes pero virtuales. Un caso de un museo remodelado a nuevo en 2005 desde esta perspectiva es el Museo de Ciencias de Barcelona, actual *Cosmocaixa*, un buen ejemplo de un museo moderno, puesto a nuevo, basado en el lenguaje de los objetos.

Para los visitantes del Museo de La Plata, la presencia del objeto real es sustancial y la autenticidad es un valor. Vale que el objeto esté allí y vale porque es auténtico. En el caso paleontológico, en particular, esto plantea un nuevo dilema: cuán "auténtico" es el objeto. Para ilustrar esta situación cabe el caso del *Diplodocus Carnegie,* cuya réplica llegó al Museo de La Plata en 1912. Única en Sudamérica, tiene sólo siete copias hermanas distribuidas en el mundo. El *Diplodocus* ha cambiado de lugar ya tres veces a lo largo de la historia del museo, en las cuales la exhibición siempre atestiguó que se trata de una réplica de un esqueleto original expuesto en el americano Museo de Pittsburg. Lo que nunca fue dicho es que ese "original" es el producto de la reconstrucción hecha entre 1877 y

1900 a partir de varios esqueletos de la misma especie (Van Praet 2003: 47-62). La ausencia de esta información en la exposición priva al visitante de vislumbrar cómo funciona la ciencia paleontológica. El esqueleto en sí no revela esta historia.

Montaje del *Diplodocus* en la reforma de la Sala II del Museo de La Plata (2003)

Ahora bien, si en vez de dinosaurios tenemos que mostrar átomos, ¿qué recurso expográfico podemos usar? Este fue el planteo que nos hicimos al desarrollar la NanoAventura, una exposición sobre nanociencia y nanotecnología en Brasil en el año 2005, como primera iniciativa del *Museo Exploratório de Ciências* de la UNICAMP (Universidade Estadual de Campinas). ¿Cómo trabajar con un objeto real y auténtico? Nos enfrentamos con una ciencia y una tecnología en pleno desarrollo, aún ajena a lo cotidiano, que trabaja con objetos de dimensiones distantes de la percepción humana, que están mediadas por las imágenes de instrumental especializado. Pensamos entonces en crear simulaciones, emulando lo que la propia ciencia hace para estudiar la materia en sus ínfimas dimensiones. Dado que la exposición está destinada principalmente a chicos y adolescentes, buscamos un lenguaje próximo de su lenguaje cotidiano. En una encuesta previa al desarrollo de la exposición confirmamos que el 85% de los chicos y adolescentes encuestados eran usuarios asiduos de *games*. Nos decidimos entonces a crear *games,* juegos electrónicos que simulasen situaciones de laboratorio. Creamos también un video en pantalla gigante y un video 3D que se integran en una experiencia, de una hora de duración, guiada por un actor.

Para contribuir con las interacciones sociales, los cuatro *games* creados son colectivos y de carácter cooperativo, es decir que demandan acciones conjuntas (ver tabla 1). Está estudiado que este tipo de juegos lleva a mayor tiempo de uso y al establecimiento de interacciones sociales. Se sabe también que los *games* permiten el desarrollo de habilidades cognitivas y de destreza manual, pero aún falta entender su impacto en la incorporación de conceptos científicos, dato importante para un museo de ciencias. Si bien la incorporación de propuestas virtuales interactivas a exposiciones ya está ampliamente distribuida, podemos considerar que éste es aún un lenguaje "nuevo" en términos museales.

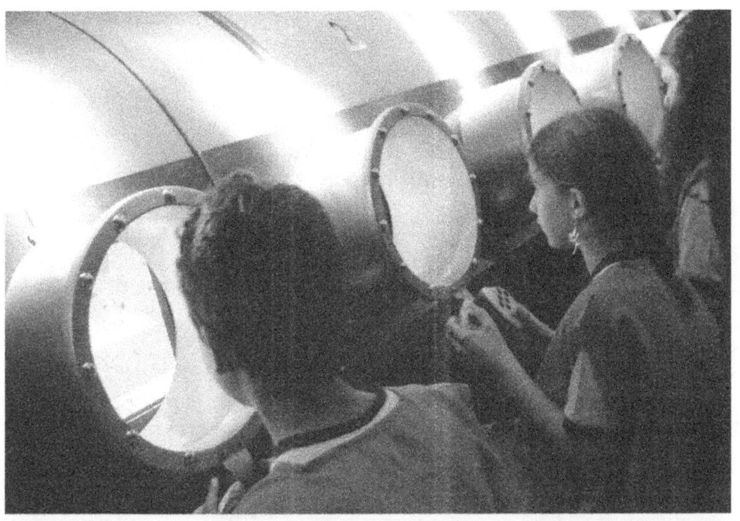

Juegos electrónicos de la NanoAventura. Fotos: Nelson Chinaglia

Tabla 1. Juegos electrónicos de la NanoAventura

Nanomedicina Objetivo: en equipo, salvar células enfermas con medicamentos revestidos con una camada de material no tóxico.
Paseo virtual Objetivo: reproducir los ambientes donde se trabaja en nanociencia y nanotecnología.
Nanocircuitos Objetivo: simular el montaje de nanocircuitos.
Limpieza de superficie Objetivo: retirar las impurezas de una muestra.

En la NanoAventura nos planteamos este lenguaje como desafío y como experimentación, ya que nos propusimos contribuir con la evaluación de este tipo de experiencias en museos. Durante los primeros meses después de la apertura de la muestra, hicimos un seguimiento que nos llevó, en primera instancia, a corregir problemas ergonómicos y de funcionamiento, y en segundo término, a definir parámetros de evaluación útiles para estos u otros *games*. Basados en la categorización de juegos de computador y de exposiciones motivadoras ya existentes (Perry 1994: 25-29) definimos como criterios de evaluación (Murriello 2006):

1. Desafío: estimulo para la autosuperación.
2. Curiosidad: generación de preguntas e inquietudes sobre el tema.
3. Cooperación: interacciones sociales de colaboración entre pares y con el guía.
4. Competición: estímulo para superar a otros.
5. Jugabilidad: claridad de la propuesta y funcionamiento del juego en el contexto de la exposición.
6. Proximidad: temática significativa / próxima de la experiencia del visitante.
7. Ergonomía: confort para desempeñar la tarea.

Estos criterios fueron evaluados en la escala bueno / regular / malo o alta / media / baja. Los resultados de esta evaluación (tabla 2) nos permitieron visualizar los aciertos y los problemas de cada juego y del conjunto. En términos generales, podemos afirmar que los juegos atraen la curiosidad, resultan desafiantes, y los más próximos, resultan significativos desde el punto de vista conceptual.

Tabla 2. Evaluación de los juegos de la NanoAventura

	Nanomedicina	**Limpieza de superficie**	**Línea de montaje**	**Paseo virtual**
Desafío	alto	alto	alto	alto
Curiosidad	alta	alta	alta	alta
Cooperación	alta	alta	alta	baja
Competición	alta	alta	media	baja
Jugabilidad	*buena*	*buena*	*regular*	*regular*
Proximidad	alta	baja	baja	media
Ergonomía	*regular- sonido*	*regular-sonido*	*regular- sonido*	*regular*

No quiero entrar aquí en la evaluación detallada de cada juego, que no hace a los fines de esta charla, pero sí quiero destacar el valor de este análisis que nos permitió definir y mejorar problemas de los *games* en función del uso en el contexto expositivo y con su público real. Esto nos permitió despojarnos de nuestras impresiones iniciales para considerar la práctica de los visitantes como eje de los cambios a ser realizados. La posición del idealizador de exposiciones, creo, es poder evaluar qué ocurre con su obra cuando entra en escena, y eso sólo lo sabemos cuando el público está allí, inmerso en la experiencia que hemos preparado para él.

La evaluación realizada nos permitió confirmar que el dominio de la situación, en nuestro caso del lenguaje de juegos, es un requisito para el aprovechamiento de la exposición como un todo. En adultos que no dominan el lenguaje, especialmente en docentes acompañando sus grupos, observamos inhibición en participar o hasta una participación frustrada por las dificultades de interacción con el equipamiento. Es decir, al elegir un lenguaje adecuado para un público infantil y juvenil pero no brindar alternativas, dejamos "fuera" de la experiencia al público que no domina este lenguaje. Usamos un lenguaje nuevo, moderno y altamente tecnológico, adecuado para nuestro público meta, pero excluyente para otros públicos. Sin embargo, es interesante destacar que esta exclusión generó algunas respuestas interesantes en familias donde los adultos pedían ayuda a los chicos para interactuar con los *games*. Esta actitud invierte las interacciones tradicionales en los contextos expositivos en los que los padres tienden a enseñar y guiar a sus hijos (Mac Manus 1987: 263-270).

Posiblemente la convivencia de lenguajes en una exposición sea una opción interesante de considerar, ya que si los públicos son diversos ¿por qué no los códigos de comunicación? Podemos pensar en términos de nuevos y antiguos lenguajes, pero su eficacia comunicativa depende de múltiples factores. En todas las situaciones la elección del lenguaje es crucial sólo en función del receptor.

Bibliografía

Almeida, A. M. (2009), "Os públicos do Museu de Zoologia de São Paulo", en Marandino, M. *et al.*, *Museu Lugar do Público*, Rio de Janeiro, Editora Fiocruz.

Lopes, m. m. (marzo de 1997), "Resta algum papel para o (a) educador(a) ou para o público nos museus?", *Boletim do CECA-Brasil*, ano 1, n. 0, pp.1-4.

Murriello, S. E. (2006), "As exibições e seus públicos: a Paleontologia no Museu de La Plata", Tese de Doutorado em Educação em Geociências, Campinas, Universidade Estadual de Campinas. Disponible en línea: http://libdigi.unicamp.br

Murriello, S. E.; Contier, D. y Knobel, M. (diciembre de 2006), "Challenges of an exhibition on nanoscience and nanotechnology", *Journal of Science Communication* (JCOM), vol. 5, núm. 4. SISSA, International School for Advanced Studies, Trieste, Italia. Disponible en línea: <http://jcom.sissa.it/archive/05/04/Jcom0504%282006%29A01/>.

Perry, D. (1994), "Designing exhibits that motivate", en *ASTC. What research says about learning in science museum?* vol. 2, Washington DC, ASTC, pp. 25-29.

Van Praet, M. (2003), "A educação no Museu, divulgar saberes verdadeiros com coisas falsas", en Gouvêa, G.; Marandino, M. y Leal, M. C. (orgs.), *Educação e Museu. A construção social do caráter educativo dos museus de ciência*, Rio de Janeiro, Access Editora, pp. 47-62.

7.2.10. Subsidio en línea para profesores. Preguntas y reflexiones

Milene Chiovatto[74]
Contacto: mchiovatto@pinacoteca.org.br

Sumario

En 2008 hemos desarrollado el proyecto *Museo para todos*, que abarcó tres acciones destinadas a ampliar y

[74] Graduada en Educación en Artes por la Facultad de Comunicaciones de la Universidad de Mackenzie. Master en Ciencias de la Comunicación y Sociología del Arte por la Escuela de Comunicación y Artes de la Universidad de San Pablo. Profesora de Historia del Arte. Se licenció en estética, teoría y crítica del arte contemporáneo en el curso de especialización en historia del arte de la universidad de San Judas. Participó del equipo Núcleo de Educación y coordinó la atención educativa en la XXIV Bienal de San Pablo; coordinó las acciones educativas de las exposiciones de Picasso a Barceló, en 2001 y Artecidadezonaleste en 2002. Autora del proyecto educativo de la exposición Vistas de Brasil de la Colección Brasiliana, Fundação Estudar. Miembro del CECA-ICOM. Consultora en proyectos educativos en arte y autora de materiales de apoyo a la práctica pedagógica en artes. Actualmente es Consejera del

diversificar a los públicos del museo. Además de las acciones dirigidas a públicos especiales y a grupos en situación de vulnerabilidad social, el proyecto planteó la creación de un Espacio Virtual Pedagógico (EVP) para calificar la práctica docente en arte y propiciar la interacción con el profesorado.

Esa experiencia en línea, que está todavía en proceso de construcción, nos ha señalado algunos caminos y dejó preguntas como: por fin, ¿qué quiere el profesor? En esa comunicación, me gustaría presentar algunos datos y reflexionar sobre ellos.

Introducción

Acompañando el desarrollo de las áreas políticas, sociales y económicas, la definición de *museo* se ha ido transformando a lo largo de los años. En este sentido, es visible la actual percepción del museo como una institución volcada a la salvaguardia y a la comunicación, cuya finalidad incluye estudio, educación y recreación, a partir de la cultura material que preserva. Pero notamos que es fundamental desplegar acciones que concreten esas propuestas conceptuales, es decir, que transformen el museo -efectivamente- en una institución para todos.

Según la colección "Cuadernos de políticas culturales", en su volumen 3, *Economía y Política Cultural: acceso, empleo y financiación,*[75] el 70% de los brasileños jamás ha ido a un museo. Por lo que señala el estudio, uno de los principales motivos para tal índice sería la reducida cantidad de equipos y de oferta de bienes culturales para amplio acceso de la

---

Instituto de Arte en la Escuela y Coordinadora del Núcleo de Acción Educativa de la Pinacoteca del Estado de San Pablo, Brasil.

75 Los "Cuadernos de políticas culturales" son publicaciones del Ministerio de Cultura en alianza con IPEA (Instituto de Investigación Económica Aplicada), a partir de datos recopilados por el IBGE (Instituto Brasileño de Geografía y Estadística), en un estudio realizado en 2003 titulado *Sistema de Información e Indicadores Culturales.* Silva (2007).

población. La mayor parte del consumo cultural se hace en ámbito particular, domiciliario (especialmente por medio de la televisión y de la radio), y esto plantea un desafío para los espacios públicos de socialización de la cultura.

Acorde con ese mismo estudio, la educación representa un medio privilegiado para mejorar el acceso a la cultura, una vez que crea gustos, desarrolla capacidades para disfrutar de los bienes y para comprender los códigos culturales, ampliando la elaboración simbólica de la población.

Creemos que el acceso a la cultura y el arte también constituyen necesidades básicas (al igual que el acceso a la salud, a la educación, al trabajo y a la seguridad), pero no reemplazan ni son superiores a otras, sino que las complementan como derecho de cualquier individuo. De esta forma, comprendemos que los museos desempeñan un papel fundamental en los procesos de desarrollo social, y que por ser instituciones públicas deben estar al servicio de toda la población, no sólo de determinados segmentos socialmente más privilegiados.

Combatir las desigualdades y la exclusión social es una tarea compleja, y para ello se debe asumir una responsabilidad colectiva, con la creación y la implementación de redes que incluyan el poder público, la iniciativa privada y la sociedad civil.

Con base en esta concepción, hemos creado el proyecto "Museo para todos" que actúa en tres áreas diferentes, dirigidas a distintas fracciones del público, pero que se han elaborado a partir de propuestas pedagógicas comunes, buscando asegurar el acceso de públicos diferenciados a la Pinacoteca del Estado.

De manera resumida, podemos esquematizar el proyecto "Museo para todos" en: acciones destinadas a grupos en situación de vulnerabilidad social, a partir del Área de Inclusión Sociocultural; acciones destinadas a personas discapacitadas, a partir del Área de Educación para

Públicos Especiales; y acciones destinadas a preparar a los profesores de la red pública de enseñanza. Como resultado de haber implantado ese proyecto hemos contribuido de forma significativa a asegurar el acceso a la cultura para públicos diferenciados, por medio de acciones realizadas en la Pinacoteca del Estado de São Paulo.

Así, tenemos la convicción de contribuir al desarrollo personal, profesional y social de los individuos y grupos involucrados, colaborando a romper las redes de exclusión social que entremedian nuestra sociedad.

Con implantar las acciones volcadas a los profesores esperamos prepararlos -principalmente a los de la red pública de enseñanza- para que utilicen el arte y el patrimonio como potenciales pedagógicos en la práctica lectiva cotidiana por medio de su formación continuada, buscando la profundización teórica relacionada con la práctica pedagógica. Con esta acción esperamos infundir en los profesores involucrados el papel de protagonistas con potencial de multiplicar los saberes enfocados. Además pretendemos desarrollar en estos profesionales la autonomía para que redacten textos de autor, con miras a construir textos multiplicadores a partir de las prácticas vivenciadas.

Para ello, además de producir materiales de apoyo a la práctica pedagógica, con imágenes de obras seleccionadas de nuestro acervo, y distribuirlos gratuitamente en las escuelas y a los profesores de la red pública de enseñanza, hemos implantado y mantenemos el Espacio Virtual Pedagógico (EVP), al que dedicaremos aquí nuestra atención, puesto que busca brindar apoyo a la construcción y desarrollo de proyectos en educación formal en que el arte y el patrimonio sean núcleos de articulación interdisciplinaria.

Presentación

El Espacio Virtual Pedagógico (EVP) está ubicado en nuestra página *web*. En él el profesor registrado puede acceder a diferentes subsidios que contribuirán a solidificar su práctica de enseñanza en artes a través de:

- Textos completos publicados con autorización de los autores que enfocan temas referentes a la educación, artes, museos y patrimonio.
- Materiales de apoyo a la práctica pedagógica en artes publicados por la Pinacoteca, disponibles para descarga.
- Enlaces con sitios seleccionados por la calidad de la información que aportan sobre educación, arte y patrimonio.
- Sugerencias bibliográficas relativas a los temas enfocados en el EVP.
- Foro que propone temas para debates entre los profesores participantes.

Abierto desde noviembre de 2008, a mediados de abril de 2009 ya había 546 inscriptos en el EVP: son educadores que pueden utilizar los recursos y subsidios disponibles para consolidar su práctica de enseñanza en artes, pero en el espacio del foro, que para nosotros representa un diferencial (en que también es necesario registrarse) hay sólo 49 inscriptos.

Aunque la mayor parte de los inscriptos sean profesores -especialmente los formados en Educación Artística, quienes constituyen el público objetivo de la acción-, tenemos expresiva presencia de profesores de Historia, Pedagogía y Magisterio. Muchos de estos profesionales actúan en escuelas de la red pública, pero la concurrencia de representantes de la red privada es bastante significativa también.

Sin embargo, muchos estudiantes de áreas tan diversas como administración de empresas, bibliotecología, ciencias biológicas, física, geografía, gestión de recursos humanos, matemáticas, medio ambiente, procesamiento de datos, publicidad & marketing, sociología, técnico en informática y zoología también están inscriptos. También hay gran cantidad de instituciones con perfiles variados, desde museos y centros culturales hasta asociaciones que atienden públicos con deficiencias, y universidades localizadas en diferentes ciudades y estados brasileños, incluso en otros países.

Al analizar ese primer inventario del perfil de los inscriptos es posible constatar que el número de inscripciones en el Espacio Virtual Pedagógico va en aumento progresivo, hecho que puede evidenciar una falta de referencias y subsidios pedagógicos confiables en línea. Es notable también la variedad de perfiles de los inscriptos, que excede -en mucho- el foco inicial de nuestra actuación, pues abarca una gama de profesionales que no se dedican necesariamente a la docencia, pero demuestran interés por la práctica pedagógica en artes.

Otra cuestión relevante es la amplitud geográfica que se desprende del perfil de los inscriptos, del que resulta un interés más pronunciado por parte de profesores del interior del estado de São Paulo, e incluso de otras capitales del país, que de los profesores que trabajan en la capital paulista. El fenómeno del mundo virtual fortalece la percepción constante que tenemos de la demanda por referencias en nuestro núcleo, pues recibimos una cantidad más expresiva de solicitudes de materiales por parte de los profesores del interior que de la capital.

Ocurre que los profesores de la capital están expuestos a una gran cantidad de estímulos culturales, principalmente gracias a la existencia de una amplia gama de equipos culturales que actúan en la formación de profesores, y también porque hay más disponibilidad de materiales de apoyo a la práctica pedagógica producidos por estos mismos equipos, cosa que no ocurre en las ciudades del interior del estado.

Foro

Buscando dar visibilidad a los procesos y procedimientos que rigen la construcción del Espacio Virtual Pedagógico, y principalmente del espacio del foro -aquí presentado como cuestión de gran monta en nuestra propuesta-, detallamos más adelante los presupuestos que se han tenido en cuenta para elegir los contenidos y el lenguaje introducidos en ese medio de comunicación.

Con base en las experiencias presenciales que hemos tenido en la formación de profesores, y en la constante demanda por materiales de apoyo a la práctica pedagógica, hemos pensado en utilizar los vehículos virtuales disponibles (la página *web* del museo) como forma de expandir lo que realizamos de manera presencial. Sin embargo, enseguida nos dimos cuenta de que las adaptaciones no eran fáciles o directas: además de la infraestructura operativa que no dominábamos, era necesario gran esfuerzo para traducir los mensajes a esa nueva media, sin volverlos superficiales.

En términos estructurales, parte de la gerencia, la más técnica, la realiza una empresa que desarrolla *softwares* y soluciones digitales, que responde también de la página *web* en su conjunto; y un funcionario del sector educativo del museo realiza la gerencia de contenidos.

A pesar de basarnos en una estructura bastante sencilla (un campo de extranet accesible por medio de inscripción, administrado de manera compartida), el hacer los cambios necesarios para limar las aristas detectadas en el proceso de implantación nos ha costado tiempo, dinero y energía. Hemos notado también la necesidad de desarrollar una logística de acción que nos permitiera introducir datos confiables, ya que muchas veces en Internet podemos encontrar textos completos, pero sin la correspondiente comprobación de procedencia, o sin el respeto a las leyes de derechos de autor. Ese cuidado nos coartó considerablemente en términos de la cantidad de devolutivas que recibimos autorizando la inserción sin cargo de textos enteros (respetando el derecho de visibilidad fidedigna de la fuente), y de inserción de enlaces con sitios confiables, tanto en términos de procedencia como de contenido.

Sabemos que los contenidos accesibles en ese espacio interesan directamente a los docentes, y siempre recomendamos que se accedan tanto en forma presencial en encuentros, charlas y congresos, como por el mecanismo "hable con nosotros" en nuestro sitio. Se nota un elevado interés por los contenidos allí presentados, por el número creciente de inscripciones.

Actualmente nuestra mayor preocupación concierne al foro, pues aunque presente alguna frecuencia está por debajo de lo esperado, y uno de nuestros mayores retos en acciones en línea es tratar de comprender la dinámica correcta de un espacio de diálogo y construcción conjunta y constante, como lo es el foro. Para mediar ese diálogo hemos invitado a una renombrada especialista en educación y artes, autora de libros de referencia en el área y formadora de profesores de la red pública de enseñanza por muchos años, ampliamente conocida y reconocida. A pesar de la presencia de esa profesional cualificada, sin embargo, cuesta mucho esfuerzo estimular la participación de los inscriptos en los debates del foro.

La diferencia entre el número de participantes en el EVP y en el Foro comprueba que hay menos disposición de involucrarse en una actividad más participativa y colectiva. Nos parece que los inscriptos están más ávidos por recibir los materiales que por dialogar, y eso contradice las expectativas que hemos detectado en nuestros encuentros con los profesores, pues por lo general se observó una gran demanda por espacios de diálogo e intercambio de experiencias. Por esa constatación se puede inferir que las situaciones observadas en el mundo real no corresponden necesariamente a la misma perspectiva en el campo de lo virtual, o tal vez los profesores -de manera general- busquen en lo virtual más referencia que interacción.

Las propuestas o los temas del foro han sido discutidos y formulados con base en la experiencia en encuentros presenciales de formación de profesores de la profesora mediadora, junto con la experiencia del Núcleo de Acción Educativa de la Pinacoteca. Tras definir los temas se hizo una divulgación por correo directo dirigido, con algo más de 2.000 direcciones de profesores; se les presentó el tema invitándolos a participar en los siguientes términos:

> Sabemos que el mundo contemporáneo está repleto de imágenes. Y que las imágenes son, en potencial y en diferentes niveles, campos de sentidos, significados, información, conocimiento... Por eso lanzamos esa cuestión: ¿cuál es la importancia de traerlas al aula? ¿Y de salir del aula para verlas? ¿Cuáles serían, en su opinión, algunas propuestas eficientes para enseñar / aprender a leer, interpretar, disfrutar, apreciar, analizar, criticar, etc., las imágenes? Contamos con su participación para el éxito y enriquecimiento de este debate.

La idea de esa primera propuesta era sondar la opinión de los profesores acerca de la importancia de usar imágenes (no sólo artísticas) como referencia y apoyo en el proceso de enseñanza / aprendizaje en clase, como también investigar qué proyectos y propuestas los profesores habían realizado usando la imagen como protagonista. Sin embargo, en esa primera embestida, sólo tuvimos veintiún participaciones, muchas de las cuales eran más bien interacciones (respuestas o devoluciones) de los mismos usuarios.

El debate fue instigador y -en parte- cumplió nuestros objetivos, aunque de forma bastante restringida. Una de las participantes más asiduas, que vive en el interior del estado, comentó acerca de ese primer tema:

> La enseñanza del arte debe estar centrada en construir competentes lectores de imágenes. El profesor es el mediador

de esta construcción cuando presenta en clase imágenes diversas que puedan llevar al alumno a conocer el arte, a aprender a mirarlo críticamente y experimentar la transformación de la mirada. Vivimos en un mundo mediático y como tal cercados de objetos y artefactos con valor simbólico, y la educación debe mediar la comprensión de todo esto.

En la segunda proposición, intentamos promover un debate más volcado a comprender cómo se enseña arte en el aula, o sea, investigando los aspectos metodológicos de la práctica lectiva en artes: "Estamos a principios del año lectivo, época de planificación y de muchas reflexiones sobre el papel del Arte en la Educación. Entre las diferentes propuestas, matrices curriculares, parámetros y metodologías para la enseñanza del Arte, ¿cómo es *su* práctica? ¿Cómo enseña usted, o cómo le gustaría enseñar (o aprender) Arte?"

Aunque esa instigación también se divulgara con amplio correo directo dirigido, y aunque por el informe de accesos pudiéramos constatar 360 accesos, la participación fue menor aun, y en un mes hubo sólo cuatro comentarios. Por eso, todavía tenemos en pauta el apremio y la necesidad de estructurar un espacio de diálogo virtual para profesores, ya que su mantenimiento es bastante complejo y oneroso, y la participación tan escasa.

Hemos reflexionado mucho acerca de los motivos por los cuales la interacción es tan baja, y llegamos a algunas suposiciones que estamos investigando actualmente. La primera de ellas es la necesidad de hacer una divulgación masiva y constante; la otra es la necesidad de plantear una dinámica más ágil que produzca un interés constante por esa interacción.

La tercera hipótesis, planteada en comparación con otros foros dedicados a ese público, concierne al perfil y demanda de los usuarios. Notamos que en otros sitios de esa naturaleza las discusiones se desarrollan de forma mucho menos profunda y más volcada al ámbito práctico, o sea, a la pura práctica pedagógica, y no a la reflexión acerca de ella, y muchos usuarios buscan proyectos o actividades ya realizados en el sentido de "copiarlos" como modelos o fórmulas de actuación.

Con respecto al perfil de los usuarios, notamos también que muchos profesores todavía no dominan la tecnología que se utiliza en el foro, y esto puede ser una de las agravantes de la baja participación.

Conclusiones

A partir de la implantación y mantenimiento del Espacio Virtual Pedagógico que lleva un año en actividad, hemos llegado a algunas hipótesis reflexivas que esperamos puedan ayudar en otros procesos de igual naturaleza. Notamos que la experiencia presencial no siempre se refleja del mismo modo en el mundo virtual, de ahí que para utilizar la media (tanto en términos estructurales como de contenido) es necesario reconstruir los presupuestos de actuación.

En lo que concierne al perfil de los usuarios, la media y sus mecanismos de actuación representan un desafío y un aprendizaje constantes, y hay que adecuar las instancias de divulgación, agilidad de respuesta, nuevos temas e intereses, además del nivel de lenguaje y cognición. Todavía en este punto, es necesario utilizar mecanismos virtuales que generalmente parten de la demanda autónoma y que todavía son desconocidos o de difícil acceso para la mayor parte del público objetivo de la acción.

Bibliografía

Silva, Federico y Da Barbosa, A. (2007), *Economía y política cultural: acceso, empleo y financiación,* Brasilia, Ministerio de Cultura.

7.2.11. El uso de las pantallas virtuales en un museo de Bellas Artes

Mirta Cobreros[76]
Contacto: mirtacobreros@yahoo.com

Las nuevas tecnologías han modificado el "hacer" en todo el mundo, la celeridad del acercamiento a los contenidos nos han hecho replantear toda la actividad pedagógica del museo.

Hasta ahora, el intercambio de roles dentro del proceso de enseñanza-aprendizaje aplicado al museo consistía en cambiar docente por guía, alumno por visitante, contenido curricular por guión didáctico. Al incorporar un nuevo sistema de comunicación obligatoriamente se establece un nuevo contexto, en donde el visitante / alumno puede elegir sobre el camino que desea seguir para llegar a la información, su actuación pasa de oyente pasivo a ser activo y generador de conocimientos. Este es indudablemente un nuevo concepto entre el individuo, la cultura y la enseñanza.

Toda incorporación de conceptos realizada a través del interés del alumno garantiza el resultado del aprendizaje, y permite fomentar la inclusión de todos los grupos estudiantiles

El Museo Quinquela Martín ha trabajado con interacción desde el año 2000, presentando a los grupos de escolares en sus visitas guiadas trabajos especialmente diseñados, a pesar de tener como límite la pantalla de una computadora. Ahora, con las pantallas interactivas, la posibilidad de la enorme visibilidad y la escritura sobre la pantalla, para realizar análisis u observaciones, fomentan el autoaprendizaje. El visitante de nuestros museos puede entonces buscar y encontrar la información, sin necesidad de la presencia obligatoria de un guía

76 Licenciada en Museología. Técnica Superior en Conducción y Administración Educativa. Es autora de diversas publicaciones. Actualmente es coordinadora general de áreas del Museo de Bellas Artes "Benito Quinquela Martín". Buenos Aires. Argentina.

Esto exige al personal del museo aprender el uso del nuevo elemento informativo para crear nuevos trabajos, como al alumno aprender el uso del aparato para llegar a obtenerlo, por lo que llegamos a la conclusión de que debe existir un proyecto pedagógico que indique el momento, el lugar y cómo se va a incluir esta nueva tecnología dentro de los guiones pedagógicos de los museos. La capacitación del personal del área pedagógica del museo es fundamental.

7.2.12. Jóvenes, museos y virtualidad

Prof. Sandra Chelentano[77]
Contacto: sandraivonne_005@yahoo.com

Es evidente que hablar de la utilización de la herramienta informática en el servicio educativo de los museos a principios del siglo XXI es una necesidad ineludible. Lo que ocurre es que a veces la cultura en los países "en vías de desarrollo" no cuenta con los recursos humanos y materiales necesarios. El caso particular al que hago referencia es el de los Museos de Colonia del Sacramento, que se encuentran en el casco histórico del único sitio en la Lista de Patrimonio de la Humanidad de UNESCO que tiene Uruguay. El problema se agravaba porque hubo intentos voluntaristas de los funcionarios de preparar y utilizar con los escolares -público preferencial durante el año lectivo- materiales "didácticos" sin la intervención de educadores, sin museólogos y sin especialistas en la temática (variada, desde colecciones paleontológicas hasta

77 Profesora de Historia. Museóloga. Diploma en Gestión Cultural y Desarrollo Local. Actualmente trabaja en diversas instituciones de educación pública secundaria, técnica y terciaria. Inspectora Nacional de Historia del CETP-ANEP (Consejo de Educación Técnico Profesional-Administración Nacional de Educación Pública), Colonia del Sacramento, Uruguay.

importantes objetos históricos). Razón por la cual, desde el Instituto de Formación Docente de la zona, propusimos a las autoridades municipales dejar en manos de los futuros educadores, guiados por sus profesores y esta museóloga y profesora de historia, la construcción de material sencillo que pudiera utilizarse en los diferentes niveles escolares, coordinando la acción de guías y docentes de los jóvenes.

El resultado consistió en variadas propuestas en formato digital; en la mayoría de los casos se asignan actividades en relación con alguno de los museos, objetos seleccionados y el entorno (la ciudad de Colonia del Sacramento es en sí misma un "museo al aire libre"). Es un pequeño paso en un largo camino que debemos recorrer sin descanso, pero sin descorazonarnos, en la creación de servicios educativos con herramientas virtuales en un futuro no muy lejano.

Las pesquisas y recorridas virtuales por museos de distintas partes del mundo que brindan un amplio servicio *on line*, realizadas en la Sala de Informática del Instituto de Formación Docente, fueron insumos importantísimo para los futuros docentes que trabajaron con gusto en esta tarea.

7.2.13. Real y virtual. Apuntes acerca de la formación para educadores de museo

Lic. Silvia Alderoqui,[78] Directora del Museo de las Escuelas. Buenos Aires
Contacto: silviald@fibertel.com.ar

Introducción

Realidad (del latín *realitas* y éste de *res*, 'cosas') significa en el uso común 'todo lo que existe'. *Virtual* (del latín

[78] Licenciada en Ciencias de la educación (UBA). Directora del Museo de las Escuelas, Ministerio de Educación de la Ciudad de Buenos Aires y Universidad Nacional de Luján. Es miembro del consejo asesor de la revista Hermes, Didpatri, Barcelona. Ha dictado cursos virtuales y

virtus) significa 'fuerza', 'energía', 'impulso inicial'. Así, la *virtus* no es una ilusión, ni una fantasía, ni siquiera una simple eventualidad, relegada a los limbos de los posible. Más bien es real y activa. Fundamentalmente la *virtus* actúa. Lo virtual, pues, no es ni irreal ni potencial: lo virtual está en el orden de lo real (Queau 1995).

No cabe duda de que el advenimiento de Internet ha producido y produce una metamorfosis para lo que fueron las pautas de la educación, de la enseñanza y del aprendizaje, por lo menos en los últimos cien años. Los cambios son mucho más rápidos que nuestra posibilidad de pensarlos. Así como Platón desconfió de la aparición de la escritura y la denunció como una amenaza para el pensamiento, la argumentación, la memoria, la dialéctica y el diálogo productivo; la imprenta fue acusada por la abolición de la retórica. Cuando apareció la televisión hubo quienes dijeron que los profesores serían reemplazados por pantallas en las aulas, esto no sucedió tampoco con la enseñanza programada ni con la educación a distancia (¿podríamos contarlo entre los antecedentes de los cursos virtuales?). También se habla del fin de la lectura tradicional y de las nuevas escenas de lectura a partir de los libros digitales.

Recuerdo que ante la primera invitación en el año 2005 para replicar en la *Web* un curso presencial dictado en el 2004, tuve algunos (muchos) temores: ¿cómo sería dar un curso sin ver la cara de los alumnos? ¿Cómo es tener todas las clases planificadas y diseñadas desde el vamos sin ir incorporando las reacciones del grupo de alumnos? ¿Cómo se sostiene desde el formato virtual el acto colectivo

---

presenciales sobre Educación y Museos en el Centro de Estudios Multidisciplinarios. Investiga y escribe acerca de la educación en museos y los museos como instituciones de la ciudad educadora. Directora de proyectos de Ediciones Campoestrellado. Especialista en la didáctica de las ciencias sociales y las artes. Autora y editora de textos para docentes y alumnos en las áreas de su especialización.

(¿foros?, ¿cafés?)? ¿Cómo mantener ciertas preocupaciones estéticas del formato del curso que tal vez su plataforma no admita? Mis temores y preocupaciones eran producto casi exclusivo de mi práctica docente (también podríamos decir generacional). Una vez organizada la tarea tutorial del formato virtual (que no estuvo a mi cargo), empecé a darme cuenta de sus ventajas y límites.

Sin embargo, más allá de pantallas y entornos virtuales o presenciales, abordaré algunos asuntos de reflexión y práctica tanto de mi experiencia como directora del Museo de las Escuelas, como de los cuatro años de cursos impartidos desde el Centro de Estudios Multidisciplinarios (CEM). Espero que estos apuntes nos ayuden a seguir pensando acerca de cuáles debieran ser los contenidos de la formación para educadores en museos.

Apunte 1. Acerca del contenido *educación en museos*

El tema que nos convoca intenta poner nombre a una preocupación, invita a pensar en nuevas claves las múltiples relaciones y dimensiones entre la educación y los museos. Porque es en función de cómo imaginamos y practicamos la educación en museos que diseñaremos su formación.

Me interesa dar cuenta de aquellos aspectos del orden de la educación en los museos que producen una calidad de trabajo institucional que se nota apenas uno atraviesa el umbral de un museo y se convierte en visitante. Sin embargo, debemos advertirnos acerca de la complejidad del campo. Hay reducciones teóricas que conducen a malos entendidos en la práctica.

Como podemos ver y experimentar todos los que trabajamos en museos, la educación en museos incluye muchos más aspectos que la programación y la coordinación de actividades para niños en edad escolar. Ésta es una de sus tareas, tal vez la más conocida, la de más visibilidad y superficie. Podríamos decir que es apenas la punta del iceberg.

La política educativa de un museo se expresa tanto en su propuesta conceptual, su museografía, como en sus programas para visitantes; me animo a decir que también se expresa en su arquitectura y equipamiento, el color de las paredes, el ancho de su circulación, la disponibilidad de espacios para sentarse, etc. Es decir, podemos deducir el lugar que cada museo le otorga a la educación por el análisis de toda su propuesta, y no sólo por las actividades y materiales del departamento o servicio educativo. En este sentido, Nigel Pitman, el responsable del organismo central de los museos del Reino Unido, decía en 1991 que "la educación en el museo era un elemento demasiado importante como para dejarlo sólo en manos de los responsables del área educativa."

Treinta años atrás en Argentina, los educadores de museo no se llamaban a sí mismos de este modo, este es un término que vino del mundo anglosajón *museum educator*. Los que mayormente hacían y continúan haciendo educación en museos son los guías y los responsables de los servicios educativos. En general, era y es una tarea desvalorizada, residual, pero necesaria, ya que las visitas guiadas son una de las prácticas educativas más antiguas de los museos, casi podríamos decir que nacieron con ellos. En todo museo hay guías, y es desde allí que hay que empezar a expandir el concepto de *educación en museos* para que pueda impregnar toda la institución.

Para nosotros, la educación en museos es una tarea militante, provocadora y crítica que intenta conectar la práctica educativa del museo con las políticas culturales desde donde se produce, y con el marco sociocultural que afecta a todo el museo, cuestionándose la idea de cultura, de museo y finalmente de sociedad que se quiere representar y construir.

Apunte 2. Acerca de las *políticas educativas* de algunos museos

Quisiera seguir reflexionando acerca del alcance del concepto de *educación en museos* por medio del análisis de las políticas educativas que se desprenden de tres casos para mí emblemáticos. Distantes en el tiempo y el espacio, presentaré a continuación, por un lado, el Museo de Newark y los textos de John Dana (1917), luego el Museo del Puerto de Ingeniero White (1987), y finalmente el MuaC, de México DF (2008).

Uno de los primeros antecedentes documentados acerca de la temática de la educación en museos, se encuentra en los escritos seleccionados de John Cotton Dana, titulados *The New Museum* del año 1917. Dana es una leyenda para los educadores de museos de Estados Unidos, compartía e impulsaba con John Dewey la denominada *educación progresiva* y activa. Para él lo más importante de los museos era el público al que estaba dirigido, la comunidad a la que servía esa institución. Enfatizaba la noción del *museo como un servicio público* que tenía como prioridad la misión de enriquecer la calidad de vida de los visitantes -"felicidad, sabiduría y confort de los miembros de la comunidad"- por sobre la acumulación de objetos para su propia gloria. Dice en sus escritos: "Aprende acerca de la ayuda que tu comunidad requiere" y "acomoda el museo a esas necesidades." Dana creía que los museos tenían que estar basados en las comunidades más que en disciplinas científicas, este pensamiento continúa siendo revolucionario un siglo después.

¿Qué puede ser dicho acerca del trabajo de educación de un museo? se pregunta, y se responde:

> La palabra educación se utiliza casi universalmente para significar la educación formal impartida por un docente, con un libro de texto, en grupo o curso y con su evaluación. Si el trabajo educacional en los museos se considera en el sentido estricto anterior, no podríamos incluir en él la selección de objetos, su arreglo y disposición, los métodos de instalación, las etiquetas, catálogos, textos, hojas informativas, guías, cuidadores, curadores. [...] Los museos no deben convertirse

> en escuelas de educación libre como tampoco agregar aulas escolares en su equipamiento [...] Museos y escuelas tienen que colaborar entre ellos.

Estos pensamientos no resultan novedosos en la actualidad, los museos y las escuelas trabajan en colaboración, la "escolarización" de las dinámicas en los museos es un tema de debate, cada vez más el trabajo en los museos, de acuerdo con sus contenidos específicos, encuentra nuevas formas. Sin embargo, el campo de la educación en museos no se restringe a sus vínculos con el público escolar, tampoco solamente a cuestiones relacionadas con el aprendizaje en sentido amplio del público en general. Lo que Dana refiere con la instalación, disposición, etiquetas, rótulos, guías, curadores, etc., tiene que ver con esa experiencia especial y diferente que provocan los museos y que no se agota en una visita guiada.

Viajemos en el espacio. Casi contemporáneamente con el trabajo de Dana, la compañía inglesa Ferrocarril del Sud construía un edificio de madera y chapa para tareas de la Aduana en el puerto de Ingeniero White, al lado de la ciudad de Bahía Blanca (1907). Saltemos setenta años. En ese edificio ahora hay un museo, el Museo del Puerto, creado en 1987. Es un museo dedicado al registro, la elaboración y puesta en valor de las experiencias de vida de esa comunidad portuaria; "desde el que se cree que el trabajo alcanza y alcanzará eficacia en tanto logre extender y modificar lo que se entiende colectiva y habitualmente por museo."

¿Qué implicaciones en la política institucional tiene considerar la experiencia de los visitantes como el aspecto central? En este museo sostienen una política de relatos y de la interpretación. Así lo explica Sergio Raimondi, poeta y uno de sus fundadores y directores:

> Una política de los relatos supone el presente como tiempo clave de toda enunciación. Cualquier tipo de reflexión sobre

> el uso político de los relatos presupone necesariamente una consideración de los tiempos, más aún en el caso de una institución "museo" que en el imaginario suele configurarse a partir de una noción de pasado exacto (es decir, terminado). La voluntad de cualquier tipo de intervención en el presente implica una intervención en el pasado, en tanto las lecturas del pasado son parte integrante de la definición de las posiciones actuales y por venir. [...] Los relatos que registra y elabora el museo se construyen para superar "el relato": busca de una instancia múltiple de jerarquías en cuestión, contradicción y versiones en disputa; distintas formas de la verdad que exhiben que la verdad está ligada a las posiciones desde las que se vive y habla. Decir que se trabaja con la comunidad es un decir: la comunidad no existe como tal sino que se escinde una y otra vez e implica nombres propios, encuentros variables, ocasiones más o menos individuales.

El abordaje conceptual de este museo se expresa en sus áreas de trabajo:

Archivos en la calle tiene como objetivo lograr que los archivos orales y fotográficos alcancen la calle una y otra vez: una imagen invita a hablar y las voces hacen hablar a la imagen.

Editorial voces e imágenes de los vecinos. En la editorial se reelaboran los relatos e imágenes a fin de "devolver" las historias a los vecinos. Esa "vuelta a la comunidad" es la característica fundamental del trabajo, en particular porque no se trata de la "reproducción" de sus voces sino de un nuevo armado en el que sus relatos están cruzados por las propuestas del museo sobre los modos de contar la historia.

Cocina: encuentro y brindis / talleres y escuelas. La cocina es el ámbito donde domingo a domingo vecinas cocineras, inmigrantes y descendientes de inmigrantes preparan tortas y masitas con las recetas de sus abuelos; es la ocasión de nuestras acciones favoritas: comer, recordar, conversar, brindar.

El museo fuera de casa: historia, plástica, música, teatro, poesía. Para el Museo del Puerto "navegar es necesario", por este motivo diversos lugares en la ciudad se convierten en *espacios de encuentro* y se organizan *procesiones fantásticas* en las festividades populares.

De más está decir que esta propuesta conceptual rompe con todos los cánones de museos a los que estamos habituados. Todo el museo expresa una política educativa. Es así como su proyecto de consolidación a diez años de su creación se denominó "El museo como un aula enorme".

Vayamos ahora de visita por la página *web* del Museo Universitario de Arte Contemporáneo de México (MUAC), inaugurado en el año 2008. Tuve la oportunidad de escuchar a su directora en una serie de jornadas organizadas por ArteBA en la ciudad de Buenos Aires en el pasado mes de mayo. Una ventana de su página *web* dice:

> Con el fin de promover el aprendizaje y el disfrute estético, sus contenidos, arquitectura y herramientas de interpretación ofrecen al público la posibilidad de crear un recorrido personal: universitarios, expertos e interesados en el arte actual, niños, jóvenes adultos y visitantes en general, construyen y disfrutan en cada visita una experiencia única. En colaboración con un grupo interdisciplinario, el arquitecto desarrolló un proyecto concebido para favorecer la experiencia del visitante [...] Respondiendo al sentido mismo del arte contemporáneo, el proyecto arquitectónico del MuAC ofrece un conjunto de espacios incluyentes y vivos que propician una vivencia experimental en sus visitantes.

En otras de sus ventanas leemos:

> Los programas educativos que establece el MuAC abren espacios de diálogo y reciprocidad entre diversas disciplinas, motivando al público a crear sus propios encuentros y significados. Asimismo, facilitan la reflexión, resignificación, autocomprensión y socialización a partir de experiencias y vivencias estéticas dentro del espacio museal. Con ello el usuario se coloca en el centro de la dinámica museística,

tendiendo puentes entre él y la propuesta artística, multiplicando los canales de acceso y horizontes de interpretación al arte contemporáneo.

Es interesante comparar páginas *web* de museos sobre todo en lo que son las llamadas misiones y visiones, buscando aquellas en las que aparece el público como centro de su misión.

Resumo, entonces, este segundo apunte. En el primer caso abordamos la dimensión de la educación en museos, vinculada con su acción social y cultural con su público -comunitario y escolar-; en el segundo caso destacamos aspectos asociados con lo conceptual; en el tercer ejemplo pusimos énfasis en la arquitectura y lo espacial relacionados con el público al cual está dirigido

Hasta aquí podemos caracterizar tres dimensiones del trabajo de la educación en museos, reelaborando de algún modo las categorías que nos presentara nuestro compañero mexicano Ricardo Rubiales, al dividirnos en grupos en un encuentro sobre interpretación en museos, allá por el año 2005 en la ciudad de México: la social-cultural, la conceptual y la espacial-objetual.

Social-cultural. Esta dimensión concierne al contacto muy cercano con las experiencias por las que pasa el público, al papel directo de los educadores en las experiencias de aprendizaje. Involucra caminar por el museo, observar, escuchar y conversar con los visitantes; también coordinar y cuidar el trabajo de los guías.

Conceptual. El papel de los educadores en los diferentes niveles de interpretación. Refiere a la concepción e imaginación de las experiencias fluidas del visitante entre el proceso y el resultado, el cómo y quién de cada situación y actividad. El diseño de los programas y las estrategias para el público en el museo. Incluye la participación cultural de las comunidades y la generación de procesos de investigación y acción cultural para relacionar los museos con las diversas culturas en las que están insertos.

Espacial-objetual. Esta dimensión implica saber pensar el espacio y los objetos en el espacio, comprender la tridimensión, tener aptitudes teatrales y escenográficas. El papel de los educadores concierne aquí a la concepción y diseño de las exposiciones. Pensar en los cuerpos que se desplazan entre muros, objetos y superficies, que andan, que caminan entre objetos puestos en escena. Como centros de interpretación, los museos materializan las ideas, los relatos y los objetos que seleccionan y presentan. Uno de los elementos claves en esta forma de interpretación y distribución de contenidos, concierne a la llamada *museografía didáctica,* identificada por su intencionalidad comunicativa.

Apunte 3. Acerca de la *formación de educadores de museo*

Sobre la base de estas dimensiones es que analizaré algunas de las propuestas de formación. Sin embargo, no pretendo hacer un estado de arte de los cursos de formación en educación en museos, entre los cuales los hay virtuales, presenciales y mixtos, de grado, de posgrado, de capacitación, etc. Lo que más me interesó al investigar algunas de las presentaciones son los supuestos subyacentes acerca del campo de la educación en museos. Como campo emergente y nuevo, el abanico de ofertas está centrado en aspectos técnicos, prácticos o teóricos. Hay propuestas más simples y en cierto modo "recetarias", hasta las que se meten en sus "honduras" y complejidades.

De más está decirles que las que más me interesan son estas últimas, sin embargo creo que las propuestas más simples o parciales en cuanto a la concepción de educación en museos son las que más han contribuido a crear el espacio de trabajo de los actuales educadores de museo, y la utilización del museo como institución educadora.

Los que trabajamos en museos priorizando la educación como una política institucional podremos distinguir sin dificultades las propuestas de formación en las cuales la educación consiste en una formación práctica para resolver tareas de atención a visitantes exclusivamente.

Quisiera entonces presentarles algunos modelos de formación que aunque no abarcan toda la complejidad del campo, transmiten desde su formulación un profundo conocimiento de las horas y los días de esta profesión: caso 1 Scott Paris;[79] caso 2 Laura Martin;[80] caso 3 CEM;[81] caso 4 ILAM.[82]

1. *Scott Paris,* de la Universidad de Michigan, es un psicólogo especialista centrado en la perspectiva del aprendizaje en el museo. En la clase introductoria analiza los motivos y propósitos por los cuales las familias, los individuos y los estudiantes visitan museos. En función de esto se ocupa de estudiar las experiencias de los visitantes en los museos para discutir acerca de lo que se aprende durante las visitas y cómo es posible crear impactos a largo plazo sobre los visitantes. Advierte, al finalizar esta introducción, que el reto de la comprensión de tan numerosas y complejas variables y sus interacciones es enorme, especialmente teniendo en cuenta la variedad de enfoques conceptuales que se aplican a las cuestiones. Por lo tanto el curso estará más orientado a la identificación de cuestiones importantes y preguntas más que a dar respuestas.

Algunas de sus preguntas: ¿cuál es la naturaleza del aprendizaje y cómo es relevante para la misión de un museo? ¿Existen variedades de aprendizaje en función del visitante y el museo? ¿Sirve extrapolar categorías de aprendizaje escolar para entender la experiencia de aprendizaje

79 Disponible en línea: http://www.museumlearning.org/Pariscourse.html
80 Disponible en línea: http://www.museumlearning.org/Lauracourse.html
81 Disponible en línea: http://www.cemfundacion.org.ar
82 Disponible en línea: www.ilam.org

en el museo? ¿Cómo operan los acuerdos sociales y la participación y colaboración en los aprendizajes en los museos? ¿Los padres promueven la investigación, la curiosidad, y la formulación de preguntas? ¿Cómo interactúan los miembros de la familia que recorren una exposición? ¿Por qué algunas personas evitan los museos? ¿Cuál es la responsabilidad ética de los museos hacia los que no se sienten incluidos? ¿Es la experiencia estética más que la emoción o la percepción directa? ¿Cómo deben ser las exposiciones para promover respuestas estéticas?

2. *Laura Martin* y *Richard Toon,* de la Universidad de Arizona, organizan un curso que examina las cuestiones de *interpretación* en tres niveles: la interpretación acerca de los museos, la interpretación propia de los museos, y las interpretaciones de los visitantes.

La autoridad de los museos está hoy puesta en jaque. Se examina los museos como espacios de controversia en la sociedad y la cultura, y se organiza alrededor de ejes conceptuales y visitas a museos. Los museos son lugares en los que se diseñan, por medio de técnicas de mediación sofisticadas, experiencias altamente estructuradas. Se examinan las características del diseño museal de situaciones de aprendizaje informal. Se considera cómo los museos, consciente e inconscientemente, crean un marco interpretativo de la experiencia. Se examinan los argumentos a favor y en contra de la interpretación -algunos dirían, necesariamente interpretativa- del papel de los museos. Esta cuestión plantea una serie de interrogantes: ¿son los museos más que libros ilustrados? ¿Son museos de objetos o de ideas? ¿Qué es la autenticidad?

Se ofrece una visión basada en la teoría sociocultural, para comprender los entornos de aprendizaje informal. Se considera la naturaleza de la programación del museo y en qué medida extiende, enriquece, o incluso sustituye a la visita tradicional. Se consideran los diversos actores que construyen interpretación (el curador, el diseñador) y todos los que posteriormente reinterpretan para los visitantes del museo. Se analizan los esfuerzos de marketing (logotipos, anuncios, marca, las líneas, etc.) que los museos hacen para alcanzar a públicos potenciales. Se examinan las diversas técnicas que se utilizan para comprender los intereses, motivación, aprendizaje, disfrute, etc., de los visitantes y las dificultades inherentes a comprender la experiencia del museo "desde su punto de vista". Se hace especial hincapié en tener en cuenta lo que el museo necesita saber acerca de los visitantes, tanto en la planificación y ejecución de las etapas de exposición como en la programación. Se examinan la importancia de la narrativa personal y cómo los museos intentan hacer frente a la diversidad y al pluralismo de sus visitantes.

Visitas: se seleccionará un museo no conocido para analizar las contradicciones escondidas entre los mensajes de un museo y su(s) forma(s) (colecciones, diseño de exposición, etc.) Por ejemplo, ¿el edificio refuerza o socava el mensaje? ¿Hay técnicas de diseño que ayudan o dificultan la comprensión de sus contenidos? ¿La exposición tiene un mensaje claro?

En la segunda visita el objetivo es encontrar un contenido similar a la primera visita en otros contextos y ver las diferencias. Por ejemplo, objetos de arte en un museo de arte o en una exposición en un centro comercial. Además hay que "visitar" una página *web* de museo. Los estudiantes toman parte en un ejercicio de investigación en un museo.

3. *Curso del Cem,* Buenos Aires, Argentina. Durante el dictado de los cursos presenciales y virtuales desde el año 2004 hasta el 2008, intentamos responder a algunos de estos interrogantes: ¿cómo la concepción del aprendizaje influye en el diseño de las exposiciones y de los espacios arquitectónicos (composición de espacios, dimensiones, luces, colores, etc.)? ¿Cómo se traducen en el espacio las operaciones de transmisión, comunicación, representación, interpretación, etc.? ¿Cómo se colocan los objetos

en el espacio para que se signifiquen unos por relación a otros? ¿Cómo se incluye la voz del público en el diseño de las exposiciones? ¿Cómo se diseñan espacios públicos para crear comunidad? ¿Cuál es el papel de los educadores en los diseños y montajes de exhibiciones? ¿Qué aspectos permiten adquirir los conocimientos para el diseño y la realización de exposiciones, la musealización de monumentos y la intervención sobre el paisaje desde la perspectiva de la museología y museografía comprensivas? ¿Cómo se diseñan los espacios para "construir comunidad"? ¿Cómo se diseñan dispositivos para la participación?

Sin dudas, ésta es el área menos desarrollada desde el punto de vista de la formación de educadores de museo, y para mí una de las más necesarias ya que implica el espacio -su diseño- como provocador, influenciador y facilitador de aprendizajes. La experiencia de diseño de los jardines de infantes de Regio Emilia, Italia, o de los que participaron en la concepción y coordinación de los espacios para la infancia de la ciudad de Rosario, seguramente podrán aportar muchos elementos para la consolidación de un corpus acerca de lo que pueden aportar los educadores en el diseño y montaje de exhibiciones. Algunos conceptos de Chiqui González pueden ilustrar este punto: "Lo formal de la exposición es lo que tensa las sensaciones, las paradojas y afila la mente. Lo que le hace al cuerpo poder transitar, alejarse, dejarse tocar." "Una exposición es un drama teatral, un teatro de objetos donde los protagonistas son los que transitan esos objetos. Si es un teatro de objetos, la cantidad de espacio asignado es un tiempo."

4. La propuesta del *Instituto Latinoamericano de Museos*, ILAM, ya desde su título -"Estrategias educativas y política educativa en museos"- incorpora un enfoque abarcador que ofrece elementos para el diseño de una política educativa de museo. Creemos que este tipo de propuestas son el resultado de todas las innovaciones que en

materia de educación en museos venimos realizando desde diferentes espacios en América Latina, desde museos más pequeños, la mayor de las veces entidades públicas, con personal polifuncional, es posible a veces pensar propuestas más inclusivas que desde grandes museos que funcionan con departamentos de funciones muy estratificados.

Resumiendo, podemos decir que un especialista en educación en museos es un profesional que puede desarrollar diversas tareas entre las cuales se encuentran: interpretación, escritura y edición de los textos de una exposición; diseño del guión interpretativo; planeamiento conceptual de una muestra; edición del material anexo a una muestra; diseño de dispositivos de participación; diseño de instrumentos de evaluación; etc.

Apunte 4. Del *servicio educativo* a la *política educativa*.

Como bien señala Elaine Heumann Gurian, la *Web* está cambiando el modo en el que la gente -que está conectada- genera, adquiere y usa la información. Una de las consecuencias de la Web 2.0 es que el control de la información ya no está en manos de una institución. Por lo tanto, no queda otra alternativa que compartir la "autoridad". Del mismo modo que no podemos invitar a los visitantes para ser pasivos consumidores de la información desplegada en nuestros museos, creo que tampoco debiéramos utilizar los entornos virtuales para la formación de pasivos educadores de museo.

En función de este argumento creo que hay que aprovechar la experiencia de quienes nos preceden en la investigación y prácticas del espacio de educación en museos, más nuestras experiencias polifuncionales, locales y cotidianas, para plasmar en nuestros programas de formación de contenidos que incluyan núcleos de problemas a los que los educadores de museo nos enfrentamos cotidianamente, y no solamente formaciones generales (historia de museos, patrimonio, etc.)

o muy técnicas (diseño de materiales, conducción de visitas guiadas), que si bien son necesarias no hacen al desafío de ser un educador de museos (no sé si los foros o cafés de las plataformas son el formato necesario para esto, en mi experiencia esos espacios sirvieron en las etapas iniciales de presentación pero no para abordar temas de discusión).

Algunos ejemplos de estas cuestiones a incluir podrían ser: las tensiones entre las perspectivas de conservar y exponer; mostrar y descontextuar o desnaturalizar; dar a conocer e interpretar; única versión y perspectivas múltiples; verdad revelada y lecturas posibles; reproducción y crítica de la cultura; narrativa del museo y narrativa de los visitantes; tradición y contradicción; presencias y ausencias; recuerdos y olvidos...

Estos son sólo algunos, sin duda hay muchos más, pero me parece que si no abordamos estos frentes, no estaremos formando para poner la teoría en la práctica, y los educadores de museo quedarán confinados en sus oficinas o departamentos, sin estar capacitados para lograr que cada museo avance en la elaboración y compromiso con una política educativa.

Bibliografía

Queau, Phillipe (1995), *Lo virtual. Virtudes y vértigos*, Barcelona, Paidós.

7.2.14. El museo como texto y contexto de la administración de la educación. Posibilidades y desafíos de la gestión cultural regional

Mgter. Arq. María Patricia Mariño, Directora de la Carrera de Museología del Instituto Superior C. M. de Llano de Corrientes

Introducción

A partir de la idea del museo como excepcional reservorio de la diversidad cultural, centro de acceso a los conocimientos sobre las culturas y de educación formal e informal, que participa en la comprensión mutua y en la cohesión social, así como en el desarrollo económico y humano, se aborda aquí la problemática de la gestión cultural en la región del NEA.

La educación del siglo XXI se configura en el intento de formar las actitudes, los valores y los conocimientos de los ciudadanos de un mundo cada vez más cosmopolita y mediatizado. Se perfila como una actividad compleja, implicada en múltiples escenarios antes poco conocidos, plena de interrogantes y de respuestas inciertas, ocupada en la construcción de un modelo humano y social inmerso en el fenómeno de la globalización y lo virtual, lejos de la necesidad de tomar conciencia de nuestras propias limitaciones.

Metodológicamente, este trabajo es de naturaleza cualitativa de carácter descriptivo-analítico, y emplea fuentes secundarias de tipo documental.

Este estudio se ha organizado en cuatro apartados. En el marco teórico se distinguen los alcances conceptuales de los términos *educación, gestión cultural, política cultural y educacional,* y lo *virtual.* En el segundo apartado se aborda el estado de la cuestión de la museología, la educación y la gestión. En el tercero se explicita la realidad museológica en la Provincia de Corrientes, y se da cuenta de algunas consideraciones referidas al análisis y procedimientos para abordarlos. En el cuarto apartado se definen criterios aplicables, se contrastan los supuestos y fundamentos que guían a los proponentes de la teoría crítica en relación con las tendencias observables al momento de llevar a cabo análisis de políticas, proponer diseños e implementar políticas educacionales. Para concluir, una breve reflexión.

Marco teórico

La UNESCO se refiere al museo como ámbito que contribuye a la formulación de una ética global basada en prácticas de conservación, protección y difusión de los valores del patrimonio cultural, donde la misión educativa es complementaria del estudio científico. El museo ha devenido lúdico e interactivo, debe ser distractivo y accesible, se confunde muchas veces con los parques de atracciones. Esto implica el cuestionamiento sobre su rol real y su naturaleza, se torna indistinguible el límite entre la diversión y la cultura.

Los patrones con que se socializan a los jóvenes, los saberes que circulan, los valores y hasta los docentes, son diferentes, al punto de ser incomparables. Los museos están inmersos en un proceso de cambio demasiado veloz para sus tiempos institucionales, aunque es necesario que comprendan la real utilidad de nuevas herramientas que, como Internet, ayudan a mejorar la gestión institucional y coadyuvan al proceso de cambio.

La gestión cultural es el conjunto de actividades tendientes a la administración de recursos (patrimoniales, humanos, económicos y de todo tipo) ordenada a la consecución de objetivos sociales que afecten al patrimonio cultural. Desde este punto de vista, se vislumbra el museo como ámbito para la difusión de valores y por ende educación. Actualmente, la educación se ve atravesada y puesta en crisis por el fenómeno de la globalización, referente cotidiano y elemento importante de nuestro escenario vital. La sociedad se ve frente al constante estímulo de la información incesante, conforme a un nuevo concepto de *democratización cultural*.

La educación y la administración de la cultura hoy se replantean a partir del concepto de *democratización cultural*, heredero de la tradición de las luces con su ideal pansófico y su objetivo homogeneizador. Al reflexionar sobre el concepto de *democratización cultural*[(Krebs 2008)] se observa que el mismo se opone a la verdadera práctica, que se concreta en una mera distribución y reproducción de saberes e ideologías y no siempre en un verdadero espacio para estimular la creatividad.

Tendencias de las políticas educativas

Si bien la entrada gratuita es un buen indicador de la eliminación de barreras para el acceso de públicos diversos a los museos, ello no es suficiente para hablar de un museo más democrático. Democratizar el museo es básicamente generar nuevos canales para la comunicación del mensaje, su reflexión, posibilitar su apropiación a cualquier categoría de visitante, con edades, intereses, motivaciones o nivel sociocultural diferentes. La exposición, principal herramienta comunicativa del museo, debe presentar su discurso en distintos niveles de lectura a efectos de evitar excluir a cualquier categoría que no posea los códigos necesarios para interpretar el mensaje.

Se puede hablar de una tradición de los museos en el ámbito de la educación de élite, aunque actualmente la evolución de la institución, accesible en un primer momento a un grupo erudito o profesional, centrado en un proyecto de investigación, más adelante convertido en un lugar de transmisión de valores para una multitud, ha generado un problema en la transmisión de valores o del discurso que le compete. Obstruye singularmente el propósito de aprendizaje de otra forma más amplia, pero más exigente, donde cada individuo puede tener una propia lectura del museo, conforme su cosmovisión.

Se hace evidente que esas perspectivas de aprendizaje de la mirada, que fueron en una época la preocupación central de los visitantes, no constituyen más que el objeto de la mayor parte de las políticas de mediación, iniciación, comunicación o educación en el seno de los museos. La verdadera democracia cultural requiere primero un aprendizaje de la mirada que posibilite instruirse para ver libremente.

Políticas culturales y educativas. Proyectos educativos en Internet

La educación en un mundo globalizado diversifica cada vez más sus canales formativos: a la influencia de la escuela se suman las posibilidades educativas de los medios de comunicación y de la cultura de la imagen, de otras vías de educación informal y no formal. Una parte de esa educación "global" se encamina a la formación de identidades globales, cosmopolitas, viables en contextos diferentes. Esto se logra con la flexibilización de sus propuestas de forma que sean asequibles a los diferentes entornos culturales, a las necesidades cambiantes del mundo del trabajo, a la transmisión a través de los diversos espacios educativos en los que se confunde frecuentemente formación con información, aprendizaje con consumo. Se abren así posibilidades e incertidumbres, se cruzan perspectivas que los educadores deben conocer y debatir, como protagonistas de esa búsqueda de nuevas identidades que supone la sociedad de la globalización.

Distintos caminos existen en los dos sentidos. La realidad ampliada propone enriquecer nuestro desarrollo cotidiano a través de los ordenadores numéricos. La realidad dual, al contrario, utiliza captores para transmitir sus datos del mundo real en el espacio numérico. La noción de *mundo espejo* es otro de esos camino. En ese caso, el mundo virtual es una copia en tiempo real de un lugar existente.

Algunos intelectuales opinan que el futuro se sitúa en torno de una fusión entre *Google Earth* y *Second Life*. A partir de esto, a pesar de todas las conexiones, los dos universos quedan separados y lo real aparece siempre igual de resistente al cambio. ¿Qué pasaría si el verdadero mundo se revelara a su turno igual de fluido que su reflejo virtual?[83]

Las nuevas tecnologías de la información y las comunicaciones (TIC) posibilitan la construcción de un nuevo espacio-tiempo social, en el que puede desarrollarse la

83 Rémi, Sussan (2007). Disponible en línea : http://www.internetactu.net/2007/11/15/demain-les-mondes-virtuels-1111-quand-le-virtuel-devient-reel/

sociedad de la información. El espacio electrónico es una entidad más compleja que la red de redes. Internet posee fundamental importancia en el desarrollo de la sociedad de la información. El espacio electrónico es mucho más que Internet, y desde luego mucho más que la *World Wide Web*.

Como cualquier espacio social, el espacio electrónico exige habilidades y destrezas específicas para intervenir activamente en él. El nivel educativo de una sociedad informacional se mide ante todo por las capacidades y aptitudes que las personas tienen en relación con el espacio electrónico, es decir, por el grado de alfabetización digital y electrónica que poseen.

Los procesos educativos dados en Internet requieren el estudio de integración en una sociedad, donde se debe atender a los indicadores educativos para la sociedad de la información, de índole muy distinta a los indicadores comerciales. En un mundo cada vez más globalizado, se debe ampliar el estudio de la informática y las ciencias de la educación en otro más global, con contenidos éticos globales (Kirkwood 2001) que resulten reconocibles y relevantes tanto en el ámbito nacional como internacional.

Usando como herramientas proyectos auténticos, los estudiantes pueden lograr una apertura al mundo "real", e inmediatamente su trabajo adquiere un valor más allá de su mera competencia demostrada como alumnos. En Noruega se implementó un proyecto que ofrece a los estudiantes una oportunidad única para implicarse emocionalmente y de forma práctica en el campo de la informática social. Los estudiantes de Informática han facilitado a *Save the Children* y al Servicio Nacional de Investigación Criminal informes sobre diversos temas, como la seguridad en los *chats*, los posibles abusos con los móviles con cámara integrada, etc. Esta colaboración excepcional entre enseñanza superior y organizaciones públicas y privadas no sólo otorga al proyecto un carácter único, sino que además puede ser un factor esencial para facilitar la predisposición de los alumnos a estudiar Informática Social y mejorar sus habilidades en los diversos aspectos de la materia.

Políticas culturales en la Provincia de Corrientes. Educación y museos

En la Argentina, unas 960.000 personas nunca fueron a la escuela y son analfabetas, en tanto otras 3.695.830 no concluyeron la educación primaria, por lo que se los considera analfabetos funcionales. Estos datos corresponden al último censo del Instituto de Estadística y Censos (INDEC), del cual se desprende también que, en el otro extremo de la pirámide educativa, hay en el país 1.142.151 graduados universitarios. De acuerdo con un informe que se conoció en las últimas horas, la cantidad de personas totalmente excluidas del sistema educativo tiende a disminuir, pero en cambio se considera que el de los analfabetos funcionales es un grupo en crecimiento.

El analfabetismo tecnológico se refiere a la incapacidad para utilizar las *nuevas tecnologías* tanto en la vida diaria como en el mundo laboral, y no está reñido con la educación académica en otras materias. Es decir, cualquiera puede ser un "analfabeto tecnológico", independientemente de su nivel de educación e incluso de su clase social o su poder adquisitivo.

La decisión estratégica del Gobierno de Corrientes de implementar el Proyecto de Gobierno Electrónico con la incorporación de una Arquitectura de Comunicaciones y Aplicaciones de nivel mundial, pretende permitir acceder a beneficios inmediatos en áreas claves como Salud, Educación y Seguridad, y aportar un nuevo modelo de gestión pública, un modelo fuertemente orientado a satisfacer las demandas reales de la ciudadanía, logrando mayor eficacia, calidad y transparencia. Esto se traduce a través de los ejes políticos e ideas con que se manejan en el período 2005-2009, entre ellas la intención de munir a los correntinos de igualdad de oportunidades y herramientas para el desarrollo común.

El Gobierno de la Provincia de Corrientes ejecutó su plataforma a través de la instrumentación de un plan de Reducción de Brecha Digital e Integración: la implementación del gobierno electrónico logra la difusión del uso de las tecnologías de información y comunicaciones, hace desaparecer las diferencias o brechas producidas entre personas o grupos sociales por razones de característica social, económica o geográfica. El gobierno electrónico permite minimizar distancias y posibilita una ampliación de la ciudadanía.

El gobierno electrónico tiene como fin el apoyo al Desarrollo Socioeconómico e Integración a la Economía Mundial, hace efectiva la igualdad de oportunidades a todos los ciudadanos con prescindencia del lugar geográfico, integrándolos a un mundo que está avanzando al paso de la revolución tecnológica, y crecientemente necesita no sólo nuevos bienes y servicios sino también el uso de tecnología para todas las actividades económicas.

A partir de esta propuesta estatal, se articularon planes con la Universidad Nacional del Nordeste, como por ejemplo el proyecto "Alfabetización digital en los Centros de Actividades Juveniles (CAJ) de la capital de Corrientes", proyecto de extensión desarrollado en el ámbito de la Facultad de Ciencias Exactas y Naturales y Agrimensura de la Universidad Nacional del Nordeste, siendo sus principales beneficiarios jóvenes de la capital de Corrientes que asisten a los Centros de Actividades Juveniles (CAJ) dependientes del Ministerio de Educación y Cultura de esta provincia.

La Provincia de Corrientes cuenta con museos que reflejan un potencial de gran valor histórico y cultural, brinda la posibilidad de conocer su historia y su relación con la región Nordeste, el área Guaranítica y la historia nacional. La administración de los museos correntinos corresponde a distintas instituciones estatales de los diferentes niveles, y otros son de organizaciones paraestatales: Museo Provincial de Bellas Artes, Museo de Artesanías Folklóricas, Museo Histórico, Museo Regional del Sistema del Iberá, Museo Municipal J. Alfredo Ferreira, Museo y Casa de la Cultura, Museo Municipal de Paso de los Libres, Museo Histórico Geográfico y Natural (en Viraroso), Museo Histórico Sanmartiniano (en Yapeyú), Museo Jesuítico Guillermo Furlong, Museo del Chamamé (Mburucuyá), Museo Regional Pablo Argilaga (Santo Tomé), Museo Arqueológico (Curuzú Cuatiá), Museo de la Ciudad, Museo Notarial, Museo de la Policía Federal.

De los museos citados, sólo el Museo de Bellas Artes Juan Ramón Vidal posee un sitio especial, desde el cual se puede acceder a diferentes actividades e informaciones relacionadas con sus funciones. Los demás poseen información de difusión dentro de la *web* de la institución patrocinante, en el caso de los museos provinciales con el Ministerio de Educación de la Provincia de Corrientes, y otros enlaces dentro de sitios pertenecientes a turismo. El caso del Museo Notarial Delegación Corrientes ofrece una situación un tanto mejor, ya que contiene un enlace dentro de la *web* del Museo Notarial Argentino.

Lo virtual como herramienta para el rol educador. Posibilidades y desafíos

La tensión entre la explotación de nuestro patrimonio como recurso económico, por un lado, y nuestra responsabilidad moral hacia su preservación para el futuro, por otro, sólo es un tema entre una multitud de temas preocupantes y susceptibles de debate social que se podría citar. Y ello lleva a la conclusión de que la confluencia de tantos y tan complejos aspectos sobre el hecho cultural de nuestro patrimonio, lejos de todo criterio voluntarista o amateur, hace imprescindible una gestión profesionalizada del mismo.

En este problema, frente al manejo del patrimonio, tangible e intangible, lo virtual aparece como una herramienta facilitadora para el conocimiento del mensaje que transmiten los bienes culturales que conforman el acervo museístico. A través de la red, se posibilita una difusión e intercambio de la información, por la que se accede desde múltiples sitios salvaguardando los objetos e integrándolos a redes que permiten su conocimiento y estudio.

La irrupción de los multimedia en los museos no es un simple evento coyuntural de la adaptación de las técnicas nuevas; también amenaza a la institución en su identidad más profunda. Nuevas prácticas pero también nuevos objetos: la distribución salvaje e incontrolada de imágenes prefigura que será un museo virtual sin edificios, sin colecciones ni conservadores, un museo reconstruido por el internauta según sus deseos y sus desplazamientos en la *Web*. Un museo virtual que habrá hecho un despliegue de funciones de una eficacia inesperada.

Un museo virtual se da en el espacio de la sociedad de la información (SI). No hay sociedad que no requiera un espacio y un tiempo para surgir, consolidarse, evolucionar, desarrollarse y, en su caso, menguar y desaparecer. Los procesos de cambio social son espacio-temporales, y ello también afecta a la SI, en la medida en que sea una sociedad diferente de la sociedad industrial, como suele aceptarse.

En el caso del contexto local, provincial y regional, lo virtual como camino para la educación desde el ámbito de los museos, posee ventajas y desventajas. Las primeras vinculadas con la facilidad de distribución de los contenidos y estímulo a la creatividad, a través de juegos y actividades de aprendizaje; las segundas con la formación de los docentes que requerirán una veloz capacitación para responder a las necesidades cognitivas de los alumnos y al manejo de las TIC.

La realidad de la museología en Corrientes se verá particularmente conmovida con la incorporación del museo virtual. Requerirá de una reprogramación de los recursos económicos y humanos, que incidirá directamente desde el punto de vista administrativo, con consecuencias importantes en la reubicación y reestructuración de la planta laboral. La profesionalización y capacitación del personal del museo es la base para un replanteo e integración de lo virtual, que desde un punto de vista significará objeto de economía a largo plazo. Por otra parte, desde la organización museística, se deberá preveer un plan para la integración de lo virtual, tema que se tratará en el próximo apartado desde lo metodológico.

Criterios para la programación educativa

Todo proceso de toma de decisiones implica la selección de alternativas y la elección de aquella que mejor se ajusta a la resolución del problema en cuestión. En el caso de las decisiones de educación en el museo, existen un conjunto de variables controlables que abarcan el desarrollo de las propuestas pedagógicas curriculares y servicios extraprogramáticos, el justo precio o arancel, la distribución del servicio en diferentes sedes, la promoción dentro de un marco ético, la formación del personal docente y no docente, la evaluación de los procesos de enseñanza-aprendizaje, y la gestión de las instalaciones y el equipamiento. Cada decisión debe orientarse al servicio y a los procesos de mejoramiento de la calidad educativa. Por consiguiente, cada toma de decisiones va a repercutir en alguna medida, directa o indirectamente, sobre la comunidad educativa.

El modelo de ética de las decisiones de la educación en los museos comprende el análisis de las siguientes variables:

a) *el entorno sociocultural*: el sistema jurídico, el sistema político y las normas religiosas.

b) *el entorno profesional*: la profesionalización de las herramientas virtuales en los museos, los códigos de ética.

c) *el entorno competitivo*: la oferta y demanda educativa, la normativa vigente, la coyuntura. Los museos correntinos se han incorporado a la institución escolar como una herramienta educativa, al alcance de los docentes y alumnos, presentando una ventaja sobre el museo virtual que requiere un laboratorio informático con conexión de Internet, aún inaccesible en algunos sitios de nuestra provincia.

d) *el entorno institucional*: la cultura institucional, la actualización de las propuestas y las restricciones institucionales, el comportamiento de la comunidad educativa, la relación sujeto-museo.

e) *las características personales del gestor*: su sistema de valores, creencias, fortaleza y conciencia moral, la sensibilidad ética. Es condición necesaria que el gestor perciba que existe una dimensión ética en su decisión, y por lo tanto, que debe discernir entre diferentes alternativas bajo esa dimensión.

Luego la evaluación ingresa en dos caminos paralelos que la condicionan: uno considera los aspectos deontológicos, y otro los aspectos teleológicos de la decisión. Por consiguiente, el gestor cultural debe evaluar lo correcto o incorrecto de cada estrategia. En función de la evaluación de los aspectos deontológicos y teleológicos de la decisión, el gestor debe discernir bajo su juicio ético qué alternativa es la que contempla mejor las normas éticas de comportamiento, como asimismo sus consecuencias beneficiosas o inconvenientes para la comunidad y la institución educativa.

La incorporación de lo virtual en los museos requiere elementos habituales introducidos a través de cuestiones fundamentales: el objeto, la causa, el destinatario y el método. A partir de estos tópicos se define una política sobre los contenidos. La política sobre los contenidos se puede basar sobre cuatro dimensiones principales:

a) Contenidos en las lenguas oficiales. En algunos sitios como Suiza o Canadá, de múltiples lenguas oficiales, se generó la problemática de los recursos para la traducción de los contenidos. En el caso de los museos correntinos no debe desatenderse la cuestión del bilingüismo, especialmente en el interior, y su integración con los sitios de la región guaranítica.

b) Diversidad. La diversidad es percibida bajo sus aspectos culturales e históricos, los que benefician una mejor aproximación gracias a una interpretación rigurosa de las colecciones. Se nota una presencia marcada de asociaciones patrimoniales de características multiculturales sobre todo en el territorio, y las últimas asumen un rol fundamental en la colectividad y en los museos locales.

c) ¿Escala local, regional o nacional? Esta se relaciona con la identidad, por lo tanto un criterio sería el de descentralizar las decisiones del control del museo virtual dejando su evolución librada a las necesidades del público para favorecer su integración.

d) Para asegurar que el museo virtual represente la calidad, se necesitará preveer recursos, de distinta naturaleza, a través de una correcta gestión cultural.

Conclusión

La educación es un derecho, la creatividad una necesidad y la cooperación una herramienta. Una verdadera democratización cultural debería fundarse en el estímulo a la creatividad. Frente a estas cuestiones, la gestión cultural aparece como medio para abrir nuevas alternativas desde el camino de lo virtual, definiéndose su condición de medio para una verdadera democratización cultural desde el ámbito de los museos.

El museo, a través de la exposición de sus colecciones, concretó siempre su carácter de texto de un discurso representado por medio de imágenes icónicas, ecoicas, vehículo de múltiples significaciones y sentidos organizados a partir de una lógica, con las limitaciones del grado de comprensión para determinada población y de los recursos de conservación y exposición.

La actualidad nos presenta la posibilidad de sobrepasar los límites dados por los recursos necesarios para la conservación, seguridad, distribución de contenidos y educación gracias a la posibilidad del museo virtual, aunque éste es sinónimo de una actualización en la capacitación profesional y reestructuración en las plantas.

La capacitación profesional y reestructuración, al igual que en el museo tradicional, involucran el concepto de la necesaria interdisciplinariedad, a la que se suman nuevas especializaciones para una eficiente tarea en la comunicación del mensaje.

Los museos de la Provincia de Corrientes continúan en su función en tanto texto de diversos discursos, reflejos de la evolución cultural, social y política de la provincia, y son parte del contexto que dará cabida a su participación en el espacio informático, esencial a integrar en la realidad que nos atañe.

Bibliografía

Asensio, Mikel y Pol, Elena (2002), *Nuevos escenarios en educación*, Buenos Aires, Edit. Aique.

Krebs, Anne y Robathel, Nathalie (2008), "Démocratisation culturelle: l´intervention publique en débat", *La documentation française*, nº 947, Paris.

Mairesse, François (2007), *¿Ha terminado la historia de la museología?*, Bélgica, Museo Real de Mariemont, ICOFOM.

Manes, Juan Manuel (1997), *Marketing para instituciones educativas*, Madrid, Ed. Granica.
Vitell, Scott (1986), "The general theory of marketing ethics", *Journal of Macromarketing*, Spring.

7.2.15. Neomujer iberoamericana. Nuevos paradigmas en la construcción de su femineidad

Lic. Mariana Turchio Iturriaga[84]
Contacto: marianatur@hotmail.com / turchio_iturriaga@hotmail.com

"En el mundo primitivo de los hombres existía una especie de alma colectiva en lugar de una conciencia individual, la cual sólo surgió al llegar la humanidad a grados superiores de su desarrollo."
Realidad del Alma, de C. G. Jung.

Nuevos tiempos exigen la contemplación artística *contemporánea* de nuevos arquetipos, aún no consolidados, gracias a una realidad efímera, inconstante e inconsistente herencia directa de nuevos conceptos de *globalización, regionalismos, relativismos* y sus herramientas tecnológicas.

La tecnología marca el camino de las tendencias, modas y conductas a partir de la producción de lenguajes sólo admitidos por públicos sedientos de cambios (de lo contrario será obvia una resistencia al mismo). De lo que se deriva la lectura de un productor anónimo de opciones diversas que nos permite escoger innumerables alternativas vinculadas directamente a quien elige.

El sujeto se convierte en un actor proactivo de su propio cambio gracias a herramientas como *blogs*, galerías, comunidades virtuales, modas de interacción, y ejemplos cotidianos de los más sencillos y sensibles a nuestra

84 Licenciada en Historia del Arte, Curadora de Arte contemporáneo. Actualmente se desempeña como directora ejecutiva del Museo de Arte Contemporáneo del MERCOSUR.

humanidad, como conocer a su pareja frente al monitor, buscar trabajo, hacer las compras o pagar las deudas, confraternizar, disfrutar de imágenes remotas e inalcanzables. Y tal ejemplo -visitar imágenes remotas e inalcanzables- plasma de manera ineludible el concepto de *virtualidad*. Está allí aquel paisaje, desde entonces "lo conocemos", pero continuará siendo intangible.

Trasladar este concepto a la contemplación de nuevos discursos de la mujer exige "admirar" (la admiración se define como una consideración especial que se tiene hacia alguien o algo por sus cualidades) la configuración de comunidades femeninas más evidentes de Iberoamérica.

Observar los elementos causantes de las mutaciones en el comportamiento y la convivencia de la neomujer -globalización, tecnificación, cambios políticos, sociales y culturales, una nueva sexualidad, migraciones internas, urbanización, entre otros factores-, hace atractiva la posibilidad de retratar esta imagen de la mujer que lleva ya alrededor de veinte años construyéndose. Ante este marco, ¿qué necesita la comunidad artística del museo o galería o espacio? Ellos tienen la oportunidad de focalizar su atención en estos nuevos discursos:

- Generar espacios de exposición para el retrato de estos discursos.
- Fomentar el interés del artista por estas "imágenes contemporáneas" mediante concursos.
- Propiciar el análisis de los comportamientos de este nuevo público como protagonista de su contemporaneidad.
- Promover debates, foros y un diálogo enriquecedor entre el curador, el artista y el espectador.
- Propulsar estudios de investigación históricos, sociológicos y antropológicos de los diversos discursos

según su región, a fin de sistematizarlos y preservarlos, teniendo en cuenta su condición de efímeros.

Nuevos ritos, nuevos gestos, nuevas identidades hacen a una nueva sociedad en la que este actor, la mujer, toma relieve y reclama ser minuciosamente observado y conservado desde su actualidad. La obra de Damián Rolón Ortiz[85] es un ejemplo que se expondrá parcialmente como un potencial modelo de esta contemplación, y cabe exponerla como muestra del retrato de la nueva mujer y el relato de estas conductas virtuales.

Esta muestra curada permitirá visualizar el potencial que la juventud, la virtualidad y sus resultantes nuevos lenguajes ofrecen a un museo comprometido con el patrimonio intangible de una cultura y sociedad emergentes. Para concluir, al fin, en presentar este marco como la ocasión que tiene el museo de conservar, investigar, comunicar y exponer el retrato de estas realidades virtuales: un recorte de la vida contemplada por los ojos del artista, ávido de impresiones contundentes.

7.2.16. Cómo "vender" la imagen a niños, adolescentes y adultos

Lic. Ricardo Goldstein[86]

Lamentablemente, por estar esta ponencia sólo en *PowerPoint*, casi sin texto, no podemos incorporarla.

85 Disponible en línea: http://www.damianrolonortiz.com.ar/

86 Licenciado en Publicidad y Técnico en Relaciones Públicas. Se ha desempeñado en el área de Marketing en Columbia Tristar Films España, Walt Disney Company España, 20th Century Fox, Metrodolwing Mayer, y como docente en diversas instituciones.

7.3. Tercer Encuentro CECA Argentina Realizado los días 11, 12 y 13 de junio de 2010, Año del Bicentenario, en la ciudad de Bahía Blanca, bajo el título "Museos y Educación. Estrategias integradoras para las generaciones del Bicentenario"

Conferencias

7.3.1. Anotaciones acerca de una mesa de cocina[87]

Sergio Raimondi
Director del Museo del Puerto de Ingeniero White

Simplemente pretendo comentar unas anotaciones hechas desde y en torno a una mesa de cocina, un espacio que concentra potencialmente varios sentidos en relación con una escena didáctica, como puede ser la de un museo, que no es exactamente la de un aula. Del mismo modo que una mesa de cocina no es un pupitre o un banco de escuela.

Cuando pienso en la mesa de la cocina pienso en esa mesa donde muchas veces se hacen las tareas, pero pienso al mismo tiempo que, a diferencia de un pupitre, la mesa de la cocina no es un espacio exclusivo de la actividad educativa. Sabemos que esa misma mesa de cocina donde se suele estudiar, hacer una síntesis o armar una lámina, es también la misma mesa donde unas horas antes, o unas horas después, se toma un café con leche, o directamente se almuerza, o se cena. Es más, la mesa de la cocina admite al mismo tiempo un manual, un cuaderno y un plato con pan con mermelada.

En esa flexibilidad que posee la mesa de la cocina para cambiar de función (ni siquiera hace falta en ocasiones

---

87 Fragmento inicial de la conferencia pronunciada el 11 de junio de 2010 en el Tercer Encuentro CECA Argentina que tuvo lugar en Bahía Blanca.

tender un mantel para señalar ese desplazamiento) no es impropio leer una instancia en que ciertas divisiones constituidas son puestas en cuestión, o al menos distraídas: pienso en la división entre el estómago y el conocimiento, pienso en la división entre el pensamiento y un pedazo concreto de pan.

Hay una mesa, de hecho, que presenta esta tensión, o esta extensión. Es una mesa en una obra de teatro, en la escena inicial de *Galileo Galilei* de Brecht. Porque la primera imagen que se tiene del físico en esa obra no es la de él en su cuarto de estudio, con su mesa de trabajo plena en láminas y libros abiertos, envuelto en sus fórmulas y ecuaciones, u observando en soledad el firmamento; es decir, la escena donde se constituye la figura eximia del genio. No, hay explícitamente una voluntad de evitar ese tipo de imagen, que es exactamente ideológica, porque en el instante mismo del inicio de la obra a ese mundo unipersonal del sabio, ingresa Andreas, el hijo de la criada de la casa (sí, aun en la casa de un sabio hay que limpiar los pisos), sosteniendo en sus manos un vaso de leche y una manzana destinadas a Galileo. Y Galileo le dice: "Poné la leche sobre la mesa pero no cierres ningún libro."

Es posible que haya varios sentidos concentrados ahí, en ese momento, en esa voluntad de que la ocasión de la alimentación no esté separada de la ocasión del conocimiento. Porque lo que podría ser anecdótico se transforma gradualmente en una serie de proyecciones conceptuales. Por ejemplo, no sería impropio leer ya en esa primera escena la voluntad de señalar que aun el estudio de las lunas de Júpiter (es decir, el estudio de aquello aparentemente más alejado) sólo tiene sentido si efectivamente en algún momento se logra poner en relación, por ejemplo, con el precio de la leche. Hay entonces, en ese gesto, no sólo la instancia de pensar el conocimiento en relación con el funcionamiento total del cuerpo, tampoco simplemente la posibilidad de pensar el pensamiento en relación con lo fisiológico, sino también una sanción definitiva en torno a la utilidad social del saber.

¿De qué sirve un saber que no podría ser aplicado en la vida diaria? ¿De qué sirve un saber que no alcanza el mundo de las verdulerías? En fin, ¿de qué sirve el saber cuando se despreocupa de la pregunta por sus destinatarios? De hecho, un instante después de ese comentario, Galileo va a tomar la manzana que le trae Andreas para explicarle, haciendo de esa manzana un objeto didáctico, el sistema solar según la óptica entonces revolucionaria de Copérnico. Y en esa escena no sólo es posible distinguir la capacidad para hacer de cualquier situación cotidiana una situación educativa, sino también la convicción y la voluntad de incluir en esa escena a quienes suelen disponer de menos posibilidades para participar de ella.

Volviendo entonces a una mesa de cocina, aunque no ya a una del siglo XVI sino a una actual, a una donde se abre el manual escolar pero donde también se troza un pollo, o donde se hacen las cuentas para pagar los impuestos, o donde se toman unos mates con vecinos, familiares o amigos, quería hacer al menos cinco preguntas que pudieran funcionar como interrogantes a tener presentes en estos dos días de jornadas sobre museos y educación que propone el CECA. Cinco preguntas en torno a cinco conceptos: posición (o tendencia), presente, escucha, experiencia y método.

Me pregunto, por ejemplo, ¿para quiénes trabaja educativamente un museo? ¿En qué aspectos concretos del trabajo se evidencia esa respuesta, si la hubiere? Me pregunto también, ¿tienen en cuenta los museos, a la hora de pensar en sus proyectos educativos, el presente? Es decir, ¿advierten los museos que el presente constituye un tiempo privilegiado de estas instituciones que supuestamente sólo se dedicarían al pasado? Me pregunto, ¿cuánto de las propuestas educativas de los museos depende de su capacidad de escucha? Porque, acordarán conmigo, sería absolutamente inverosímil pensar en una escena educativa donde el museo sólo fuera enunciador y nunca oyente. Entonces, ¿incluyen las instancias pedagógicas de los museos la escucha de otras perspectivas, de otros modos de usar la lengua? ¿Multiplican los museos, a diferencia de lo que suele suceder en el aula, las instancias de enunciación? ¿Escuchan los museos los relatos de vecinos, los relatos de de trabajadores? En cuarto lugar, me pregunto: ¿logran los proyectos educativos de los museos intervenir y darles valor de uso a las experiencias cotidianas de quienes participan de la actividad? Y finalmente, como interrogante que tal vez pueda incorporar a todos los demás: ¿incluyen las propuestas pedagógicas de los museos un cómo? O sea, ¿hasta qué punto el contenido mayor de las propuestas de los museos no debería ser un contenido metodológico, una manera de trabajar, de operar, de organizar, de interrogar?

Vamos a intentar responder esas preguntas; no, en realidad vamos a intentar explicitar el porqué de esas preguntas, en relación con los sentidos potenciales que involucra una mesa de cocina como espacio adecuado para la tarea educativa.

7.3.2. Políticas educativas en los museos

Lic. Mercedes Murúa

¿Qué hace el área educativa de un museo? Buscando respuesta a esta pregunta realicé un trabajo de investigación en los museos, y de acuerdo a los datos obtenidos se determinaron los siguientes resultados:

- En primer lugar, la mayoría de los museos no tiene diseñada una política educativa, es decir, no tiene escrita una política educativa.

- En segundo lugar, capacitación del personal que realiza las visitas guiadas.
- Y por último, lo relacionado con los estudios de público.

Analizaré los dos primeros puntos. Sabemos que el área educativa de un museo diseña y realiza las actividades encaminadas a construir los espacios de comunicación a partir de los cuales la finalidad es la educación del patrimonio. Cada institución museológica provee oportunidades para el aprendizaje y el disfrute, y la educación es una de las actividades centrales de las mismas.

El tipo de actividades educativas que el museo pueda proveer dependerá de su tamaño, recursos humanos, presupuesto, colección, visitantes y grupos meta; todas las instituciones museísticas pueden mejorar sus servicios educativos. Así, por lo general, las actividades y servicios educativos y culturales de un museo están ubicados dentro de un marco conceptual de acción que denominamos "política educativa". No todos los museos tienen escrita su política educativa, y esta situación no les permite poder trazar el horizonte de su acción dentro de la comunidad en la que están insertos.

Sin un plan bien pensado, que incluya una declaración precisa de la misión de la organización, una visión sobre el tipo de organización que se quiere alcanzar; sin objetivos y metas bien definidos para sus programas, no sólo se obstaculiza el camino para llegar donde se quiere, sino que además ninguno de los públicos que para el museo son importantes tienen una idea clara de qué es lo que la institución hace.

La declaración de la misión describe el propósito de la organización, la esencia de por qué existe, su razón de ser. Además, identifica el público meta, y puede referirse a la zona geográfica en la que actúa. La declaración de misión debe ser lo suficientemente breve como para que el personal, voluntarios y pasantes la puedan recitar de memoria.

La política educativa está íntimamente relacionada con la política general de la institución. Toda política educativa ha de ser una parte integral del plan de desarrollo de la institución. Este marco de acción puede formularse en los términos de un conjunto de programas dentro de los cuales se ordena cada uno de los servicios que presta el museo. No es un documento estático y requiere revisión periódica.

Con respecto al programa pedagógico (que forma parte de las estrategias), debería ser pensado en dos líneas de acción: una de ellas va dirigida a construir espacios de comunicación con la educación formal en todos sus niveles y con otros mediadores culturales, y la otra va dirigida específicamente a la creación y el desarrollo de los servicios educativos tales como visitas guiadas, talleres, diseños de materiales didácticos, entre muchos otros.

Estas dos líneas de acción están fuertemente relacionadas, por cuanto dentro de la primera se ordenan todos los encuentros con los docentes y otros tipos de mediadores culturales, y en la segunda, se ofrecen diversos tipos de servicios de acuerdo con las necesidades de los diferentes tipos de públicos.

Programa pedagógico: principios elementales

- Tener en cuenta los conocimientos y experiencias del público (conocimientos previos).
- Favorecer el diálogo y las controversias que ayudan a los diferentes públicos a manejar nuevos conceptos y a argumentar el debate.
- Brindar experiencias que abran la mente y los sentidos: observar, describir, tocar, moverse, dibujar y jugar.
- Dar la posibilidad y el tiempo para la exploración individual y grupal.
- Conceder al grupo el tiempo de adaptarse al nuevo espacio pedagógico del museo.

- Registrar la preparación del programa antes de la visita (visitas previas, pasantías de capacitación de los profesores de la escuela implicada, difusión previa de informaciones escritas o de material didáctico) y el seguimiento de la visita.
- Hacer una evaluación de cada visita o programa organizado y pensar en posibles modificaciones para la próxima vez.

Finalmente, tener escrita una política educativa permite dar un horizonte a los servicios que se ofrecen a diario en el museo para estudiarlos, evaluarlos y ajustarlos de acuerdo con criterios a partir de los cuales estuvieron planeados y con los resultados que arrojaron al ser desarrollados.

Con respecto al segundo punto, capacitación de los guías que llevan a cabo las visitas guiadas, en la mayorías de los museos el personal que lleva a cabo la tarea de guiado de la visita son pasantes de distintas disciplinas de acuerdo a la naturaleza de las colecciones del museo, o el personal que está desarrollando las actividades en el área de educación (que por lo general son pocos los recursos humanos destinados a esta área) y que además tiene que desempeñarse como guía. Consecuencia de esta realidad es que no se lleva a cabo un proceso de formación y entrenamiento de los equipos de guías permanentes, temporales y voluntarios o pasantes.

Comencemos a definir qué es un guía de museos. El guía es un mediador entre las colecciones y el público en diferentes niveles: es la persona dentro del equipo del museo que facilita la experiencia de acercamiento a las colecciones que éste alberga (esta experiencia puede ser estética, espiritual, cognitiva, conceptual, sensible, incluso de goce, etc.), es alguien que busca reconstruir con y para el público el contenido conceptual, el saber y el conocimiento que se pone al circular y se escenifica dentro de una exposición; además, el guía es responsable de que el visitante del museo interprete, revise, critique y reelabore los contenidos del mensaje en las exposiciones permanentes y temporales del museo.

A partir de los saberes que constituyen la identidad del visitante, el guía del museo debe posibilitar el diálogo con los contenidos conceptuales que se escenifican en una exposición. Esta tarea es crucial, debe ser fundada en una reflexión sobre las teorías del conocimiento y la enseñanza teniendo como marco de acción la pedagogía.

El guía se forma en el museo, dicha formación se construye en y a partir del espacio museístico, los objetos, las relaciones, los conocimientos y experiencias comunicativas que se formulan y generan en las salas de exposición. Sin embargo esto no es suficiente; el guía debe tener un vocación comunicativa y pedagógica que le permita poner en juego todo su conocimiento y su imaginación al servicio de la labor que desempeña, ya que la misma es puesta a prueba por los diferentes grupos que a diario debe atender.

Generalmente en los museos el guía no participa en la investigación, mucho menos en la planificación, diseño y elaboración del guión museológico. En la mayoría de las exposiciones el área educativa es un convidado de piedra, se lo convoca cuando la exposición está ya montada. El guía termina estudiando el guión de la visita (si está escrito) o el mensaje que debe transmitir, pero no participa en su construcción.

Si pretendemos un guía que tenga la capacidad para dar lugar a nuevos conocimientos y posea herramientas comunicativas y de carácter pedagógico, que le permitan organizar de diversas maneras su discurso en aras de la comprensión del mismo por los diferentes tipos de público. Las instituciones museísticas deben capacitarlos.

Una de las estrategias más efectivas para formar un buen equipo de guías es la planificación de seminarios de formación del personal que desempeña la tarea de guiado. Seminarios que deben plantearse antes de cada exposición temporal y dos veces al año para las exposiciones permanentes. El equipo del área de educación, con la colaboración de las áreas de colecciones, conservación, difusión, montaje y de los guías con mayor experiencia docente, son los que organizarán los seminarios, respondiendo a un trabajo interdisciplinario.

Uno de los objetivos de quien dirige el área educativa debe ser la creación de un buen equipo de personal de guiado, capacitándolo mediante la exigencia de un alto nivel académico. Para cumplir con esta labor, debe crear dentro del museo un clima intelectual en el que él o los guías puedan pensarse como investigador-comunicador.

Bibliografía

CECA, *Ambientes para cocinar ideas,* sin referencia bibliográfica.

CECA, *Los visitantes y la construcción significados,* sin referencia bibliográfica.

Navarro Rojas, Oscar (2006), *Como diseñar una política educativa,* ILAM.

Navarro Rojas, Oscar (2006), *Gestión museológica, planificación estratégica para museos,* ILAM.

Pastor Hons, Inmaculada (2004), *Pedagogías museísticas, nuevas perspectivas y tendencias actuales,* Barcelona, Ariel.

Santa Cana, Mestre Joan y Serrat, Antolí Núria (coord.) (2005), *Museografía Didáctica,* Barcelona, Ariel.

8. Evaluación de Tercer Encuentro CECA Argentina

Finalizaron este panel Susana Assandri, delegada de la Regional Centro (Córdoba), y Mariela Eleonora Zabala. Mostraron la elaboración de un trabajo sobre el tema "El Centenario y el Bicentenario en museos y áreas protegidas de la Argentina", sobre el que hicieron un *PowerPoint* y acompañaron con música. Esto redondeó el tema inicial; sin duda este trabajo mostró la evolución que (sin ponerse de acuerdo) mostraron los disertantes anteriores (Ver páginas 96 y 97).

9. Conclusiones

¿Cómo fuimos informando?

No creemos que corresponda aquí hacer un listado de informaciones retransmitidas por cecaargentina@gmail.com y por mcholguin@fibertel.com.ar (esta dirección corresponde a principios de 2007), porque es mucha, y casi imposible de hacer un inventario. Advertimos que sólo retransmitimos información que hace a la educación o a noticias del CECA / ICOM. No lo hacemos con invitaciones a exposiciones u otras que no se relacionen con nuestro tema específico. Para estos casos hay otros medios de información.

Tenemos dos modalidades de envíos, puesto gmail permite grupos claros:

a) Algunas noticias se mandan a los grupos CECA (CECA Rosario, CECA Centro, etc.).

b) Pero cuando los boletines y una información es de especial interés se envía no sólo a los grupos CECA, sino también a todas las provincias de las que tenemos direcciones, a personas interesadas, y muchas veces a contactos internacionales.

Hemos enviado catorce boletines bimestrales, pero al tener nuestro sitio web www.cecaargentina.com.ar, dejamos de mandarlos. No los repetimos aquí ya que ellos han servido en gran parte para confeccionar este libro, lo que sería redundar en información.

Debemos informar que la cuenta cecaargentina@gmail.com fue hackeada el 18 de abril de 2010, creando otra cecaargentina2@gmail.com, donde aún estamos recuperando contactos.

¿Qué hemos hecho?

Nos resulta difícil responder a esta pregunta. A nuestro juicio hemos hecho poco para lo que hace falta hacer, pero hemos hecho mucho para lo que se puede hacer, teniendo en cuenta que este es un trabajo voluntario que no recibe aporte alguno.

Tenemos el orgullo de decir que la Argentina está formada por personas que tienen una visión federal, y viendo la realidad como es, no bajan los brazos y trabajan para lograr mejorar la educación del país a través de sus museos y su patrimonio. Tal vez porque lo veamos desde la perspectiva de que *sin educación no hay progreso.*

Comenzamos y seguimos trabajando en red. Lo que significa que no hay jerarquías, que todos pueden aportar, y que los objetivos específicos nacen de los problemas que leemos en *mails* u oímos cuando viajamos por todo el país. El cargo de representante no deja de ser el de un coordinador que si bien pone su impronta, representa (valga la redundancia) las inquietudes de muchos trabajadores de museos.

A la primera reunión, aquel 26 de junio, asistieron unas cuarenta personas que comenzaron apoyando esta red, con más o menos vigor. Establecimos, con anuencia de la Presidente del CECA ICOM, Dra. Colette Dufrasne Tassé, que no era necesario ser miembro ICOM para trabajar con nosotros.

Nuestra experiencia en el Programa de Educación y Cultura para la Región (PROCEDER) de la UNRC,[88] nos hizo pensar en nodos de red, que se llamaron Delegaciones CECA. En estos años hemos creado nueve: primero pensamos en grandes regiones como el NEA, NOA y CENTRO,[89]

[88] Universidad Nacional de Río Cuarto.

[89] NEA: Noreste; NOA: Noroeste. Ver mapa de regiones.

pero la realidad nos hizo ver que debíamos hablar de provincias, y hoy estamos volviendo a pensar en regiones pero chicas. Como el caso de Bahía Blanca, que por ahora es subregión, pero está tan lejos de La Plata y tiene realidades muy distintas. Como el Conurbano de Buenos Aires, tema que está siendo considerado. Porque partimos del concepto de que los primeros que tenemos que *aprender* somos nosotros. Sobre todo si tenemos en cuenta que estamos poco formados en la didáctica de niños, adolescentes, adultos y mayores. Todos sabemos que gran parte del aprendizaje viene del ensayo y error. Por eso, siempre repetimos que la *autoevaluación debe ser permanente* si queremos la excelencia.

Es importante decir que cada vez que se abre una delegación se viaja al lugar y es más lo que se escucha que lo se que predica. Un país como la Argentina no puede entenderse desde un escritorio en Buenos Aires.

Con todo, de unos cuarenta contactos hemos pasado a cerca de cuatrocientos contactos CECA, y cerca de mil en todo el país. Ninguno nos ha pedido que no le enviemos más información. Nos hemos concentrado sobre todo en los encuentros que todos los años rotan sus sedes. Cada año viajamos una o dos veces antes al lugar para acompañar a los organizadores locales y consensuar actividades. Todo este quehacer puede verse en nuestra página www.cecaargentina.com.ar. Ahora estamos programando el próximo, pensando en ser creativos, donde todos podamos participar y seguir con el concepto de *red*.

¿Por qué hemos podido crecer?

¿Es necesario decir que crecimos, que hemos superado nuestras primeras expectativas? No, pero nos queda mucho por hacer. Creemos que hubo varias causas por las cuales el CECA Argentina creció en el país en forma exponencial. Intentamos no dejar un mail sin responder. Una persona de un museo del sur, tal vez Santa Cruz, nos contestó: "¡Al fin alguien me contesta!" No la pudimos ayudar porque necesitaba dinero, pero hay apoyos que aunque no sean económicos son importantes.

De alguna manera, a través de la encuesta, de los encuentros, de los boletines, nos convertimos en un espacio de "contención" para todos los que necesiten algo. Porque si bien nos limitamos solamente a *educación*, cuando nos hacen preguntas que escapan a lo nuestro tratamos de derivar a donde puedan recibir ayuda: especialistas o páginas relativas a lo que preguntan, o como en el caso que mencioné, a fundaciones o embajadas.

A nuestro juicio, hemos crecido porque hemos llenado un vacío; hemos nacido por necesidad y no por casualidad o voluntarismo. En la Argentina no hay ley que reglamente lo que es un museo. Por lo tanto, los museos del Interior, y sobre todo los municipales, no tienen a quién acudir, porque no pertenecen a Provincia, tampoco a Nación, y por supuesto los intendentes de Museos no saben nada. Entonces, ¿a quién acudir?

Por todo lo expuesto, creemos que nuestro trabajo ha sido fructífero y que el CECA es una necesidad en todo el mundo, pero sobre todo en los países en vías de desarrollo.

Anexos

Nómina de personas

A
Alderoqui, Silvia
Andreu, Elizabeth
Arbello, Aurora
Arnelli, Amelia
Arrieta, Clara
Assandri, Susana

B
Baquero Martín, María Jesús
Basualdo, Gabriela
Bautista, Susana
Bello, María Florencia
Bialogorski, Mirta
Bonnin, Mirta
Botero Saltarén, María Ángela
Brighiadore, Mirta

C
Caballería, Paula
Cardú, Florencia
Carrera, Mirta
Castro Benítez, Daniel
Chelentano, Sandra
Chiovatto, Milene
Cinquini, Nora
Cobreros, Mirta
Colomar, Estela
Cousillas, Ana María

Cristina, Ana
Cummins, Alejandra

D
Dascanio, Liliana Mónica
De Bary, Susana
De Carli, Georgina
Dodorico, Gabriela
Dufresne-Tass, Colette

F
Fandiño,Susana
Fritz, Paola

G
Garaghan, Ana
García Ceridono, Violeta
García Conde, Pilar
Gigena, Alejandra
Giménez, Laura
Guarita do Amaral, Sonia

H
Herrera Lazarini, Patricia
Heumann Gurian, Elaine
Holguin, María Cristina

I
Ithurburu, Virginia

L
Laraignée, Margarita
Larraburu, Margo
Leal, Elmer
Limardo, Graciela

M
Madrid de Zito Fontán, Liliana
Maggi, Rolando
Marchisio, Susana
Mariño, Patricia
Martini, Yoli
Maza, María del Carmen
Merlo, Clara
Monte, Ana María
Moreno, Alejandra
Muñoz, Angélica
Muriello, Sandra
Murúa, Mercedes

N
Najman, de Sibileau, Raquel
Negro, Sara

O
Olivieri, Liliana
Oriti Tizio, Vilma

P
Perera, Norma
Pereyra, Evelina
Pescetto, Silvia

R
Raffellini, Patricia
Rivero, Analía
Romagnoli, Alicia
Rosso Ponce, María Paola
Ruiz, Daniela

S
Sábato, María
Salas, Jorge
Sánchez, Ana María
Sellarés, Mirta
Seperiza, Sofía
Solís, Natalia
Spialtini, Mariano
Suaya, Ester

T
Tradotti, Gabriela
Trigo, Sandra
Turchio Iturriaga, Marina

V
Vera, María de las Mercedes
Vulknic, Melina

W
Watson, María Teresa

Z
Zabala, Mariela

Nómina de instituciones

Asociación de Directores de Museos de la Republica Argentina - ADIMRA

Asociación de Amigos Museo de Bellas Artes-Corrientes

Asociación civil Guías y amigos de la reserva natural Puehuen co-Monte Hermoso

Asociación de Amigos y al Museo de Artesanías - Corrientes, Argentina

Asociaciones de Museos La Plata, Berisso y Ensenada - MUSAS

Centro Cultural "Alfonsina Storni"

Centro Cultural Recoleta Ciudad de Buenos Aires

Comité Argentino del ICOM

Comité para la Educación y Acción Cultural- CECA

Comité para la Educación y Acción Cultural- CECA - Argentina

Comité Regional del CECA para América Latina y el Caribe

Consejo Internacional de Museos - ICOM

Dirección de Asuntos Internacionales. Gob. Prov. Corrientes

Escuela Superior de Museología - Rosario.- Prov. Santa Fe

Federación Argentina de Amigos de Museos - FADAM

Instituto Latinoamericano de Museología - ILAM

Instituto Cultural - Gobierno de Bahía Blanca- Prov de Bs.. Aires

Instituto Superior de Museología C. M. de Llano de Corrientes.

Jardín Zoológico de la Ciudad de Buenos Aires

Ministerio de Educación y Cultura- Prov de Corrientes

Municipalidad de Torquinst- Prov Bs. Aires

Museeo de Bellas Artes "Eduardo Sívori", GCBA- Ciudad de Buenos Aires

Museo Castagnino+Macro Rosario- Prov. Santa Fe

Museo de "La Forrajeria"

Museo de Antropología de la Facultad de Filosofía y Humanidades de la Universidad Nacional de Córdoba

Museo de Antropología de la UNC-Córdoba

Museo de arte Infantil y Juvenil del Jardín Zoológico de Bs As

Museo de Arte Popular José Hernández -GCBA -Ciudad de Buenos Aires

Museo de Bellas Artes René Bruseau-Resistencia- Chaco

Museo de Ciencias - Bahía Blanca - Prov de Bs.. Aires

Museo de Ciencias Naturales de la Plata

Museo de Geología, Mineralogía y Paleontología de la Universidad de Jujuy

Museo de las Escuelas. Buenos Aires

Museo del Puerto - Bahía Blanca - Prov de Bs.. Aires

Museo Ferrowhite - Bahía Blanca - Prov de Bs.. Aires

Museo Histórico de Pigüe. Prvo. Buenos Aires

Museo Histórico Municipal "Enrico Orsetti" de la ciudad de Armstrong., Prov. Sta Fe

Museo Histórico Provincial "Dr Julio Marc", Rosario- Prov. Santa Fe

Museo José Hernandez -Laguna de los Padres

Museo Municipal de Bellas Artes, "Juan B. Castagnino" Rosario- Prov. Santa Fe

Museo Provincial de Artesanías.-Corrientes

Museo Provincial de Bellas Artes-Corrientes

Museo Provincial de Ciencias Naturales "Amado Bonpland" -Corrientes

Museo y Archivo Histórico Dardo Rocha. - La Plata- Prov Bs Aires

Organización Provincial para el Desarrollo Sustentable - OPDS

Parque de los niños, Rosario- Prov. Santa Fe

Pinacoteca del Estado de San Pablo, Brasil.

Revista "Museos y Educación"- Sitio web

Secretaria de Cultura de la Municipalidad de Armstrong.Prov. Sta Fe

Subdirección de Comunicación Educativa de la Coordinación Nacional de Museos y Exposiciones del Instituto Nacional de Antropología e Historia.- México

Subsecretaría de Cultura- Prov de Corrientes

Supervisiones Coordinadoras de Educación Plástica y de Educación Musical-GCBA

Universidad Argentina de la Empresa

Universidad de Murcia, España,

Universidad Nacional de Córdoba

Universidad Nacional de Luján

Universidad Nacional de Río Cuarto

Universidad Nacional de Rosario.

Universidade Estadual de Campinas UNICAMP

www.ingramcontent.com/pod-product-compliance
Lightning Source LLC
Chambersburg PA
CBHW020331270326
41926CB00007B/138